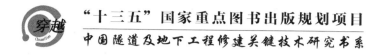

"十三五"国家重点图书出版规划项目

中国隧道及地下工程修建关键技术研究书系

无水砂卵石地层土压平衡盾构施工技术

——乌鲁木齐轨道交通1号线土压平衡盾构施工实践

孙礼超 张 壮 王志华 王国胜 等 编著

人民交通出版社股份有限公司
China Communications Press Co.,Ltd.

内容提要

本书以新疆乌鲁木齐轨道交通1号线16标段土建工程为案例,系统介绍了无水砂卵石地层土压平衡盾构施工技术。全书共分为9章,包括乌鲁木齐轨道交通1号线区间地质及盾构机选型、无水砂卵石地层土压平衡盾构同步注浆、复合式土压平衡盾构施工渣土改良试验、盾构掘进机推进姿态控制、卵石地层盾构转场、始发与到达施工技术、砂石料坑回填区膏体注浆加固及盾构掘进、盾构掘进下穿建筑物施工控制技术、盾构施工穿越乌准铁路桥加固处治及施工掘进、乌鲁木齐无水砂卵石地层施工监控量测及信息化等内容。

本书可供从事隧道及地下工程设计、施工、科研技术人员及相关专业的高等院校师生参考使用。

图书在版编目(CIP)数据

无水砂卵石地层土压平衡盾构施工技术:乌鲁木齐轨道交通1号线土压平衡盾构施工实践 / 孙礼超等编著. —北京:人民交通出版社股份有限公司,2017.11
　ISBN 978-7-114-14284-0

Ⅰ.①无… Ⅱ.①孙… Ⅲ.①轨道交通–盾构法–研究–乌鲁木齐 Ⅳ.①U213.2

中国版本图书馆CIP数据核字(2017)第260511号

书　　名:	无水砂卵石地层土压平衡盾构施工技术——乌鲁木齐轨道交通1号线土压平衡盾构施工实践
著　作　者:	孙礼超　张　壮　王志华　王国胜　等
责任编辑:	曲　乐　李　娜
出版发行:	人民交通出版社股份有限公司
地　　址:	(100011)北京市朝阳区安定门外外馆斜街3号
网　　址:	http://www.ccpress.com.cn
销售电话:	(010)59757973
总　经　销:	人民交通出版社股份有限公司发行部
经　　销:	各地新华书店
印　　刷:	北京盛通印刷股份有限公司
开　　本:	787×1092　1/16
印　　张:	18
字　　数:	411千
版　　次:	2017年11月　第1版
印　　次:	2017年11月　第1次印刷
书　　号:	ISBN 978-7-114-14284-0
定　　价:	85.00元

(有印刷、装订质量问题的图书由本公司负责调换)

《无水砂卵石地层土压平衡盾构施工技术
——乌鲁木齐轨道交通1号线土压平衡盾构施工实践》
编委会

主　　编：孙礼超　张　壮

副 主 编：王志华　王国胜

编　　委：(按姓氏笔画排序)

　　　　方春龙　王子健　王丽萍　王　勇　王思长
　　　　刘东燕　何庆奎　李东升　李　强　辛　军
　　　　卓发成　周红丽　罗云菊　罗文文　施　军
　　　　贺建国　倪小文　唐　人　黄　伟　黄　勇
　　　　雷　力　蔡　静　樊　愚

参编单位：乌鲁木齐城市轨道集团有限公司

　　　　新疆交通建设集团股份有限公司

　　　　重庆科技学院

　　　　上海隧道工程股份有限公司

　　　　重庆大学

前 言
PREFACE

轨道交通1号线为乌鲁木齐市南北向骨干线路,南起南郊客运站东侧的三屯碑站,线路沿胜利路—解放路—新民路—南湖路—南湖西路—南湖北路—新医路—北京路—城北干道布设,终点位于北部的地窝堡机场站,全长26.5km,是沟通老城区、新市区和主要对外的交通枢纽。其中,土建施工第16合同段宣仁墩站—大地窝堡站区间及大地窝堡站—中间风井区间隧道采用土压平衡盾构施工技术进行掘进。通常情况下,土压平衡盾构更适用于黏性土或有一定黏性的粉砂土,而通过加泥水新型土压平衡盾构也可适用于多种土层,但轨道交通1号线土建施工第16合同段宣仁墩—大地窝堡站区间隧道和大地窝堡站—中间风井区间隧道地层为乌鲁木齐市典型巨厚无水砂卵石地层,是一种典型的力学不稳定地层,卵石颗粒间几无任何胶结,自稳能力极差。在此地层中采用土压平衡盾构掘进时,防止隧道施工过程中引起的地表下沉、周边既有管线发生过量变形与破坏是关键的技术难题,而如何解决盾构设备配套、刀盘刀具配制、渣土改良以及同步注浆等技术问题,成为此类地层盾构隧道施工成败的关键。

乌鲁木齐城市轨道集团有限公司、新疆交建市政工程有限责任公司和重庆科技学院在乌鲁木齐市建设科技项目《无水砂卵石地层盾构综合施工技术研究》的支持下,以乌鲁木齐市轨道交通建设首次采用盾构施工的1号线土建施工第16合同段区间隧道盾构掘进为背景开展科研和工程实践工作,验证乌鲁木齐典型无水砂卵石地层中土压平衡盾构掘进工法的适应性,探索无水砂卵石地层进行盾构掘进施工的各项关键技术。《无水砂卵石地层土压平衡盾构施工技术——乌鲁木齐轨道交通1号线土压平衡盾构施工实践》即是以此为基础完成的,专著包括了无水砂卵石地层盾构机选型及刀具配置;无水砂卵石地层盾构同步注浆配合比优化;无水砂卵石地层中渣土改良;无水砂卵石地层盾构姿态控制;卵石地层盾构转场、始发与到达施工技术;砂石料坑回填区膏体注浆加固及盾构掘进；以及无水砂卵石地层盾构通过重要建(构)筑物盾构技术等无水砂卵石地层中采用土压平衡盾构掘进所需的关系技术问题。

本书作为乌鲁木齐市轨道交通建设在无水砂卵石地层中进行土压平衡盾构施工适应性探索的技术总结，积累的各项关键技术参数和施工工艺可为乌鲁木齐市后续的轨道交通建设提供借鉴，也可供从事盾构隧道施工的工程技术人员参考。

本书在编著过程中参考了许多文献资料，再次对各位作者表示衷心的感谢！由于编者水平有限，书中还存在诸多不足之处，敬请广大读者批评指正。

编者
2017 年 9 月

目录

第1章 乌鲁木齐轨道交通1号线区间地质及盾构机选型 … 1
- 1.1 盾构机主要类型及适用条件 … 1
- 1.2 乌鲁木齐轨道交通1号线地质特征 … 7
- 1.3 盾构机选型原则 … 15
- 1.4 乌鲁木齐轨道交通1号线盾构机选型及配置 … 18
- 1.5 本章小结 … 33

第2章 无水砂卵石地层土压平衡盾构同步注浆 … 35
- 2.1 同步注浆目的及原理 … 35
- 2.2 注浆材料的选择 … 42
- 2.3 浆液配合比试验 … 47
- 2.4 同步注浆主要技术参数的确定 … 58
- 2.5 注浆质量控制 … 63
- 2.6 本章小结 … 65

第3章 复合式土压平衡盾构施工渣土改良试验 … 66
- 3.1 乌鲁木齐卵石地层渣土改良必要性 … 66
- 3.2 卵石层工程概况及渣土改良 … 67
- 3.3 泡沫性能试验及渣土改良试验 … 69
- 3.4 膨润土配方性能及渣土改良试验 … 77
- 3.5 本章小结 … 93

第4章 盾构掘进机推进姿态控制 … 94
- 4.1 盾构姿态控制的原则 … 94
- 4.2 盾构姿态控制的组成 … 101
- 4.3 盾构推进姿态调整运动特性及推进系统力学模型 … 106

  4.4 盾构姿态控制内容 ·· 108
  4.5 本章小结 ·· 116

第 5 章　卵石地层盾构转场、始发与到达施工技术 ·· 117
  5.1 盾构始发与到达施工技术分类 ·· 117
  5.2 无水砂卵石地层盾构始发与到达关键技术 ··· 118
  5.3 盾构机转场关键技术 ··· 129
  5.4 盾构机吊装对隧道及车站结构的影响 ··· 135
  5.5 本章小结 ·· 150

第 6 章　砂石料坑回填区膏体注浆加固及盾构掘进 ·· 151
  6.1 乌鲁木齐轨道交通 1 号线 16 标回填区工程特性 ···································· 151
  6.2 回填区注浆加固试验 ··· 155
  6.3 回填区注浆参数设计 ··· 159
  6.4 回填区注浆加固施工 ··· 162
  6.5 回填区盾构刀盘刀具优化 ·· 169
  6.6 回填区盾构掘进 ··· 178
  6.7 回填区盾构材料消耗和设备投入 ·· 185
  6.8 回填区盾构安全措施 ··· 187
  6.9 回填区盾构施工效果检测 ·· 189
  6.10 本章小结 ··· 190

第 7 章　盾构掘进下穿建筑物施工控制技术 ··· 192
  7.1 盾构施工对穿越建(构)筑物的影响及控制措施 ······································ 192
  7.2 盾构掘进影响建筑物安全施工模拟 ·· 195
  7.3 盾构掘进影响敏感性建筑物监测原则及预警控制 ···································· 212
  7.4 盾构影响敏感性建筑物预掘进 ··· 215
  7.5 盾构影响敏感性建筑物掘进参数及姿态控制 ··· 226
  7.6 本章小结 ·· 230

第 8 章　盾构施工穿越乌准铁路桥加固处治及施工掘进 ··································· 231
  8.1 乌准铁路桥工程概况 ··· 231
  8.2 盾构影响乌准铁路桥变形计算 ··· 236
  8.3 乌准铁路桥桥基复合锚杆桩加固 ·· 243
  8.4 盾构影响乌准铁路桥预掘进试验研究 ··· 245
  8.5 盾构影响乌准铁路桥掘进参数及姿态控制 ·· 251
  8.6 本章小结 ·· 257

第9章 乌鲁木齐无水砂卵石地层施工监控量测及信息化 ········· 258
9.1 监测区域工程简介及特点 ········· 258
9.2 地表沉降变形的演变分析 ········· 259
9.3 施工监测技术方案及仪器设备 ········· 260
9.4 监测数据整理及最终报告 ········· 266
9.5 监测管理、反馈体系及信息化 ········· 267
9.6 工程施工监测案例 ········· 272
9.7 本章小结 ········· 275

参考文献 ········· 276

第1章

乌鲁木齐轨道交通1号线区间地质及盾构机选型

乌鲁木齐轨道交通1号线为主城南北向骨干线、全网的基线,共设21座车站,南起南郊客运站东侧的三屯碑站,线路沿胜利路—解放路—新民路—南湖路—南湖西路—南湖北路—新医路—北京路—城北干道布设,终点位于地窝堡机场站。线路连接南郊客运站、新疆大学、大巴扎、南门、北门、市政府、新疆师范大学、铁路局、植物园、机场等客流聚散点,全长26.5km。区间施工采用盾构掘进,考虑到标段地层为卵石地层,是一种典型的力学不稳定地层,卵石颗粒之间几无黏聚力,因此造成在盾构施工过程中,刀盘旋转切削时非常容易打破卵石土体颗粒的原有平衡状态,引起开挖面和洞壁失去稳定性,进而"连锁反应"式引起地表变形,因此根据区间地层条件选择适当的盾构机类型及完成刀具配备是标段掘进施工的决定性因素。

1.1 盾构机主要类型及适用条件

1.1.1 盾构施工概述

盾构法是在地面下暗挖隧道的一种施工方法,构成盾构法施工的主要内容是:先在隧道某段的一端建造竖井或基坑,以供盾构安装就位。盾构从竖井或基坑的墙壁开孔处出发,在地层中沿着设计轴线,向另一竖井或基坑的设计孔洞推进。盾构推进中所受到的地层阻力,通过盾构千斤顶传至盾构尾部已拼装的预制隧道衬砌结构,再传到竖井或基坑的后靠壁上,盾构是这种施工方法中最主要的独特的施工机具。它是一个能支承地层压力而又能在地层中推进的圆形或矩形或马蹄形等特殊形状的钢筒结构,在钢筒的前面设置各种类型的支撑和开挖土体的装置,在钢筒中段周圈内面安装顶进所需的千斤顶,钢筒尾部是具有一定空间的壳体,在盾尾内可以拼装一至二环预制的隧道衬砌环。盾构每推进一环距离,就在盾尾支护下拼装一环衬砌,并及时向紧靠盾尾后面的开挖坑道周边与衬砌环外周之间的空隙中压注足够的浆体,以防止隧道及地面下沉,在盾构推进过程中不断从开挖面排出适量的土方。

1.1.2 盾构机主要类型

盾构可以按各种形式进行分类。
按掘进方式可分为手掘式、半机械式和机械式三大类。
按工作面挡土方式可分为敞开式和密闭式。
按气压和泥水加压方式可分为气压式、泥水加压式、土压平衡式、加水式、高浓度泥水加压式和加泥式。

1）手掘式盾构

手掘式盾构是盾构的基本形式，世界上仍有工程采用手掘式盾构。按不同的地质条件，开挖面可全部敞开人工开挖；也可用全部或部分正面支撑，根据开挖面土体自立性适当分层开挖，随挖土随支撑。开挖土方量为全部隧道排土量。这种盾构便于观察地层和清除障碍，易于纠偏，简易价廉，但劳动强度大，效率低，如遇正面坍方，易危及人身及工程安全。在含水地层中需辅以降水、气压或土壤加固。

这种盾构由上而下进行开挖，开挖时按顺序调换正面支撑千斤顶，开挖出来的土从下半部用皮带运输机装入出土车。采用这种盾构的基本条件是：开挖面至少要在挖掘阶段无坍塌现象，因为挖掘地层时盾构前方是敞开的。

手掘式盾构的适用地层：手掘式盾构有各种各样的开挖面支撑方法，从砂性土到黏性土地层均能适用，因此较适用于复杂的地层。手掘式盾构由于正面是敞开的，故在开挖面出现障碍物时，较易排除。由于这种盾构造价低廉，发生故障也少，因此是最为经济的盾构。在开挖面自立性差的地层中施工时，它可与气压、降水、化学注浆等稳定地层的辅助施工法同时使用。

2）挤压式盾构

当敞开式盾构在地质条件很差的粉砂土质地层、黏土层中施工时，土就会从开挖面流入盾构，引起开挖面坍塌，因而不能继续开挖，这时应在盾构的前面设置胸板来密闭前方，同时在脚板上开出土用的小孔，这种形式的盾构就叫挤压式盾构。盾构在挤压推进时，土体就会从出土孔如同膏状物从管口挤出那样，挤入盾构。根据推进速度来确定开口率。当开口率过大时，出土量增加，会引起周围地层的沉降；反之，就会增大盾构的切入阻力，使地面隆起。采用挤压盾构时，对一定的地质条件设置一定的开口率、控制出土量是非常重要的。

挤压盾构是将手掘式盾构胸板封闭，以挡住正面土体。这种盾构分为全挤压式或局部挤压式两种，它适用于软弱黏性土层。盾构全挤压向前推进时，封闭全部胸板，不需出土，但要引起相当大的地表变形。采用局部挤压式盾构，要部分打开胸板，将需要排出的土体从开口处挤入盾构内，然后装车外运，这种盾构施工地表变形也较大。

挤压式盾构适用地层：挤压式盾构的适用范围取决于地层的物理力学性能。它是按含砂率—黏聚力、液性指数—黏聚力的关系来确定其适用范围。根据施工经验，黏聚力即使超出一定的范围，在含砂率小的地层中也可能适用。根据迄今为止的施工经验，当土体含砂率在20%以下、液性指数在60%以上、黏聚力在 $0.5 kg/cm^2$ 以下时，在挤压式盾构的施工区间内如遇有为了建筑物或地层加固而进行过化学注浆的地基时，将会影响挤压盾构的推进，因此应预先考虑到把盾构胸板做成可拆卸的形式。

3）网格式盾构

在软土层中常常采用网格式盾构。它具有的特点是：进土量接近或等于其全部隧道出土量，且往往带有局部挤压性质，盾构正面装钢板网格，在推进中可以切土，而在停止推进时可起稳定开挖面的作用。切入的土体可用转盘、皮带运输机、矿车或水力机械运出。这种盾构法如在土质较适当的地层中精心施工，地表沉降可控制到中等或较小的程度。在含水地层中施工，需要辅以疏干地层的措施。

4)半机械式盾构

半机械式盾构是介于手掘式和机械式盾构之间的一种形式,它更接近于手掘式盾构。它是在敞开式盾构的基础上安装机械挖土和出土装置,以代替人工劳动,因而具有省力而高效等特点。

机械挖土装置前后、左右、上下均能活动。它有铲斗式、切削头式和两者兼有三种形式。它的顶部与手掘式盾构相同,装有活动前檐、正面支撑千斤顶等。

盾构的机械装备有如下形式:

①盾构工作面下半部分装有铲斗、切割头等。

②盾构工作面上半部分装有铲斗、下半部分装有切割头。

③盾构中心装有切割头。

④盾构中心装有铲斗。

形式①:盾构工作面上半部装有正面支撑千斤顶和作业平台,上半部工作面由人工挖掘,挖掘的土、砂落到下半部分,下半部分由铲斗和装载机进行挖掘和出土。

形式②:盾构的上半部工作面由铲斗或者装载机挖掘,下半部工作面由切割头或铲斗进行挖掘和出土。

形式③:由切割头进行挖掘和出土。

形式④:由铲斗式挖掘机进行挖掘和出土。

半机械盾构的适用地层:半机械式盾构比手掘式盾构更适用于良好地层。形式①适用于开挖面需作支撑的地层,形式②~④适用于能自立的地层。形式②大多适用于亚黏土与砂砾的夹层。形式③大多适用于固结黏土层、硬质砂土层。形式④大多适用于黏土和砂砾混合层。

5)机械式盾构(开胸机械切削盾构)

当地层能够自立,或采用辅助措施后能够自立时,在盾构的切口部分,安装与盾构直径相适应的大刀盘,以进行全断面开胸机械切削开挖。机械式盾构是一种采用紧贴着开挖面的旋转刀盘进行全断面开挖的盾构。它具有可连续不断地挖掘土层的功能。能一边出土、一边推进,连续不断地进行作业。

机械式盾构的切削机采用最多的是大刀盘形式,它有单轴式、双重转动式、多轴式数种,其中单轴式使用最为广泛。多根辐条状槽口的切削头绕中心轴转动,由刀头切削下来的土从槽口进入设在外圈的转盘中,再由转盘提升到漏土斗中,然后由传送带把土送入出土车。

机械式盾构的优点除了能改善作业环境、省力外,还能显著提高推进速度,缩短工期。其缺点是盾构的造价高,为了提高工作效率而带来的后续设备多,需要的基地面积大等。因此若隧道长度短时,就不够经济。与手掘式盾构相比,在曲率半径小的情况下施工以及盾构纠偏都比较困难。

机械式盾构适用地层:可在极易坍塌的地层中施工,因为盾构的大刀盘本身就有防止开挖面坍塌的作用。但是,在黏性土地层中施工时,切削下来的土易黏附在转盘内,压密后会造成出土困难。因此机械式盾构大多适用于地质变化少的砂性土地层。

6)局部气压盾构

在机械盾构的支承环前边装上隔板,使切口与此隔板之间形成一个密封舱,在密封舱内充满压缩空气,达到稳定开挖面土体的作用,这样隧道施工人员就不处在气压内工作。在适当地质条件下,对比全气压盾构,无疑有较大优越性。但这种盾构在密封舱、盾尾及管片接缝处易产生漏气问题。

7) 泥水加压式盾构

泥水加压式盾构是在盾构正面与支承环前面装置隔板的密封舱中,注入适当压力的泥浆来支撑开挖面,并以安装在正面的大刀盘切削土体,土与泥水混合后,用排泥泵及管道输送至地面处理。

具体地讲,泥水加压盾构就是在机械式盾构大刀盘的后方设置一道隔板,隔板与大刀盘之间作为泥水室,在开挖面和泥水室中充满加压的泥水,通过加压作用和压力保持机构,保证开挖面土体稳定。盾构推进时开挖下来的土进入泥水室,由搅拌装置进行搅拌,搅拌后的高浓度泥水用流体输送法送出地面,进行水土分离,然后再把分离后的泥水送入泥水室,不断地循环。泥水加压盾构在其内部不能直接观察到开挖面,因此要求盾构从推进、排泥到泥水处理全部按系统化作业。通过泥水压力、泥水流量、泥水浓度等的测定,算出开挖土量,全部作业过程均由中央控制台综合管理。泥水加压盾构利用泥水的特性对开挖面起稳定作用。泥水同时具有下列三个作用:

①泥水的压力和开挖面水土压力保持平衡。

②泥水作用到地层上后,形成一层不透水的泥膜,使泥水产生有效的压力。

③加压泥水可渗透到地层的某一区域,使得该区域内的开挖面稳定。

就泥水的特性而言,浓度和密度越高,开挖面的稳定性越好,而浓度和密度越低时泥水输送的效率越高,因此综合考虑以上条件,目前被广泛作为泥水管理标准的数值如下:

①密度:$1.05 \sim 1.25 g/cm^3$ 的黏土、膨润土等。

②黏度:$20 \sim 40s$,漏斗黏度 $500/500mL$。

③脱水量:$Q<200mL$,(APL 过滤试验,$3kg/cm^2$,$30min$)。

泥水加压盾构有日本体系及德国体系。两者区别是:德国式的密封舱中设置了起缓冲作用的气压舱,以便于人工控制正面泥浆压力,构造较简单;而日本式密封舱中全是泥水,要有一套自动控制泥水平衡的装置。一般来说,泥水盾构对地层扰动最小,地面沉降也最小,但费用最高。

泥水盾构适用地层:泥水加压盾构最初是在冲积黏土和洪积砂土交错出现的特殊地层中使用,由于泥水对开挖面的作用明显,因此软弱的淤泥质土层、松动的砂土层、砂砾层、卵石砂砾层、砂砾和坚硬土层等均适用。泥水加压盾构对地层的适用范围较广,但是在松动的卵石层和坚硬土层中采用泥水加压盾构施工,会产生逸水现象,因此在泥水中应加入一些胶合剂来堵塞漏缝。在非常松散的卵石层中开挖时,也有可能失败。在坚硬的土层中开挖时,不仅土的微粒会使泥水质量降低,而且黏土还常会黏附在刀盘和槽口上,给开挖带来困难,因此应该予以注意。

泥水加压盾构的适用性:

①细粒土(粒径 0.074mm 以下)含量在 10% 以上。

②砾石(粒径 2mm 以上)含量在 60% 以上。

③自然含水率在 18% 以上。

④无粒径 200~300mm 的粗砾石。

⑤渗透系数 $K<10^{-2}$cm/s。

8) 土压平衡式盾构

土压盾构又称削土密闭式或泥土加压式盾构。它的前端有一个全断面切削刀盘,切削刀盘的后面有一个储留切削土体的密封舱,在密封舱中心线下部装置长筒形螺旋输送机,输送机一头设有出入口。所谓土压平衡就是密封舱中切削下来的土体和泥水充满密封舱,并可具有适当压力与开挖面土压平衡,以减少对土体的扰动,控制地表沉降。这种盾构可节省泥水盾构中所必需的泥水平衡及泥水处理装置的大量费用,主要适用于黏性土或有一定黏性的粉砂土。现已有加水或加泥水的新型土压平衡盾构,可适用于多种土层。

土压平衡式盾构的基本原理:由刀盘切削土层,切削后的泥土进入土腔(工作室),土腔内的泥土与开挖面压力取得平衡的同时由土腔内的螺旋输送机出土,装于排土口的排土装置在出土量与推进量取得平衡的状态下,进行连续出土。土压平衡式盾构的产品名称是各不相同的,即使是相类似的盾构,其名称也因开挖面稳定的方法和各公司对排土机开发过程的不同而各异。土压平衡式盾构又分为:削土加压式、土压平衡加水式、高浓度泥水加压式、加泥式 4 类。

开挖工作面稳定机构:土压平衡式盾构的开挖面稳定机构按地质条件可以分成两种形式,一种适用于内摩擦角小且易流动的淤泥、黏土等黏质土层;另一种适用于土的内摩擦角大、不易流动、透水性大的砂、砂砾等砂质土层。

(1) 黏性土层中的开挖面稳定机构

在粉质黏土、粉砂、粉细砂等黏性土层中,开挖面稳定机构的排土方式是:由刀盘切削后的泥土先进入土腔内,在土腔内的土压与开挖面的土压(在黏性土中,开挖面土压与水压的混合、压力作用)达到平衡的同时,由螺旋输送机把开挖的泥土送往后部,再从出土闸门口出土。这种机构首先是由挖掘的泥土充满土腔,在软弱的黏性土地层中,由刀盘切削后的泥土强度一般都比原状土的强度低,因而易流动。即使是在黏聚力很高的土层中,也由于刀盘的搅拌作用和螺旋输送机的搬运作用搅乱了土体,使土的流动性增大,因此充满在土腔内和螺旋输运机内泥土的土压可与开挖面的土压达到相等。当然这种充满在土腔和输送机内泥土的土压必须在与开挖面土压相等的情况下由螺旋输送机排土,挖掘量与排土量要保持平衡。但是,当地层的含砂量超过某一限度时,由刀盘切削的土流动性变差,而且当土腔内泥土过于充满并固结时,泥土就会压密,难以挖掘和排土,迫使推进停止。在这种情况下,一般采用的方法是:向土腔内添加膨润土、黏土等进行搅拌,或者喷入水和空气,用以增加土腔内土的流动性。

(2) 砂质土层中开挖面的稳定机构

在砂、砂砾等砂质土地层中,土的摩擦阻力大,地下水丰富,透水系数也高,因此依靠挖掘土的土压和排土机构与开挖面的压力(地下水压和土压)达到平衡就很困难。而且由刀盘切削的土体流动性也不能保证,对于这样的土层仅采用排土机构的机械控制使开挖面稳定是很困难的。因此要用水、膨润土、黏土、高浓度泥水、泥浆材料等的混合料向开挖面加压灌注,并不断地进行搅拌,改变挖掘土的成分比例,以此保证土的流动性和止水性,使开挖面稳定。

开挖面的稳定机构可分为以下几种方式:

①切削土加压搅拌方式:在土腔内喷入水、空气,或者添加混合材料,来保证土腔内土砂流动性。在螺旋输送机的排土口装有可止水的旋转式送料器(转动阀或旋转式漏斗),送料器的隔离作用能使开挖面稳定。

②加水方式:向开挖面加入压力水,保证挖掘土的流动性,同时让压力水与地下水压相平衡。开挖面的土压由土腔内的混合土体的压力与其平衡,为了能确保压力水的作用,在螺旋输送机的后部装有排土调整槽,控制调整槽的开度使开挖面稳定。

③高浓度泥水加压方式:向开挖面加入高浓度泥水,通过泥水和挖掘土的搅拌,以保证挖掘土体的流动性,开挖面土压和水压由高浓度泥水的压力来平衡。在螺旋输送机的排土口装有旋转式送料器,送料器的隔离作用使开挖面稳定。

④加泥式:向开挖面注入黏土类材料和泥浆,由辐条形的刀盘和搅拌机构混合搅拌挖掘的土,使挖掘的土具有止水性和流动性。由这种改性土的土压与开挖面的土压、水压达到平衡,使开挖工作面得到稳定。

土压平衡盾构较适用于在软弱的冲积土层中推进,在砾石层中或砂土层中推进时,加进适当的泥土后也能发挥土压平衡盾构的特点。

土压平衡盾构(含加泥式盾构)适用性:

①黏粒(粒径0.075mm以下)含量在粒径累积曲线的7%以上。

②砾石(粒径2mm以上)含量在粒径累积曲线的70%以下。

③黏性土(黏土、粉砂土含量在4%以上)的 N 值在15以下。

④自然含水率,砂在18%以上,黏性土在25%以上。

⑤渗透系数 $K<5\times10^{-2}$ cm/s。

泥水加压盾构和土压平衡盾构是当前最先进的盾构形式,它们有自己的特点,但是它们不能完全取代其他类型的盾构形式,其理由之一就是它们的造价一般都高于其他类型的盾构。当某施工范围内的土层为软土,并且地质情况变化不大,地表控制沉降的要求不高时,可采用挤压盾构。当施工沿线有可能出现障碍物时,也有采用开胸手掘式盾构的(手掘、机械兼用等)。

1.1.3 盾构施工的优点和不足

1)盾构法的主要优点

(1)除竖井施工外,施工作业均在地下进行,噪声、振动引起的公害小,既不影响地面交通,又可减少对附近居民的干扰。

(2)盾构推进、出土、拼装衬砌等主要工序循环进行,施工易于管理,施工人员也较少,劳动强度低,生产效率高。

(3)土方量外运较少。

(4)穿越河道时不影响航运。

(5)施工不受风雨等气候条件影响。

(6)隧道的施工费用不受覆土量多少影响,适宜于建造覆土较深的隧道。在土质差、水位高的地方建设埋深较大的隧道时,盾构法有较好的技术经济优越性。

(7)当隧道穿过河底或其他建筑物时,不影响施工。

(8)与明挖法相比,只要设法使盾构的开挖面稳定,则隧道越深、地基越差、土中影响施工的埋设物等越多,其不论施工进度还是经济性均越有利。

2)盾构法存在的不足

(1)当隧道曲线半径过小时,施工较为困难。

(2)在陆地建造隧道时,如隧道覆土太浅,开挖面稳定甚为困难,甚至不能施工,而在水下时,如覆土太浅则盾构法施工不够安全,要确保一定厚度的覆土。

(3)竖井中长期有噪声和振动,要有相应解决措施。

(4)盾构施工中采用全气压方法以疏干和稳定地层时,对劳动保护要求较高,施工条件差。

(5)盾构法隧道上方一定范围内的地表沉陷尚难完全防止,特别在饱和含水松软的土层中,要采取严密的技术措施才能把沉陷限制在很小的限度内,目前还不能完全防止以盾构正上方为中心土层的地表沉降。

(6)在饱和含水地层中,盾构法施工所用的拼装衬砌,对达到整体结构防水性的技术要求较高。

1.2 乌鲁木齐轨道交通1号线地质特征

1.2.1 地形地貌

乌鲁木齐地处天山地槽褶皱和准噶尔拗陷两个构造带,地形起伏较大,地势南高北低,东高西低,平均海拔800m,如图1-1所示。拟建乌鲁木齐轨道交通1号线整体呈南北向展布,地势南高北低,局部地形略有起伏。轨道交通1号线沿线由南向北地势逐渐降低,地面

图1-1 新疆乌鲁木齐地形影像图

高程在 931.30～783.08m 之间。地貌单元为山前冲洪积平原区、基岩剥蚀丘陵区、河岸阶地、河漫滩区，如图1-2所示。其中1号合同段由南向北，依次是起点南郊停车场至二道桥站以南段，为基岩剥蚀丘陵区；二道桥站至新兴街站以南为乌鲁木齐河阶地区；新兴街站至南湖广场站以南为剥蚀丘陵区；南湖广场站至王家梁站以西为乌鲁木齐河阶地区；王家梁站至八楼站以东为乌鲁木齐河河漫滩区；八楼站至大西沟站以南为乌鲁木齐河阶地区。2号合同段由大西沟以北到机场站，沿线地貌单元均为山前倾斜冲、洪积砾质平原区，地形平坦，此平原区地势仍然是南高北低，地面高程一般在 716.0～730.9m 之间，相对高差 1~2m。这些不同地形、地貌区域，由于地层岩性、水文地质条件的差异，对轨道交通盾构机的选型以及掘进施工的方法和进程有不同程度的影响。

图1-2　乌鲁木齐轨道交通1号线线路地貌分区示意图

1.2.2　地质构造

乌鲁木齐市位于博格达弧形隆起带和准格尔盆地南缘乌鲁木齐山前凹陷的结合部位，在此结合部位的边缘凹陷处沉积有巨厚的中、新生带地层，此地层受海西运动以来历次构造运动的影响，形成了一系列轴向北东—南西的褶皱和断裂。其中与线路相关的为雅玛里克复式背斜，以及雅玛里克山断裂带和西山断裂，如图1-3所示。

图 1-3 乌鲁木齐轨道交通 1 号线 01 合同段区域地质缩图

雅玛里克复式背斜分布在雅马里克山—红山嘴一带,长度 15km,被乌鲁木齐河分为东西两段,西段轴 N40°W,东段转向 NEE 向。背斜轴部较紧密,其中南翼西段内陡倾角 70°,北翼外缓倾角 40°,东段倾角中等;北翼西段向南东倒转,倾角 80°,此段有许多紧密的小褶皱发育,北翼东段正常,倾角陡。距轴不远被断层截割。该背斜由上二叠统砂岩、泥岩组成,轴部为芦草沟组砂岩。轨道交通 1 号线在新兴街附近大角度通过该背斜。

雅玛里克断裂是隶属于博格达弧形构造中的一条区域性断裂,为博格达弧前古生界与中生界的分界。断裂西起雅玛里克山,向东经水磨沟、铁厂沟、三工河延伸到吉木萨尔以东,全长约 100km。断裂走向 NE,倾向 SE,倾角 60°~80°,具有逆冲性质。该断裂东段在晚更新世有活动,西部尾段活动性逐渐减弱,最新活动时代为中更新世末期至晚更新世早期。轨道交通 1 号线在南湖广场站南侧大角度通过该断裂带,宽度 170m。

西山断裂分布于西山隆起的南麓,其南为柴窝堡中、新生代坳陷西端北缘,其北为乌鲁木齐山前坳陷的南缘,成为两者的分界断裂,断裂西起头屯河以西的永光煤矿附近,向东经稍胡达坂南麓,过头屯河,沿西山,过四道岔,在耐火材料厂附近主断面分为两支,一支向东延伸,与雅玛里克断层交汇,另一支由北东 40°切入马料地与碗窑沟断裂相交,断裂总体走向近 EW,倾向 315°~340°,倾角 44°~83°,断裂长度 37km。该断裂形成于中更新世中晚期,最新活动时间为晚更新世晚期,属晚更新世活动断裂。轨道交通 1 号线在八楼和大西沟站之间大角度通过该断层,破碎带宽度 15~20m。

1.2.3 地层分类及其基本特征

轨道交通 1 号线所穿越的地貌单元主要为基岩剥蚀丘陵区、乌鲁木齐河阶地区、河漫滩以及山前倾斜冲、洪积砾质平原区(地貌区间地层岩性特征汇总见表 1-1),地层主要为由冲积、洪积河床堆积形成的第四系全新统—晚更新统松散堆积层,即黏土、砂卵石、角砾岩等地层,以及下伏的侏罗系(J)、三叠系(T)、二叠系(P)地层,主要由泥岩、砂岩和砾岩构成。另外地表广泛分布人工填筑土,在卵砾石层中局部分布透镜体状黏质粉土、粉土和粉细砂。

地貌区间地层岩性特征汇总　　　　　　　　表1-1

地貌单元	车站区间	岩土层岩性描述
剥蚀丘陵区	南郊停车场—二道桥站以南	第四系全新统—晚更新统人工填土、卵石、含砾粉质黏土、角砾及下伏的三叠系强风化~中风化泥岩、砂岩构成,中风化泥岩单轴抗压强度1.4~9.1MPa,中风化砂岩饱和单轴抗压强度11.2~55.6MPa
乌鲁木齐河阶地区	二道桥站—新兴街站以南	第四系全新统—晚更新统卵石、角砾及下伏的三叠系强~中风化泥岩、砂岩构成,中风化泥岩单轴抗压强度1.6~10.5MPa,中风化砂岩饱和单轴抗压强度10.4~49.6MPa
剥蚀丘陵区	新兴街站—南湖广场站	第四系全新统人工填土、粉土及下伏的侏罗系强风化~中风化泥岩、砂岩构成,中风化泥岩单轴抗压强度1.4~9.2MPa,中风化砂岩饱和单轴抗压强度7.3~14.5MPa
乌鲁木齐河阶地区	南湖广场站—王家梁站以西	第四系全新统人工填土、粉土和卵石层及下伏的侏罗系强~中风化泥岩、砂岩和煤层构成,中风化泥岩单轴抗压强度2.5~10.0MPa,中风化砂岩饱和单轴抗压强度11.6~58.1MPa
乌鲁木齐河漫滩	王家梁站—八楼站以东	第四系全新统人工填土和卵石层及下伏的侏罗系强风化~中风化泥岩、砂岩构成,局部夹有煤层,中风化泥岩单轴抗压强度3.7~8.4MPa,中风化砂岩饱和抗压强度10.1~43.6MPa
乌鲁木齐河阶地区	八楼站—大西沟站以南	第四系全新统—晚更新统人工填土和卵石层及下伏的侏罗系强风化~中风化泥岩、砂岩构成,中风化泥岩单轴抗压强度2.3~3.6MPa,中风化砂岩饱和单轴抗压强度10.1~23.9MPa。近大西沟站卵石层中,属Ⅵ级围岩,卵石粒径大小不一,分布不均,最大粒径不小于500mm,且埋深浅、厚度大
山前倾斜冲、洪积砾质平原区	大西沟—机械厂	含砾粉土、细砂、圆砾、卵石,下伏侏罗系喀剌扎组上统砂岩,地表广泛分布杂填土。卵石粒径组成:2~20mm约占25%,20~60mm约占45%,大于60mm约占15%;最大粒径大于450mm。强~中等风化,强风化层厚1~3m,岩土施工工程分级为Ⅳ级软石。中等风化砂岩,饱和单轴极限抗压强度为6.91~14.1MPa,平均9.57MPa,建议取值9.6MPa
山前倾斜冲、洪积砾质平原区	机械厂—宣仁墩	主要地层为由冲积、洪积河床堆积形成的第四系上更新统圆砾、卵石及含砾粉土,地表广泛分布杂填土
山前倾斜冲、洪积砾质平原区	宣仁墩—机场	主要地层为由冲积、洪积河床堆积形成的第四系上更新统含砾粉土、卵石,地表广泛分布杂填土

以下为不同地层岩性的描述:

人工填土(Q_4^{ml}):广泛覆盖于城区及其附近地表、道路表面等,为人类活动所致,由杂填土和卵石填土组成。杂填土以建筑垃圾为主,含碎石块、粉土、混凝土块以及生活垃圾,极不均匀。卵石填土,最大粒径不小于 200mm,一般粒径 20~40mm,大于 20mm 的颗粒含量约占总质量的 60%,土、砂填充,含砖块等杂物。

粉土(Q_{4-5}^{al+pl}):褐黄色、灰黄色,土质不均,含砾石,湿,稍密,可见颗粒孔隙,切面无光泽,Ⅱ级普通土。

卵石(砂卵石地层)(Q_{4-5}^{al+pl1}):杂色,成分以砂岩为主,粗粒花岗岩次之,颗粒呈浑圆状,一般粒径 20~40mm,大于 20mm 的颗粒含量约占总质量的 60%,含漂石,粒径约 50cm,漂石成分多为花岗岩,潮湿~饱和,中密~密实,Ⅲ级硬土~Ⅳ级软石,如图 1-4 所示。

角砾(Q_{4-5}^{dl+pl}):浅黄色、稍湿~饱和、稍密~中密,角砾含量占 50%~60%,砾径在 30~80mm,余为杂粒砂及粉黏粒,Ⅱ级普通土~Ⅲ级硬土。

图 1-4 卵石地堆积图

泥岩(J^{2+3Ms}、P_{2+3}^{Ms}):淡灰色,局部浅黄色,泥质结构,厚层状构造,节理裂隙很发育,岩芯比较破碎,呈碎块状,局部有短柱状,强风化~中风化,风化层厚 2~6m,Ⅳ~Ⅴ级次坚石。

砂岩(T^{Ss}、P^{Ss}):青灰色、紫红色、强风化~中等风化,砂状结构,层状构造,钙质胶结,Ⅳ~Ⅴ级次坚石。

另外,轨道交通 1 号线沿线有大量的人工填土、膨胀岩特殊性岩土。人工填土一般厚度 1~3m,最大厚度可达 10m,填土的主要成分为杂填土,分布为松散~稍密,力学性质差异较大,稳定性差,对基坑支护不利。膨胀岩节理、裂隙发育,易风化剥落,其具有吸水急剧膨胀并产生泥化、软化和脱水开裂、收缩变形等特征,属极软岩类,自由膨胀率 FS = 4%~89%,为膨胀性泥岩。

1.2.4 砂卵石地层的工程特性

1)颗粒级配

在轨道交通隧道通过的沿线从埋深 2~14m 的不同深度取样做卵石颗粒分析试验,根据试验结果,卵石不均匀系数 C_u 在 13.720~81.070 之间,平均值 42.285,曲率系数 C_c 在 1.294~3.848 之间,平均值 2.253,不均匀系数及曲率系数表明该卵石地层颗粒级配良好。

2)卵石现场剪切试验

结合沿线地层分布特点和工程环境状况,卵石地层现场剪切试验场地分别位于北京南路、小西沟青海路、北京北路、迎宾东路和城北主干道,深度 4~10m。试验数据经"最小二乘法"和"图解法"计算,各土层现场剪切试验结果表明屈服值 $c(kPa)$ 主要在 5~10kPa 间变化,最大值 15kPa,最小值 0。屈服值 $\varphi(°)$ 主要为 40°~42°,最小值 37°,最大值 44°。残余值 $c(kPa)$ 为 0,残余值 $\varphi(°)$ 主要为 30°~35°,最大值 35°,最小值 30°。

3)动力触探试验

根据动力触探试验结果可以判定岩土的密实程度、地基基本承载力、变形模量、内摩擦角。据本次勘察成果,场地内卵石的力学指标参考值可参见表1-2。试验结果表明,卵石在2~7m范围内呈中密程度,变形模量为42,内摩擦角为43°,地基基本承载力为500kPa;在7~20m范围内呈密实程度,变形模量为51.5,内摩擦角为45°,地基基本承载力为600kPa。

圆锥动力触探试验统计表　　　　　　　　　表1-2

土层编号	土层名称	统计个数	深度(m)	锤击数 实测值	锤击数 修正值	锤击数 修正后平均值	密实程度 f_k(kPa)	变形模量 E_0(MPa)	内摩擦角 φ(°)	地基基本承载力 f_k(kPa)
1-1	杂填土	18	2~20	18~51	14.0~27.306	19.90	中密	22	18	
4-10-1	卵石	8	2~7	18~32	14.9~24.0	19.3	中密	42	43	500
4-10-2		195	7~20	24~51	17.1~38.6	24.3	密实	51.5	45	600

(注:表中圆锥动力触探锤击数为经过深度修正后的锤击数。)

4)旁压试验

根据地层结构采用梅纳旁压仪旁压试验判定卵石土的基本承载力、旁压模量、旁压剪切模量、变形模量,指标参考值见表1-3。

卵石旁压试验统计成果表　　　　　　　　　表1-3

卵石地层埋深(m)	项目	初始压力 p_o(kPa)	临塑压力 p_f(kPa)	极限压力 p_L(kPa)	旁压变形参数 G_m(MPa)	旁压模量 E_m(MPa)	变形模量 E_0(MPa)
5~15	统计个数	26	26	26	26	26	26
	最大值	676	6 090	112 567	80	207	3 163
	最小值	290	1 640	5 223	18	47	201
	平均值	440.35	3 301.15	13 960.35	44.41	115.47	545.70
	标准值 ψ	404.14	2 984.38	7 064.95	39.62	102.99	359.41
15~25	统计个数	17	17	17	17	17	17
	最大值	724	4 170	12 387	59	153	1910
	最小值	311	2 610	8 688	30	78	338
	平均值	530.29	3 475.06	10 921.53	45.67	118.74	552.14
	标准值 ψ	480.82	3 248.05	10 411.87	41.77	108.61	399.00

5)岩土化学特性

根据勘探土的易溶盐分析成果及邻近工程资料,场地杂填土和卵砾石土对混凝土具弱腐蚀性,对10m以下混凝土具微腐蚀性;对0~10m混凝土中钢筋具弱腐蚀性,对10m以下混凝土中钢筋具中等腐蚀性,因此在隧道掘进施工以及后期的使用过程中应注意采取一定的防腐措施。

1.2.5　水文地质条件

1)地下水水文地质特征

乌鲁木齐轨道交通1号线地下水类型按照赋存条件分为第四系松散堆积层中的孔隙潜

水、基岩裂隙水及构造裂隙水三种。第四系孔隙潜水主要分布于乌鲁木齐河两岸阶地、漫滩区及冲洪积平原区，在轨道交通1号线通过区域如二道桥站—新兴街站以南，南湖广场站—王家梁站以西，王家梁站—八楼站以东，八楼站—大西沟站以南区域分布。基岩裂隙水局部赋存于与第四系接触带附近的表层基岩中，如南郊停车场—二道桥站以南，新兴街站—南湖广场站以南。构造裂隙水主要分布于雅玛里克背斜轴部及雅玛里克山断裂、碗窑沟断裂内，在新兴街附近，在南湖广场站南侧，在八楼和大西沟站之间分布。

如按埋藏条件，盾构场区地下水类型主要为无压的潜水，地下水位变化较大，水位埋深2.4~23.5m，水位高程740.5~924.83m，含水层主要为卵石层及强风化基岩层，主要接受大气降水、侧向径流、管沟渗漏、绿化灌溉补给，以蒸发、侧向径流方式排泄。其中分布在河岸阶地、漫滩及冲洪积平原区的孔隙潜水，基岩剥蚀丘陵区、山前倾斜冲洪积砾质平原区、乌鲁木齐河阶地区为孔隙或基岩裂隙潜水，整体地下水位南高北低，赋水量较小，地下水位年变化幅度为1~2m，每年的3~4月及7~9月为高水位期。

为查明沿线地下水位，本次初勘在沿线各车站专门设立地下水位动态长期观测孔，沿线各车站区间地下水位、地下水类型及特征见表1-4。

各车站及区间地下水类型及特征　　　　　　　　表1-4

地貌单元	位置	地下水类型	水位埋深（m）	水位高程（m）	水文地质特征
剥蚀丘陵区	三屯碑—新疆大学	孔隙和基岩裂隙潜水	8.1	924.8	含水层为卵石、含砾粉质黏土、粉土以及强风化基岩层，隔水层为下部中风化基岩层，含水层厚度随基岩面起伏变化。大气降水和侧向补给，富水较好，水量较大
	新疆大学站		5.6	909.4	含水层主要为卵石层及强风化基岩层，隔水层为下部中风化基岩层，含水层厚度随基岩面起伏变化。大气降水和侧向补给，富水较好，水量较大
	新疆大学—二道桥		12.2	887.5	含水层为含砾粉质黏土以及强风化基岩层，隔水层为下部中风化基岩，含水层厚度随基岩面起伏变化。大气降水和侧向补给，富水较好，水量较大
	二道桥		11.3	886.3	
河岸阶地区	二道桥—南门	孔隙和基岩裂隙潜水	8.0	883.2	含水层为角砾以及强风化基岩层，隔水层为下部中风化基岩层，含水层厚度随基岩面起伏变化。大气降水和侧向补给，富水较好，水量较大
	南门站		9.2	872.9	
	南门—北门		9.5	867.4	
	北门站		8.85	868.6	含水层为粉土、全风化砂岩层以及强风化基岩层，隔水层为下部中风化基岩层，含水层厚度随基岩面起伏变化。大气降水和侧向补给，富水较好，水量较大
	北门—新兴街		8.7	861.7	含水层为粉土层，北门以北新兴街附近勘察的范围内未见地下水，但根据地质条件分析可能存在基岩裂隙水
剥蚀丘陵区	新兴街				本次勘察时未见地下水，但由于基岩裂隙发育，可能存在基岩裂隙

续上表

地貌单元	位置	地下水类型	水位埋深（m）	水位高程（m）	水文地质特征
河岸阶地区	南湖广场	孔隙潜水	2.4	834.1	含水层为杂填土层、卵石填土层、粉土层。在南湖广场站东侧分布有南湖,地下水与湖水可能存在水力联系
	王家梁	孔隙和基岩裂隙潜水	10.03	807.1	含水层为粉土和强风化基岩层。隔水层为下部中风化基岩层。本段地下水主要接受大气降水和侧向补给,富水一般,水量较小
河漫滩	移动公司	孔隙潜水	3.64	819.0	含水层为杂填土层、粉土层。隔水层为下部中风化基岩层,含水层厚度随基岩面起伏变化。本段地下水主要接受大气降水和侧向补给,富水一般,水量较小
河岸阶地区	八楼	孔隙和基岩裂隙潜水	6.4	801.9	含水层为卵石和强风化基岩层。隔水层为下部中风化基岩层。接受大气降水、侧向径流、管沟渗漏、绿化灌溉补给,以蒸发、侧向径流方式排泄
	八楼站—大西沟		6.67	801.7	
山前倾斜冲洪积砾质平原区	大寨沟—小西沟	孔隙和基岩裂隙潜水	10.3~23.5m	766.9~747.7	含水层为地下基岩面呈"凹"形地段风化岩表层及卵砾石接触带,隔水层为下部中风化基岩层。通过季节性降水和绿化灌溉用水下渗补给,含水层厚度1.0~4.0m,水量较小
	小西沟—铁路局		10.3~23.5	753.9~740.5	含水层为地下基岩面呈"凹"形地段风化岩表层及卵砾石接触带,隔水层为下部中风化基岩层。通过季节性降水和绿化灌溉用水下渗补给,含水层厚度1.0~4.0m,水量较小
	铁路局—机场		勘察期间勘探深度40m内未见地下水		

  轨道交通1号线沿线,不同地下水位埋深处腐蚀性测试评价结果见表1-5。根据水的腐蚀性分析结果,拟建沿线潜水对混凝土结构具弱~中腐蚀性;对钢筋混凝土结构中的钢筋在长期浸水条件下具微腐蚀性,在干湿交替条件下具弱腐蚀性。部分工点潜水对混凝土结构具有强腐蚀性,可能与周围环境入渗有关。

  需要注意的是,轨道交通1号线沿线乌鲁木齐河谷地段,由于城市的发展开展了大量的与地下水有关的经济活动,导致地下水动态影响因素发生变化,由最初的自然影响因素为主改变为以现今的人为影响因素为主。特别是1961年在乌鲁木齐河谷上游乌拉泊修建了水库,改变了河谷区地下水补给条件,使其由原来的以地表水入渗补给和地下水侧向径流补给为主变成以地下水侧向径流补给和乌拉泊大坝渗漏补给为主,同时相应的改变了河谷区地下水动态,造成河谷区潜水位大幅度下降。

地下水的腐蚀性评价表 表1-5

钻孔编号	取样深度(m)	按环境类型			按地层渗透性				对建筑材料的腐蚀性评价		
		SO_4^{2-}(mg/L)	Mg^{2+}(mg/L)	总矿化度(mg/L)	pH	侵蚀性CO_2(mg/L)	HCO_3^-(mmol/L)	Cl^-(mg/L)	混凝土	钢筋混凝土中的钢筋	
										长期浸水	干湿交替
CK02	8.0	317.6	38.5	1035.8	7.5	—	3.95	119.1	弱	微	弱
CK13	12.5	489.4	43.0	1132.1	7.7	—	3.80	88.6	弱	微	微
CK15	12.2	489.4	49.8	1327.5	7.4	—	4.26	181.6	弱	微	弱
CK16	11.2	471.2	31.7	1144.0	7.6	4.38	3.04	138.0	弱	微	微
CK22	8.0	543.7	36.2	1385.8	7.7	—	4.41	151.1	中	微	弱
CK23	4.0	1030.5	31.7	1538.6	7.5	177.9	1.98	257.1	强	微	弱
CK29	9.0~10.0	561.9	72.5	1630.6	7.7	46.4	6.23	222.3	中	微	弱
CK30	9.2	217.5	49.8	1391.1	7.4	—	5.47	405.3	弱	微	弱
CK34	9.5	480.3	49.8	1249	7.3	—	4.41	133.6	弱	微	弱
CK37-1	8.7	543.7	31.7	1419.0	7.5	9.64	3.04	207.7	中	微	弱
CK61	2.4	833.7	68.0	2224.3	7.5	1.21	7.9	241.1	中	微	弱
CK64	2.3~2.4	1595	15.9	3587	7.80	18.55	10.79	255.7	强	微	弱
CK85-1	9.6	398.7	9.1	1046.6	7.50	—	3.8	100.2	弱	微	弱
CK96-1	6.4	888.1	45.3	2053.3	7.60	—	1.22	398.0	中	微	弱

2)场地地表水

轨道交通1号线沿线地表水体主要为三屯碑水库,它位于轨道交通三屯碑车站东南侧,距车站约300m。该水库为小型水库,四周地形为低山丘陵,水库坐落于山间低洼地带,水面约$2km^2$,蓄水量400万m^3左右,水库补给来源主要为山间降雨及融雪汇水,水量较小,库水无外泄通道,对轨道交通无不利影响。

1.3 盾构机选型原则

1.3.1 盾构机特征差异

盾构法是使用盾构机在地下掘进,防止开挖面岩土体崩塌的同时在机内安全地进行开挖作业和衬砌作业,从而构筑成隧道的施工方法。从1818年Brunel发明盾构技术问世到现在已有近200年历史,盾构机类型由初期的手掘式发展到半机械式、全机械式以及现今高速发展的泥水式平衡盾构机、加泥式土压平衡盾构机,以及既可用于软土地层又可用于岩石围岩的复合式盾构机等现代盾构机。现代盾构机已在自动控制、激光导向、液压传动、开挖面压力控制、壁后同步注浆、盾尾密封、管片拼装、计算机数据采集等方面得到很大发展,满足了目前轨道交通隧道盾构施工技术的需要。

1)泥水式平衡盾构机

泥水式平衡盾构机的工作原理是通过向密封舱内加入泥水(浆)来平衡开挖面的水、土压力,其开挖面的平衡稳定性及控制地面沉降性能较好,盾构机内部空间较大,特别是大直径隧道施工具有一定技术优势,但施工弃土需进行泥水分离处理。该设备系统庞大,占地面积多,且价格昂贵。

2)加泥式土压平衡盾构机

加泥式土压平衡盾构机的工作原理则是向密封舱内加入塑流化改性材料,与开挖面切削下来的土体经过充分搅拌,形成具有一定塑流性和透水性低的塑流体,同时通过伺服控制盾构机推进千斤顶速度与螺旋输送机向外排土的速度相匹配,经舱内塑流体向开挖面传递设定的平衡压力,实现盾构机始终在保持动态平衡的条件下连续向前推进。由于加泥式土压平衡盾构机可以根据不同地层的地质条件,设计和配制出与之相适应的塑流化改性剂(如泡沫等),极大地拓宽了该类机型的施工领域,特别是在砂卵石地层中施工优势最为明显。故近年来该机成为盾构机应用的主流机型,在隧道工程中得到广泛应用。

3)复合式盾构机

复合盾构是指综合泥水式平衡盾构机和加泥式土压平衡盾构机的特性,可以在多种地层中掘进的盾构机,适用于含水的软、硬岩及混合式地层的隧道掘进。盾构机的刀盘具有可更换性,因此能适应更广泛的地层,也能满足在不同地层内掘进速度的要求。盾构机配备了同步注浆系统,可以很好地控制地表沉降,同时还配备了泡沫和膨润土注入系统,可以更好地改善渣土的力学传递性能及其流动性,适合在含有足够的细颗粒土壤里开挖隧道。依据实际的地质状况,即使开挖地层没有达到要求数量的细颗粒土和水分,仍然可以采取特殊的处理措施,比如注射泡沫、聚合物或非常高浓度的泥浆帮助解决问题。盾构机具有土压平衡功能,在通过软硬不均的地层时,可以建立土压平衡,减少地表沉降,确保工程安全和工程质量。当工作面土体稳定时,也可以在土舱压力不平衡的状态下进行正常掘进。

因此,采用什么样的盾构机类型,受地层的渗透性、颗粒级配、岩石的耐磨性、水压等影响,同时还要考虑环保、工程地质、安全等特殊因素。总之,选择盾构机类型必须严守五个基本原则,即:适应工程地质条件,确保施工绝对安全;盾构的性能应能满足工程推进的施工长度和线形的要求;盾构机的掘进能力可与后续设备、始发基地等施工设备匹配;对周围环境影响小;施工可以辅以合理的辅助工法。盾构机机型选择正确与否是盾构隧道工程施工成败的关键。

1.3.2 影响盾构机选型的主要因素

1)地层渗透系数

地层渗透系数是影响盾构机选型的一个很重要的因素,通常当地层的渗透系数小于

10^{-7}m/s 时，可以选用土压平衡盾构机；当地层的渗透系数在 10^{-7}m/s~10^{-4}m/s 之间时，既可以选用土压平衡盾构机也可以选用泥水式盾构机；当地层的透水系数大于 10^{-4}m/s 时，宜选用泥水盾构机。

2）颗粒级配

一般来说，细颗粒含量多，渣土易形成不透水的流塑体，容易充满土舱的每个部位，在土舱中建立压力，平衡开挖面的土体。因此对不同颗粒级配的岩土体，如果不进行改良，其所适用的盾构机类型是不一样的。盾构机类型与颗粒级配的关系见图1-5，图中右边深灰色区域为黏土、淤泥质土区，为土压平衡盾构适用的颗粒级配范围，左边的浅灰色区域为砾石粗砂区，为泥水盾构适用的颗粒级配范围。中灰色区域为粗砂、细砂区，既可使用泥水盾构，也可经土质改良后使用土压平衡盾构。

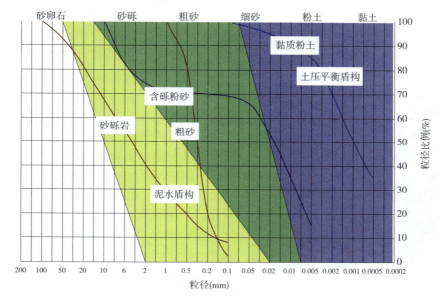

图1-5 盾构类型与颗粒级配的关系图[5]

一般来说，当岩土中的粉粒和黏粒的总量达到40%以上时，通常会选用土压平衡盾构，相反的情况选择泥水盾构比较合适，粉粒的绝对大小通常以 0.075mm 为界。

3）岩石耐磨性

不同的盾构机型在掘进施工中都需要刀具切割岩土体，从而达到掘进的作用，因此地层岩石的耐磨性对刀具的磨损起着决定作用，岩石坚硬度和耐磨性越高，刀具、刀盘的磨损就越大。掘进机换刀量和换刀时间的增大，势必影响到掘进机应用的经济效益和掘进效率。刀具、刀圈及轴承的磨损，对掘进机的使用成本起很大的影响，而仅仅根据岩石的单轴抗压强度来判断不同单轴抗压强度的岩石对掘进机刀具、刀圈及轴承的磨损是不够的。岩石的硬度、岩石中矿物颗粒特别是高硬度矿物颗粒如石英等的大小及其含量的高低，决定了岩石的耐磨性指标。一般来说，岩石的硬度越高，对掘进机的刀具等的磨损越大、掘进机的掘进效率也越低。而本区是砂卵石地层，卵石硬度大，在盾构施工中容易使刀具、刀盘被磨损。因此在选用盾构机中应注意刀盘、刀具的耐磨性设置。

1.4 乌鲁木齐轨道交通1号线盾构机选型及配置

轨道交通1号线,沿线地形地貌有平原区,剥蚀丘陵区,阶地、河漫滩多种地貌,填土、黏土、粉土、卵石、砾石、泥岩、砂岩等多种地层,且地面上多种建筑物,掘进施工有其特有的重点和难点,盾构的选型和配置要在盾构选型的基本原则上结合轨道交通1号线沿线的施工重点、难点进行设计。

1.4.1 本盾构区间地质特性及掘进施工难点

1)掘进区间地质特性

乌鲁木齐施工区主要地层为中密、密实的卵石层、卵石填土地层,此两地层的卵石均以砂岩为主,粗粒花岗岩为次之,大于20mm的颗粒含量约占总质量的60%(图1-6),局部存在较大粒径漂石,且漂石成分多为花岗岩。这类地层会导致盾构机密封舱内建立土压平衡比较困难,其次是大粒径砂卵石不但切削或破碎困难,而且切削下来的渣土经螺旋输送机向外排出也十分困难;再次是卵石地层时盾构掘进会对刀盘(刀具)和螺旋输送机以及密封舱内壁磨损严重。卵石地层摩擦阻力大,导致盾构机中刀盘需要较大的搅拌力矩。当渣土改良不佳时,土仓一旦建立压力则刀盘扭矩急剧增大,导致堵转,而如不建立压力地面又发生沉降,因此为防止堵转也是刀盘选择需要考虑的问题。另外漂石粒径大、含量高,大粒径漂石卡死刀盘的风险更高,同时主轴承可能承受较大的偏载,为避免堵转和偏载,需要考虑刀盘的主驱动扭矩。

图1-6 粒径大于20mm的颗粒所占比例约60%

2)掘进施工难点及存在的问题

(1)卵石尤其是含漂石地层掘进主驱动扭矩问题

地层为中密、密实卵石层,渣土的摩擦阻力大,刀盘需要较大的搅拌力矩。当渣土改良不佳时,土仓一旦建立压力则刀盘扭矩急剧增大,导致堵转。如果不建立压力地面又发生沉降。

(2)砂卵石尤其是含漂石地层掘进刀盘、刀具磨损严重及换刀困难等问题

在卵石地层掘进,由于卵石不能破碎,常常对刀盘刀具进行二次磨损甚至多次磨损,且整个刀盘盘体及刀体本身直接与卵石接触,卵石不仅对刀具刃口有磨损,甚至整个刀体和刀盘盘体发生磨损。

由于砂卵石层细颗粒含量少,透气性好,在需要带压进舱换刀时很难保住气压,造成换刀困难。

(3)地表沉降不易控制,对邻近建(构)筑物、管线影响大

在密实卵砾层条件下,有时可能会欠压掘进,此时会产生较大沉降。另外,当在卵石层掘进时,常常由于刀盘掘进扰动地层产生超挖,此时同步注浆尚不能补充,容易形成空洞。

故即使当时不会发生沉降,但盾构过后地面陆续发生沉降。由于局部存在大漂石,地层沉降控制难度更大,对邻近建(构)筑物、管线影响更大。

宣仁墩站—大地窝堡站段穿越乌准铁路桥,对地面的沉降要求较高。

(4)螺旋机的磨损及卡螺旋机问题

盾构在卵石土层中掘进会对螺旋机叶片和筒体形成很严重的磨损,另外,由于卵石在螺旋机内堆积,特别是输送大卵石时,容易卡住螺旋机,严重时会发生断轴现象。

综上所述,在盾构机选型时,要考虑到地层的特点,需要较大搅拌力矩的刀盘,而由于漂石粒径较大,对刀盘、刀具磨损大,且换刀困难,需要更好耐磨的刀盘;而螺旋机也容易产生磨损及卡螺旋机;另外,由于地层岩性的原因,施工中地表沉降不易控制,对邻近建(构)筑物、管线影响大。因此,这也是盾构机设计制造时必须考虑的问题。

3)1号线土建16标盾构设计原则

(1)总体设计原则

①以现有地质资料为依据,同时满足普遍的地质条件,兼顾国内各城市综合地质条件。

②机型和功能满足招标书轨道交通1号线土建16标招标范围内的各区间项目线路条件、工期、施工条件和环境等要求。

③按照各区间地质条件,盾构进行有针对性的设计,其性能与各区间的工程地质、水文地质条件相适应。

④具有优良的性能和可靠性。

(2)具体设计原则

根据要求,提供的盾构按照复合式盾构进行设计制造。其中:

①刀盘设计:针对轨道交通1号线土建16标招标书招标范围内的地质条件设计制造,兼顾适用于类似地层条件的国内其他城市轨道交通盾构隧道。

②主驱动设计:满足国内所有城市各类地层条件,包括淤、泥、粉、砂、卵砾石及各类风化岩地层掘进施工。针对轨道交通1号线土建16标地层,安装8组驱动,额定扭矩6 000kN·m,最高转速3.7r/min,液压方式驱动。也可用于成都、北京及类似密实高含量卵石层。

③盾体为后铰接结构,注浆管内置,最小曲线半径250m。

④后配套各系统配置满足国内所有城市及地层掘进需求。

1.4.2 乌鲁木齐轨道交通1号线盾构选型

乌鲁木齐轨道交通1号线盾构机型选配以现有工程地质资料为依据,满足轨道交通1号线各区间项目线路的施工条件和环境影响,且确保其性能优良可靠,同时应降低成本,技术成熟便于维修维护,且盾构施工工序相对简单,乌鲁木齐轨道交通1号线16标段盾构机型选用CTE6440复合盾构机,CTE6440复合盾构机见图1-7。

图1-7 CTE6440复合盾构机

1.4.3 乌鲁木齐轨道交通1号线盾构配置

盾构是一个由不同功能的部件有机结合的综合性施工设备,它集合了盾构施工过程中的开挖、出土、支护、注浆、导向等功能。不同形式的盾构,其主机结构特点和配套设施也是不同的。对盾构来说,盾构法施工的过程也就是这些功能合理运用的过程。盾构在结构上包括盾体、刀盘、人员仓、螺旋输送机、管片安装机和皮带机等;在功能上包括开挖系统、主驱动系统、推进系统、出渣系统、注浆系统等。轨道交通1号线CTE6440复合盾构机,盾体为后铰接结构,注浆管内置,最小曲线半径250m,盾构机中的刀盘、主驱动、设计、后配套各系统等,是在满足轨道选型基本原则条件下,针对轨道交通1号线土建的地质条件、施工环境,兼顾适用于类似地层条件的国内其他城市轨道交通盾构隧道,进行设计制造。

1)刀盘

刀盘是盾构掘进机的关键部件,刀盘是安装在盾构机前面的旋转部分,在支撑掌子面土压的同时进行开挖。通过在不同形式的刀盘上安装不同的刀具或刀具组合,可以适应不同的地质情况下的施工需要。

刀盘对卵石的切削以剥落切削为主,刀具在切削过程中通过刀具对开挖面的扰动和剥落作用完成切削开挖过程,在此过程中刀具的磨损形式以冲击磨损、切削磨损和二次磨损为主要特点。针对轨道交通1号线土建的地质条件,兼顾适用于类似地层条件的国内其他城市轨道交通盾构隧道。刀盘的刀具需要具有耐冲击、耐磨损、耐二次磨损的性能,采用以滚刀为主或撕裂刀为主的两种刀盘。配置滚刀时,滚刀以松开挖面的方式起作用,滚刀的刃口厚,刃口的数量多,在工程案例中刀盘配置滚刀的案例居多,此盾构机型的配置中也以滚刀为主。

(1)刀盘准面板结构设计

刀盘采用准面板结构设计,主要结构为辐条+面板,开口率:40%,使刀盘开口和螺旋输送机通过最大粒径相匹配,见刀盘结构示意图(图1-8)。开口在整个盘面均匀分布,中心部位设有面积足够的开口,掘进中正面含有小粒径砂卵石的土体能够顺畅进入土仓,确保土仓内的压力计能够及时、真实的显示,能够有效降低对土体的扰动,适应乌鲁木齐地质需要。正常的进渣情况下,能够实现渣土径向方向的顺利流动,使渣土在刀盘中心区域不易形成因流动不畅而引起的堵塞和堆积,从而有效降低中心结泥饼的概率。

(2)刀盘结构形式

刀盘采用四牛腿,四主梁+四副梁结构形式,配置中心双联滚刀4把(17寸/175mm,1寸≈3.33cm,下同),单刃滚刀32把(17寸刀体、18寸刀圈/187.7mm),共40刃,滚刀结构示意图见图1-9;边刮刀8把及切刀40把(宽200mm,高130mm),保径刀8把,仿形刀2把,刀盘见图1-10。

滚刀:正滚刀尺寸为18寸,刃宽30mm,高度187.7mm,中心刀为4把17寸双联滚刀,中心刀间距90mm,正滚刀及边缘滚刀为单刃滚刀,正滚刀间距100mm,共配置40刃滚刀和2把液压式超挖刀,具有破除140MPa岩石的能力。滚刀的安装通过两个楔形块、拉紧块和长螺栓锁紧刀轴,能实现刀具的快速安装和拆卸。18寸滚刀(为17寸滚刀刀体,18寸刀圈)高187.7mm,增大了滚刀刀圈的磨损量,可延长换刀距离。滚刀能与可拆卸撕裂刀互换。

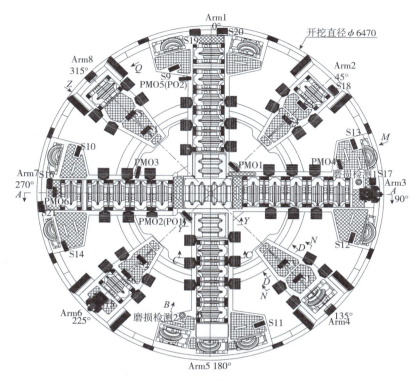

图 1-8 刀盘结构见示意图

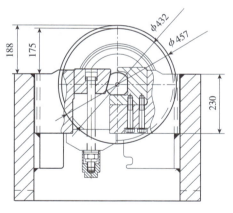

图 1-9 滚刀结构示意图(尺寸单位:mm)

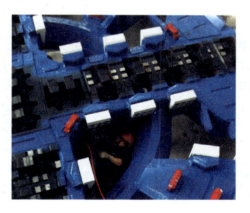

图 1-10 刀盘

刮刀:采用 200mm 宽加强型刮刀,数量 40 把,高度 130mm,刀头材料采用 E5 类材料,具备良好的耐磨和抗冲击性能。刮刀背部设计刮刀保护块,防止刮刀背部受冲击,导致刮刀脱落。

边刮刀:刀盘边刮刀为弧形结构,数量 8 把,高度 130mm,刀头材料采用强韧性较好的 E5 类材料,具备良好的耐磨和抗冲击性能。边刮刀为分体式,可分别实现安装和拆卸,较整体式有重量轻、更换便捷及经济性好的优点。

(3)刀盘系统喷口

刀盘共有6个渣土改良喷口,均为单管单泵设计。有2个喷口可作膨润土喷口和泡沫喷口相互切换。添加剂注入口设计时充分考虑了防堵、橡胶垫防磨损和清洗管路的需求,注入口结构形式设计为整体背装式,便于更换和清洗管路,操作简单易行。

(4)刀盘磨损检测

刀盘设置有2处磨损检测装置,可有效检测刀盘刀具磨损情况。

耐磨设计:面板镶焊耐磨复合钢板,可降低刀盘在掘进时渣土对刀面板的磨损;外圈梁表面镶焊合金刀具,提高刀盘的耐磨性能;此设计适应乌鲁木齐砂卵石地层施工。

(5)刀盘外圈梁保护

外圈梁切口环处为整圈耐磨合金块,其余两道耐磨为HARDOX500耐磨钢板加每道8把耐磨合金保护刀,可降低刀盘在卵石和砂砾层掘进时渣土对刀盘外圈梁的磨损,外圈梁保护示意图见图1-11。

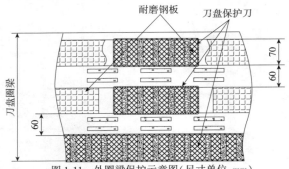

图1-11 外圈梁保护示意图(尺寸单位:mm)

(6)刀盘扩挖刀

配置软岩扩挖刀2把,刀头材料采用E5类材料,具备良好的耐磨和抗冲击性能。掘进时可用于一定距离扩挖,也可作为辅助边刀使用,在正常边刀磨损后替代正常边刀保持开挖直径。

2)主驱动系统

主驱动系统包括主轴承、液压马达、减速器和安装在后配套拖车上的主驱动压泵站。刀盘通过螺栓和主轴承的内齿圈连接在一起,主驱动系统通过液压马达驱动主承的内齿圈来带动刀盘旋转。此主驱动安装8组驱动,额定扭矩6 000kN·m,最高转速3.7r/min的液压方式驱动。配置的主轴承直径3 061mm,8组液压马达驱动,额定扭矩6 000kN·m,脱困扭矩7 200kN·m,可以满足在对扭矩要求较高的地层中掘进;最高转速3.7r/min,可以满足在风化岩中较快转速的掘进要求。同时预留1组液压驱动的安装位置,当安装9组液压驱动时,额定扭矩可增加到6 650kN·m,脱困扭矩8 100kN·m,最高转速3.35r/min。

主驱动采用中间支撑方式,可有效防止中心泥饼产生。为改善渣土具有良好的流动性,刀盘支撑系统采用中间支撑方式,利用刀盘(旋转)和承压隔板(固定)的相对运动进行搅拌,并在隔板上焊接被动搅拌棒及高压水冲刷装置,可有效防止中心泥饼产生,主驱动结构示意图见图1-12。

3)管片拼装机

盾构机管片拼装机具有6个自由度,其中纵向移动行程为2 000mm,提升行程为1 000mm,最大扭矩为270kN·m。在管片拼装过程中具有更大的适应性,能够将管片块与块之间良好的契合,封顶块插入时受力均匀,减少管片拼装过程中的碎裂。拼装机主要有以下机构:平移机构(管片沿隧道轴线方向作纵向移动);左右摆动(管片沿隧道径向左右摆动);前后摆动(管片沿隧道纵向前后摆动);水平摆动(管片水平转动);回转机构(管片绕隧道轴线做旋转运动);提升机构(管片沿隧道经向上下移动),管片拼装机见图1-13。

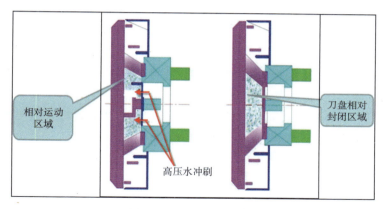

图1-12 主驱动结构示意图

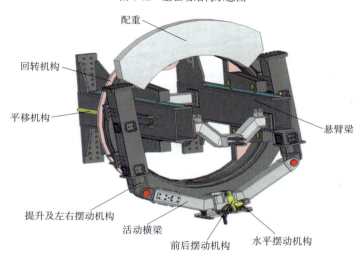

图1-13 管片拼装机

4)螺旋输送机

螺旋输送机采用900mm内径无中心杆-带式尾部中心驱动螺旋输送机,最大扭矩125kN·m,最高转速25r/min,最大通过粒径594mm×670mm,前端设置一道闸门,出渣口设置两道闸门,伸缩行程900mm。另外预留了膨润土和高分子聚合物注入接口和保压泵接口。螺旋输送机见图1-14。

图1-14 螺旋输送机

耐磨设计:在螺旋叶片迎渣方向堆焊有5mm耐磨网格。前盾螺机筒体为内外套,内套可更换,且内套表面贴有耐磨钢板。满足乌鲁木齐地质盾构施工。

防喷涌设计:螺旋输送机设计有3道闸门,分别是土仓入口处1道闸门和螺旋机尾部的2道闸门;当盾构通过富水区间时可通过调节不同闸门的开度来降低不利影响,防止喷涌现象的产生。

螺旋机不仅具有出渣功能,而且其在出渣口位置预留保压泵接口,在必要时可关闭出渣门,此时保压泵接口与保压泵连接,通过保压泵控制出渣,进一步控制土仓内压力。

5) 泡沫注入系统

盾构机配泡沫注入系统主要用于对渣土进行改良。泡沫系统由泡沫泵、高压水泵、电磁流量阀、泡沫发生器、压力传感器、管路组成。此泡沫系统,采用6路单管单泵泡沫布置,且当由于刀盘喷口阻力不同时,每一路泡沫仍能够等量喷出,达到良好的渣土改良效果,泡沫系统见图1-15。

泡沫注入系统对渣土的改良功能:对于富含水砂层,起到止水或改善砂的和易性的作用;在砂性土和砂砾土地层中,添加泡沫可以起到支撑作用而且可以改善土的流动性;在黏性土层,添加泡沫则可以防止渣土附着刀盘和土舱室内壁,且由于泡沫中的微细气泡可以置换土颗粒中的空隙水,因而可以达到止水效果。

泡沫系统注入口:刀盘面板6个口(其中两个口与膨润土共用)、刀盘搅拌棒两个口、螺旋输送机上部与下部各3个口,每个注入口装有单向

图1-15 泡沫系统

阀,防止管路堵塞。刀盘面板注入口装有橡胶单向阀,防止渣土进入管路。

泡沫系统中泡沫原液通过原液泵注入带有搅拌的泡沫混合液箱,在泡沫混合液箱中泡沫原液和水通过一定比例形成泡沫混合液,混合液通过6个混合液泵泵送到泡沫发生器,在泡沫发生器内泡沫混合液与空气混合形成泡沫,泡沫通过管路注入到刀盘上6个泡沫喷口、土仓及螺机需要改良的位置。其中原液泵通过变频控制混合液中泡沫的百分含量,以适应不同的地质需要。每路的泡沫注入量通过变频控制混合液泵来实现,根据渣土情况、压力要求,调节控制加入量。

泡沫混合液通过泡沫混合液泵的频率调节流量,压缩空气的流量由流量传感器进行检测,PLC控制电控阀门的开度,得到最佳的混合比例。泡沫发生器出来的泡沫压力由压力传感器进行检测,反馈到PLC,使泡沫的注入压力低于设定的土压力。

6) 油脂润滑密封系统

油脂润滑密封系统主要由齿轮油润滑系统,HBW、EP2密封系统,盾尾油脂回路、性能参数及控制构成。

(1) 齿轮油润滑系统

主轴承润滑系统是对轴承滚道、滚子、驱动小齿轮轴承、驱动小齿轮、驱动大齿圈等部件进行润滑和冷却,采用油浴润滑加循环喷淋系统,并设置过滤及冷却装置,密封系统油脂示意图见图1-16。

控制方式:在操作室里面可以控制泵的启停,泵启动后由马达分配器上脉冲计数器计数,不低于440次,低于该次数时报警。泵启动是刀盘启动的必要条件。

(2) HBW及EP2密封系统

刀盘驱动密封共分内外密封系统,其中HBW油脂采用气动泵直接注入,EP2油脂采用

电动多点泵注入,气动泵补油的方式。外密封为一道迷宫密封加四道唇形密封。刀盘驱动第一道迷宫密封使用的是 HBW(CONDAT)密封油脂,第一道和第二道之间密封腔注入 EP2,主驱动第二道与第三道密封之间齿轮油加压腔,主驱动第三道与第四道密封之间做泄漏检测腔。内密封为一道迷宫密封加三道唇形密封。刀盘驱动第一道迷宫密封使用的是 HBW(CONDAT)密封油脂,第一道和第二道之间密封腔注入 EP2,主驱动第二道与第三道密封之间做泄漏检测腔。

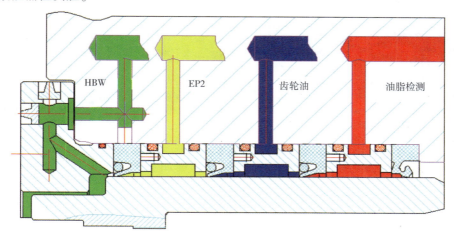

图 1-16　密封系统油脂示意图

(3)盾尾油脂回路、性能参数及控制

气动盾尾密封润滑油脂泵安装在后配套系统上,将油脂桶里的油脂打到密封腔里。如果润滑油脂桶空,油脂泵会自动停止动作并发送报警信号到主控制室。在盾尾区域,每一个油脂腔都有油脂注入管。此盾构配置有 12 路油脂管路,每腔 6 个注入点。

系统由主司机在主控制室操作,有自动和人工两种模式。自动控制时油脂分配阀可以通过时间和压力控制循环动作,时间可以在控制面板上通过 PLC 预先设置,各注入口在控制室内均有压力显示,一旦达到预先设定的压力值,即转向下一个阀运作,压力控制优先于时间控制。

7)膨润土注入系统

盾构机膨润土注入系统(图 1-17)在拖车上提供了用于存放膨化好的膨润土溶剂罐,容积 $7m^3$,膨润土溶剂的罐及发酵后的膨润土见图 1-18。罐内带有机械搅拌装置,防止膨润土沉淀离析。膨润土溶剂通过 1 台挤压泵注入到土仓、螺旋机需要改良渣土的位置。管路上路装有压力传感器和流量计来检测每路的压力和流量。管路的开断是通过气动球阀实现,按钮设置在主控室。此膨润土系统也可为施工单位提供洞外膨化方案,将大量膨润土通过管路输送到设备上

图 1-17　膨润土注入系统

安装的膨润土罐内,通过软管泵从刀盘前部、土仓及螺旋机注入膨润土,增加地层细颗粒,形成良好级配帮助顺利出渣,减少磨损。

a)膨润土溶剂的罐

b)发酵后的膨润土

图 1-18　膨润土溶剂的罐及发酵后的膨润土

针对乌鲁木齐特殊的砂卵石无水地层,通过压注膨润土改良土体,可以有效地提高砂卵石的黏结性,提高螺旋机出土效率,能够满足盾构推进要求。

8) 皮带输送机

皮带输送机的作用是把螺旋机出土口的土运送到土箱车。皮带机由驱动单元和位于后配套上的出料口组成。皮带机长度延伸至第四节车架,能够满足每套电机车编组为:1 个电机车+3 个土箱(18m³)+1 送浆车+2 管片车。皮带输送机布置采用 DTⅡ型固定式皮带输送机,皮带输送机由倾斜段(包括接料段和上坡段)、中间水平段(分布在 1-4 号拖车上)、卸料段构成(安装在 5 号拖车上),皮带机带宽设计为 800mm,输送总长初步设计为 60m(设计联络时确定具体长度),输送高度为 2.85m。皮带输送机,见图 1-19。

在正常运行过程中,设置了六道刮板用来清理黏在皮带上的渣,其中在驱动的头部设置了五道皮带机清扫装置,分别为一道聚氨酯刮板、两道硬质合金刮板、一道滚刷清扫器和一道水清扫器,在尾部滚筒处设置了一道 V 型刮板,防止渣土进入滚筒造成磨损。

皮带机的带芯材料选用耐磨的聚氨酯帆布,可提高皮带机的耐磨性能。在螺机出料口渣土下落过程中受重力的作用会发生渣土飞溅的情况,因此在出渣口设计了一个喇叭形接料槽,槽的四周有橡胶板来缓冲冲击,底部拖辊设置成缓冲拖辊,这样基本上可以避免渣土飞溅。从倾斜段到 4 号拖车两侧全程配置了橡胶护板,防止渣土运行过程中掉泥、飞溅。在皮带机出料口配置了出料斗,出料斗伸至渣车内部,这样可以基本避免渣土飞溅造成环境污染,满足乌鲁木齐文明施工要求。

图 1-19　皮带输送机

9) 同步注浆系统

盾构机注浆系统有同步注浆系统,双液二次补强注浆系统,超前注浆系统三种。

此盾构采用的是同步注浆系统,此注浆系统

配备 2 个德国施维英注浆泵,见图 1-20,配置 $8m^3$ 砂浆罐。两个注浆泵,每个泵有两个出口。盾尾置 4×2+2 条注浆管,其中 4 用 6 备,为了实现自动注浆的功能,在管路的注入端安装了压力传感器,用于检测注浆压力。

同步注浆系统配置有两台 SCHWING 柱塞泵作为同步注浆泵,采用压力或流量控制模式控制同步注浆量。为了及时补充注浆效果,防止地表沉降及管片上浮,可选配从管片背部进行补强注浆的双液二次注浆系统。盾构还预留了超前钻机的相关接口,沿中盾盾壳圆周上半部 180°范围内设计 6 根超前注浆管,在此基础上,在底部左右两侧各增设 2 根超前注浆管,可对地质进行

图 1-20　施维英注浆泵

超前钻探、注浆加固。同时在盾体压力隔板上布置 6+1 个超前注浆孔,可通过刀盘开口往隧道正前方钻孔及加固。

同步注浆系统控制:为了适应不同的注浆量(掘进速度),整个设备根据压力控制注入量,最小和最大注浆量可以预先选择。

同步注浆系统设备由电力液压动力站提供动力。泵送注浆量可以通过控制液压油流量来调整。4 个出口每个都装有压力计。在泵的冲程可检验的地方,每个活塞都装有指示器。活塞速度可以随液压变化,这样每条线上的注浆量均可变化以适应盾构的掘进速度。每个注浆点上的压力计发出的信号可以用于控制注浆过程。

在管路上配置有专用水、气清洗装置,安装在下,当需要冲洗时,可分别向前和向后冲洗注浆管路。

10) 人舱设计

人员舱是在土舱保压期间人员出入土舱进行维修和检查的转换通道,出入土舱的工具和材料也由此通过。其主要目的是为了在人员和材料进入土舱时能够保持土舱中的土压力,确保舱内人员安全。

当刀具损坏时,常常需要带压换刀,设备配置双舱并联人仓及成熟的德国 SAMSON 公司的全气动压力调节装置,此套系统为全气控装置,在网电断电时系统仍能正常工作,确保带压换刀时舱内人员安全。人舱设计结构图,见图 1-21。

11) 车架人行走道

盾构机车架外侧配备人行走道,满足施工人员在盾构推进时可以顺利到达操作室的要求。走道也可作为突发状况下的应急通道。

12) 激光导向系统

设备导向系统采用德国 VMT 导向系统。此系统在主控室内为操作人员提供了盾构在掘进中的各种姿态,以及对盾构所在位置和隧道设计轴线之间的关系进行精确的测量和显示,使操作人员得知盾构相对于隧道设计轴线的详细偏差信息,以便及时根据导向系统提供的信息,快速、实时地对盾构的掘进方向及姿态进行调整,保证盾构掘进方向的正确。

 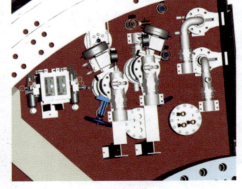

a)外观结构　　　　　　　　　　　b)内部结构

图 1-21　人舱设计结构图

导向系统配备中文和英文两种操作界面,方便中方和外方人员操作。

13) PLC 控制系统及数据采集

(1) PLC 控制系统

控制系统的核心部分为 Siemens S7 PLC 系统,对主要功能进行控制,它安装在带有远程接口的操作台上。该 PLC 系统与操作室的工业计算机相连接,工业计算机实时显示当前掘进机的状态(电流、电压、油脂压力、油缸压力等)。所有软件都可以防止未授权的登录。

所有的系统均设有安全保护,包括短路保护、互锁保护。用于防止设备的错误操作。如果主要系统由于安全原因,需要设置预先报警系统和悬挂遥控面板,则可以集成一个固定的系统。紧急的安全电路独立于 PLC 系统。

如果需要,可以通过电话线将掘进机数据传输到地面,通过地面监控电脑对掘进机状态实时监控,能将数据存储在电脑中,并通过打印机能将数据打印。主控制室控制盘装有的工业电脑能给出关于不同故障及其状况的各种信号。

此可编程控制器还管理着指令和安全装置,包括连锁装置。可编程控制器的配置考虑了必要的冗余,使得可编程控制器运行更加可靠。

为防止瞬时峰值电流过大对电网造成冲击,PLC 还可以控制各功率较大电机分步启动。

(2) 数据采集系统

盾构机配有数据采集、处理以及传输系统,在掘进期间提供有效的参考。

系统由以下部件组成:安装在主控制室里的两台研祥工业电脑(PPC1561),安装在主控制室里一台 TP-LINK 的 8 口以太网交换机(IES10-SW8),Siemens 专门软件 Simatic.Net。

工业电脑上的所有与盾构相关的数据均直接来自于 PLC。PLC 源源不断地读取现场传感器(或变送器)的数据,经过一定的运算处理后以 OPC 接口形式实时地传输给工业电脑。同时,在工业电脑上也可以对盾构进行设置。

工业电脑屏幕画面全部使用中文。编制的程序能实时地显示当前时刻盾构的各项数据,同时还能对重要保护参数进行设置用以对系统的保护;系统还配置报警系统的功能,能实时显示当前设备存在的故障,便于维保人员进行维修处理。

报警信息与采集数据均提供实时显示与历史数据显示两种方式。历史数据存储于工业电脑硬盘的数据库中,可以以纯文本和 CSV 的文件格式导出,方便于在不同的计算机环境中进行数据分析处理。

14)有害气体检测系统

盾构机配备配置一套气体检测装置,安装在人舱内部,采用声光报警。声音警报和灯光警报通过警报喇叭和闪烁灯发出。在螺旋机处安装固定检测仪,监测螺旋机出渣口有害气体。有害气体探测设备,见图 1-22。

a)　　　　　　　　　　　　b)　　　　　　　　　　　　c)

图 1-22　有害气体探测设备

15)安全消防系统设计

高压开关柜与变压器进行了相应的连锁,当变压器温度超过设定温度,出现过流、短路状况时,综合保护继电器将控制高压开关的脱扣线圈动作,保护变压器。

在开关、接触器、变压器等电气件加装透明防护板,既方便观测同时也降低人为接触的可能性;照明回路采用漏电保护断路器,灯具采用三防灯,对人身安全进行防护;电磁阀用电采用 24VDC 安全电压。配电柜供电系统配电开关采用具有漏电、短路、接地等保护的高性能开关,保证人员的安全。

在主控制室的操作面板上,螺旋输送机、刀盘及皮带机都设置有本地和现场切换的锁开关,防止了设备操作的不安全性。在主控制室的操作面板,配电柜,螺旋输送机现场控制盒、刀盘现场控制盒(人舱内)、皮带机现场控制盒、管片小车现场控制盒和管片安装及无线遥控装置都设置有紧急停止按钮。紧急情况下按下紧急停止按钮,各系统将自动断开电源,保证人员的安全。

在每节拖车靠人行走道侧都配备主紧急停止按钮,紧急情况下按下该类紧急停止按钮,低压总开关将断开,除照明和工控外,其余电气设备将处于停电状态。

盾构上引起火灾的安全隐患主要有施工中动用明火如电焊、割枪等引起易燃物着火;电气部件触头开关引起火花引起火灾;发热设备及电气部件等散热不良过热引发着火;不良行为如吸烟等引起火灾等等。考虑到以上因素,在电气元器件的选用上采用具有优良防火性能的产品,电缆采用了具有耐油耐磨阻燃 TPU 材料,加强各发热设备及电气部件的冷却散热,同时在每节拖车的左侧及盾体内分别布置有手提式干粉灭火器或手提式二氧化碳灭火器。

1.4.4 盾构机主要技术参数

此 CTE6440 复合盾构机主要组成部分为盾构壳体、推进装置、管片拼装机、刀盘装置、螺旋输送机、动力装置、电气设备、管道与布线装置及车架。其主要技术参数表见表1-6。

CTE6440 复合盾构机主要技术参数表 表1-6

技 术 参 数		单位
1. 整机性能概述		
型号	CTE6440	
开挖直径	φ6 494	mm
刀盘转速	0~3.7	r/min
最大推进速度	80	mm/min
最大推力	42 550	kN
整机总长	80	m
主机总长(不含刀盘)	约8.4(不含刀盘)	m
总重(主机+后配套)	约500	t
整机功率	1 674.55	kW
水平转弯半径	250	m
纵向爬坡能力	±50	‰
2. 刀 盘		
刀盘规格	φ6 470×1 595	mm
开口率	40	%
刀具	滚刀、切刀、边刮刀、焊接撕裂刀、超挖刀、保径刀、外圈梁保护刀	
最大转速	3.7	r/m
最大扭矩	6 000	kN·m
脱困扭矩	7 200	kN·m
3. 盾 体		
形式	被动铰接	
前盾规格(直径×长度)	φ6 440×2 083(含耐磨层)	mm
中盾规格(直径×长度)	φ6 430×2 820	mm
尾盾规格(直径×长度)	φ6 420×3 890	mm
铰接密封形式	一道气囊密封+一道橡胶圈密封	
盾体主要结构件材质	Q345B	
盾尾钢板厚度	50	mm

续上表

技 术 参 数		单位
4. 人 舱		
形式	双舱并联	
主舱容纳人数	3	个
副舱容纳人数	2	个
5. 螺旋输送机		
螺旋轴形式	带式	
最大通过粒径	φ594×670	mm
最大出渣能力	572	m³/h
最大扭矩	125	kN·m
转速范围	0~25	r/min
6. 管片安装机		
形式	中心回转式	
转速范围	0~1.8	r/min
纵向移动行程	2 000	mm
自由度数量	6	个
旋转角度	±200	°
提升力	120	kN
扭矩	270	kN·m
7. 管片运输小车		
规格(长×宽×高)	5 465×1 660×545	mm
承载管片数量	3	片
负载管片能力	150	kN
纵向滑动行程	1 760	mm
8. 管片吊机		
形式	双梁	
驱动形式	链轮/链条驱动	
起吊重量	3.2×2	t
9. 皮带机		
倾斜段角度	10	°
驱动功率	37	kW
带速	0~3	m/s
输送能力	666	m³/h
带宽	800	mm

续上表

技 术 参 数		单位
10. 设备桥		
规格(长×宽×高)	12 761×4 880×3 811	mm
11. 后配套拖车		
安全通道布置形式	外置式	
适应编组列车长度(不含机车)	47.1	m
拖车数量	6	节
12. 推进系统		
推进行程	2 150	mm
最大推进速度	80	mm/min
油缸总数量	32	根
最大工作压力	35	MPa
最大推力	4 255	kN
13. 铰接系统		
油缸规格(缸径/杆径-行程)	190/90-150	mm
油缸总数量	14	根
其中带行程传感器油缸数量	4	根
总拉力	35(350bar[①])	MPa
14. 单液同步注浆系统		
注浆泵	Schwing	
注浆泵数量	2	个
注浆能力	10×2	m^3/h
注浆泵出口最大压力	60	bar
注浆口数量	4用6备	个
15. 膨润土注入系统		
改良膨润土泵形式	软管泵	
改良膨润土泵功率	18.5+7.5	kW
注入能力	8×2	m^3/h
最大工作压力	16	bar
搅拌形式	立式	
膨润土罐容量	7	m^3
16. 泡沫注入系统		
泡沫泵功率	0.75	kW
泡沫注入量	5~300	L/h

续上表

技 术 参 数		单位
16. 泡沫注入系统		
混合液泵功率	6×1.5	kW
混合液泵流量	6×5~25	L/min
泡沫发生器数量	6	个
泡沫箱容积	1	m^3
混合液箱容积	2	m^3
17. 盾尾油脂系统		
盾尾油脂泵形式	气动柱塞泵	
盾尾油脂泵能力	8.25	L/min
盾尾油脂泵压力	315	bar
油脂桶规格	200	L
18. HBW 密封系统		
HBW 油脂泵形式	气动柱塞泵	
HBW 油脂泵能力	3.7	L/min
HBW 油脂泵压力	350	bar
油脂桶规格	200	L
19. 主驱动密封系统		
油脂系统形式	气动柱塞泵	
主驱动油脂泵能力	3.7	L/min
主驱动油脂泵压力	350	bar
油脂桶规格	200	L

注：①1bar=10^5Pa。

1.5 本章小结

乌鲁木齐市地处天山地槽褶皱和准噶尔拗陷两个构造带，地形起伏较大，地势南高北低，东高西低，平均海拔800m，拟建乌鲁木齐轨道交通1号线整体呈南北向展布，沿线由南向北地势逐渐降低，地面高程在 931.30~783.08m 之间。地貌单元为山前冲洪积平原区、基岩剥蚀丘陵区、河岸阶地、河漫滩区。其中1号合同段由南向北，依次是起点南郊停车场—二道桥站以南段为基岩剥蚀丘陵区；二道桥站—新兴街站以南为乌鲁木齐河阶地区；新兴街站—南湖广场站以南为剥蚀丘陵区；南湖广场站—王家梁站以西为乌鲁木齐河阶地区；王家梁站—八楼站以东为乌鲁木齐河河漫滩区；八楼站—大西沟站以南为乌鲁木齐河阶地区。2号合同段，由大西沟以北—机场站均为沿线地貌单元为山前倾斜冲、洪积砾质平原区，地形平坦，此平原区地势仍然是南高北低，地面高程一般在 716.0~730.9m 之间，相对高差

1~2m。

  轨道交通1号线通过区场地内主要地层为由冲积、洪积河床堆积形成的松散堆积层，以及下伏的侏罗系(J)、三叠系(T)、二叠系(P)的泥岩、砂岩和砾岩构成，地表主要分布人工素填土和杂填土。隧道穿越地层主要为中密、密实的卵石层，局部有大漂石，其中穿越砂石料回填层中含建筑垃圾，摩擦阻力大，刀盘需要较大的搅拌力矩。卵石层对刀盘、刀具磨损大，考虑到盾构施工时换刀相对困难，在盾构机选型时，需选用较大搅拌力矩的刀盘，耐磨的刀具。综合考虑以现有工程地质资料为依据，满足轨道交通1号线各区间项目线路的施工条件和环境影响，确保其性能优良可靠的条件下，应降低成本。乌鲁木齐轨道交通1号线盾构机型选用技术成熟且便于维修维护，盾构施工工序相对简单的CTE6440复合盾构机。

第2章
无水砂卵石地层土压平衡盾构同步注浆

乌鲁木齐无水砂卵石地层是一种典型的力学不稳定地层,颗粒之间几乎没有黏聚力,点对点的传力路径简单。在掘进扰动因素作用下,土压平衡式盾构机难以保持螺旋输送机内土塞正常和保证良好切削面土压力的管理,这样土舱内与舱外的岩土压力很难建立平衡,因此,对隧道周围岩土体的扰动就非常大。盾构壁后同步注浆是在不破坏砂卵石地层构造的压力下,把适量的浆液注入到砂卵间的孔隙和盾尾孔隙中,从而填充因掘进引起的地层损失空间,防止地面沉降和围岩坍塌的措施。盾构壁后注浆技术在控制地面和围岩变形、促进盾构姿态调整和保证顺利施工方面具有举足轻重的作用。

2.1 同步注浆目的及原理

2.1.1 同步注浆目的

盾构隧道壁后同步注浆是指在盾构掘进的过程中,由于盾构向前推进导致盾尾与周围岩土体形成空隙,为使盾尾空隙以外的岩土体及时获得支撑并控制地面沉降和围岩变形,通过盾构同步注浆系统和盾尾注浆管向盾尾空隙填充注浆液的施工工艺,如图 2-1 所示。

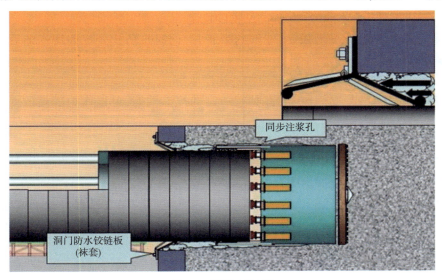

图 2-1 壁后同步注浆

管片壁后注浆按与盾构推进的时间和注浆目的的不同,可分为同步注浆、二次补强注浆和堵水注浆。

同步注浆:同步注浆与盾构掘进同时进行,是通过同步注浆系统及盾尾的注浆管,在盾构向前推进盾尾空隙形成的同时进行,浆液在盾尾空隙形成的瞬间及时起到充填作用,使周围岩体获得及时的支撑,可以有效防止岩体的坍塌,控制地表沉降。

二次补强注浆:管片背后二次补强注浆则是在同步注浆结束以后,通过管片的吊装孔对管片背后进行补强注浆,以提高同步注浆的效果,补充部分补充填的空腔,提高管片背后土体的密实度。二次注浆其浆液充填时间滞后于掘进一定的时间,对围岩起到加固和止水的作用。

堵水注浆:为提高背衬注浆层的防水性及密实度,在富水地区考虑前期注浆受地下水影响以及浆液固结率的影响,必要时在二次注浆结束以后进行堵水注浆。

盾构推进时,盾尾空隙在围岩坍落前及时地进行压浆,充填空隙,稳定地层,不但可防止地面沉降,而且有利于隧道衬砌的防水,选择合适的浆液(初始黏度低,微膨胀,后期强度高)、注浆参数、注浆工艺,在管片外围形成稳定的固结层,将管片包围起来,形成一个保护圈,防止地下水侵入隧道中。

在乌鲁木齐市轨道交通1号线宣仁墩—国际机场区间盾构的推进过程中,盾构的刀盘开挖直径为6 470mm,管片外径为6 200mm,因此造成管片与周围岩土体之间形成一道宽度为135mm左右的环形盾尾空隙,为了控制无水砂卵石地层损失、防止周围岩土体发生过大变形以及有效地支撑围岩,需要及时向盾尾空隙进行同步注浆,其目的在于以下几个方面:

(1)弥补土体损失,控制地表沉降

由于理论空隙的存在,如果盾尾空隙不得到及时充填,周围土体将会下塌于管片之上,势必造成地层移动、变形,使隧道本身偏移,相邻结构物、地表建筑物的沉降或偏移。盾尾注浆最主要的目的就是浆液及时充填盾尾空隙,以达到控制周围地层的移动,从而防止因盾尾空隙的存在而导致周围地层较大的变形。

(2)限制成型隧道移位和变形,提高结构的稳定

要求浆液要有一定的早期强度,能够约束管片,同时也防止开挖面泥水的后窜稀释浆液,以控制隧道上浮。

(3)减小管片接缝的渗漏,作为隧道第一道防水层

盾尾空隙充填浆液凝固后,一般都具有一定的抗渗性能,可以作为隧道的第一道止水防线。

(4)保证衬砌管片受力均匀,符合设计工况

盾构法隧道是一种管片衬砌与周围土体共同作用的结构稳定的构造物,管片周围空隙均匀、密实地注入、充填是确保土压力均匀作用的前提条件。

2.1.2 同步注浆原理

1)浆液的分类

在盾构施工中,管片壁后的回填注浆是一道关键工艺,它对控制地面沉降、约束管片变形和增强隧道的防水性能等方面都具有重要意义。壁后回填注浆的类型有多种,注浆材料如果单纯从成分上可以分为单液型和双液型两种。单液型浆液是在搅拌机等搅拌器中一次拌成为流动的液体,再经过液体—固体的中间状态(流动态凝结及可塑状凝结)后,固结(硬

化)。譬如常用的水泥砂浆类浆液。双液浆液通常是指化学注浆,即把 A 液(水泥类)和 B 液(通常是水玻璃类作硬化剂)两种浆液混合,变成胶态溶液,混合液的黏性随时间的增长而增强,随之进入流动态圈结和可塑态固结区。

除此之外,从浆液的性质来看,有惰性浆液和活性浆液之分。从注浆部位和时段来看,又有盾尾注浆和管片注浆之分。

上述类型的壁后注浆在设备操作的难易程度、注浆效果和成本控制等方面都表现出各自的特点,它们之间的优、缺点比较见表 2-1。

各类型壁后注浆的优点和缺点　　　　　表 2-1

注浆类型	注入部位	优　点	缺　点
惰性浆	盾尾注浆管或管片注浆孔	凝结时间长,不易堵管,注浆效率高,不用水泥,成本较低	防水效果差;对控制地面沉降和约束管片不利;强度较低
活性浆	盾尾注浆管或管片注浆孔	凝固后能增强隧道的防水性,对地面沉降控制和管片约束有利	凝结时间短,易堵管,成本较高
单液	盾尾注浆管或管片注浆孔	设备简单,成本低。若用活性浆液,后期强度较高。堵管时较易清理	凝结时间长,注浆的效果发挥较慢;浆液易流失,对盾尾密封性能要求高
双液	盾尾注浆管或管片注浆孔	凝结快,利于今早发挥注浆的功效;浆液不易流失	设备较复杂,成本高,后期强度不高
盾尾注浆	盾尾注浆管	不从管片吊装孔注浆,可降低漏水的可能性;因注浆点位多,可随掘进及时、均匀注浆	布设注浆管有可能增大盾构机直径;堵管时较难清理
管片注浆	管片注浆孔	操作比较灵活;不会增大盾构机直径	需从管片注浆孔中注浆,注浆孔可能漏水

2)浆液的填充机理

同步注浆的基本原理是随着盾构的推进,在管片和土体之间会出现盾尾孔隙,盾尾孔隙的及时充分充填是减少地表沉降的关键环节。为此,在盾构掘进过程中,将具有长期稳定性及流动性并能保证适当初凝时间的浆液(流体),通过压力泵保持一定压力(综合考虑注入量)不间断地从盾尾注入管片背后的盾尾空隙,浆液在注浆压力和自重双重作用下流向盾尾空隙各个部位及其周围岩土体的空隙中,并在一定时间内凝固,当盾构机掘进结束时,停止注浆,从而达到充填盾尾空隙、阻止土体塌落的目的。这种方法是在环形盾尾空隙形成的同时用浆液将其填充的注浆方式,一般运用于具有一定自稳能力的地层,如图 2-2 所示。

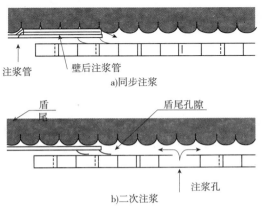

图 2-2　同步注浆、二次注浆系统示意图

为提高注浆层的防水性及密实度,考虑前期注浆效果不佳以及浆液固结率的影响,必要时在同步注浆结束后进行二次注浆。一般在管片与围岩的空隙充填密实性差,致使地表沉降得不到有效控制的情况下才实施二次注浆,如图 2-2b)所示。

目前双液型的注浆材料已经成为盾构工法中盾尾同步注浆材料的主流,同时在硬土地层中采用盾构工法,其盾尾的注浆材料应采用瞬间固结型材料,而在软土地层中则使用可塑状固结型注浆材料。

单液浆液由于水泥的水化反应非常缓慢,所以达到需要固结几小时至几十小时不等。特别是惰性浆液,不发生化学凝固,所以固结时间更长。而双液型浆液的凝胶时间通常很短(0~60s),按凝结时间来分,双液型浆液又可以被分为缓凝型、可塑型、瞬凝型三种类型。由于不同浆液凝结时间不一样,所以各自填充空隙的机理大相径庭:

(1)单液型浆液

由于单液型浆液在注浆时是没有完全自立性的流体,所以具有非常平缓的倾斜(由流动性的好坏决定)充填,形成后注浆液顺次推压先注的浆液,使浆液逐渐充填刀前方的形态。由于是流体状压入,浆液易流失到盾尾空隙之外其他部位(比如开挖面、周围土体等)并且易受地下水影响。而最应该注入的区域,特别是管片的顶端部位却很难充填到。

(2)缓凝型浆液(30~60s)

在凝胶前,由于流动性非常好,所以和单液型浆液一样,可以实现平缓的小坡度的大范围的充填。凝胶后的浆液,在经过较短的可塑态区后,若再过渡到固结区(固体),则浆液自身就不再流动。所以后来的浆液,在未凝胶前顶破固结体,渗到未充填部位后固结。此后反复充填—固结—渗入,边依次充填。由注入缓凝固结型浆液的模型注浆试验知道。实际的上部没有被浆液全部填充。这种缓凝型浆液,由于到凝胶止的时间较长,并且黏性小,容易流失到远处,所以对限定范围特别是隧道顶部的填充以及防止向开挖面的泄漏较为困难。此外,在凝胶前的一段时间里易受地下水稀释,或出现材料分离,存在固结强度不均匀等缺点;但对涌水等止水的性能良好。

(3)可塑性浆液(5~20s)

可塑态浆液从双液混合到固结的过程中,存在一个可塑态固结的,实用有效的时间范围。在可塑态固结区的保持时间内,首批注入的充填浆液(1)、二批注入的充填浆液(2)、三批注入的充填浆液(3)均可以被依次压送到前方。因此,在可塑态固结区保持时间内,即使连续注浆暂停几分钟(小于保持时间),首批注入的浆液仍能容易地被压送到前方。由此可以推断出注入可塑性浆液时,随着注入(填充)范围地扩大,浆液的依次压入,能做大范围的充填。此外,由于是可塑黏固结,从后面压入,逐渐向前移动直到完全填充空隙,另一方面因为可塑态黏性非常高,所以很难向周围土体中扩散。模型试验的结果表明,浆液可以充填到上部的限定范围。有人从某泥水盾构背后注浆(浆液为可塑性浆液)的现场,拆卸管片时观察到的浆液填充的状态知道,尽管盾构的外径较大(6 470mm),并且仅为一点注浆,但仍能完全填充整个区域,且填充效果较好。

(4)瞬凝型浆液

与可塑性浆液相比,可塑态固结区的保持时间短。首批注入浆液在凝胶时间和可塑态固结区的保持时间重合的一段时间内容易充填,但进入固结区后,固结体就不移动了,故不能同可塑态浆液被依次压送到前方。但是连续地从后面压入浆液,对首批固结体产生劈裂现象,在首批固结体的中心部位形成浆液的一个流通通路。通过该通路注入的浆液即可填充到前方。

后继注入的浆液重复与(1)过程完全相同的(2)(3)两过程的同时,依次把浆液送到前方去。若观察这种类型的连续注浆,就可以看到固结的浆液被连续不断地压到前方。但实际上后继浆液是通过位于固结浆液中心部位的通路被依次压送到前方而固结的,此时若使注浆连续停止数分钟,由于通路内浆液凝固,再开机注入时,可发现注入压力猛增,致使注入成为不可能,这是上述浆液通路被闭塞的原因所致。所以这种瞬凝型浆液固结用作注浆材料,其注入(充填)范围越大,注入阻力(压力)也越大,其结果很可能导致浆液被压入阻力小的周围土体中去。由于不能取得很大的注入范围(距离),所以施工使用受到限制(大断面盾构一点注入的情况等),在进行同步注浆施工时容易造成事故。

2.1.3 同步注浆工艺流程

1)浆液配制与搅拌

浆液的配置主要是浆液材料配合比参数设计。通常,浆液的扩散能力称其为流动性,一般用黏聚力值的大小来表示,水灰比愈小,浆液的黏聚力值愈大,流动性愈差,反之则愈好。另外,为了保证浆液符合设计要求,还需要满足早凝和强度功能的要求。因此,在参数设计过程中,选取不同的水灰比和外加剂,配置不同成分的浆液,通过相应的检测后,满足无水砂卵石地层中一定流动性和强度特性的浆液才会用于轨道交通盾构同步注浆。

乌鲁木齐市轨道交通1号线16标段在宣仁墩轨道交通站地面设搅拌站一座,搅拌能力35m³/h,如图2-3所示,主要是由计量斗、装料箕斗以及拌和楼构成,所有材料都将会通过计量斗进行称重,并由皮带运送到装料箕斗中,在所有材料都装入后,由操作室工作人员将材料倒入拌和楼,并在设定好的最佳配合比的基础上控制水量进行拌和,从而完成对浆液的拌制和存储。

a)装料箕斗 b)拌和楼

图2-3 搅拌站

2)浆液运输

浆液的运输通过运输系统来完成(图2-4),运输系统主要包括砂浆罐车($6m^3$),带有自搅拌功能和砂浆输送泵、柱塞式液压注浆泵、齿轮马达搅拌器、盾构机上配备一带有搅拌器的$8.5m^3$的储浆罐,随编组列车(图2-5)和相应的压力传感器组成。电机车节中装有砂浆罐车,整个运送过程中砂浆一直处于被搅拌的状态,随材料、管片等一同进入盾构系统。浆液运输主要包括以下步骤:

(1)浆液搅拌好后,储存在地面的搅拌式储浆罐内。待砂浆车就位后,通过下料管将浆液放进砂浆运输车的砂浆罐中。浆液进入下料管前必须通过一层滤筛,将砂浆中的粗骨料去除后,才可进入砂浆运输罐;

(2)放砂浆时应有专人负责看管,不得将砂浆罐装得过满,应在浆液面离砂浆罐顶面5~10cm左右时停止放浆,以防浆液过满后在运输途中摇晃溅出污染环境并造成浪费;

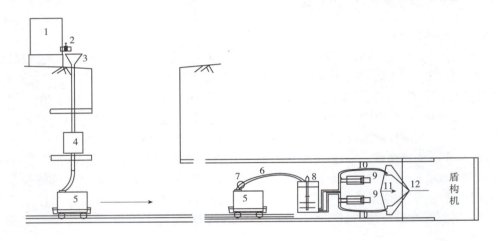

图2-4 浆液运输系统

1-搅拌机;2-泄浆阀;3-接浆漏斗;4-储浆桶;5-运浆罐车;6-输送管;7-输送泵;8-储浆桶(带搅拌器);9-注浆泵;10-高压胶管;11-出浆口(具有流量、压力测量传感与控制功能);12-接盾尾注浆口

图2-5 装有砂浆罐的电机车

(3)砂浆在运输过程中,应一直采用砂浆运输车上的搅拌装置进行搅拌;

(4)砂浆车进入后配套拖车停放区间后,通过拖车上的砂浆泵将运输罐中的浆液泵入拖车上的储浆罐;

(5)浆液运输、储存时间不宜过长(应不致发生初凝)。若需运输、储存时间较长时,则应加入缓凝剂;

(6)若砂浆在运输过程中发生沉淀、离析现象,应进行二次搅拌均匀后再泵入储浆罐;

（7）砂浆在运输与储存过程中不得随意加水。材料通过计量器称重，由箕斗倒入搅拌站进行搅拌，并通过传输管道转移到隧洞内砂浆罐车，由隧洞下电机车运送到盾构液压注浆泵。

3）同步注浆

在乌鲁木齐市轨道交通1号线16标段宣仁墩~国际机场盾构区间掘进过程中，通过同步注浆系统完成注浆。同步注浆系统：配备1个储浆桶，SWING KSP12液压注浆泵2台（盾构机上已配置），注浆能力$2 \times 12 m^3/h$，4个盾尾注入管口及其配套管路，如图2-6所示。

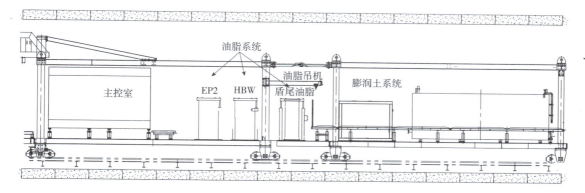

图2-6 同步注浆系统

同步注浆系统的盾尾内置注浆管，在盾构向前推进、盾尾空隙形成的同时进行，采用双泵四管路（8个注入点，其中4个注入点备用）对称同时注浆，注浆孔如图2-7所示。

目前，乌鲁木齐轨道交通盾构设备的注浆系统可以根据现场需要采用自动控制和手动控制方式。自动控制方式即预先设定注浆压力，由控制程序自动调整注浆速度，当注浆压力达到设定值时，自行停止注浆。手动控制方式则由人工根据掘进情况随时调整注浆流量、速度、压力等参数。为了防止施工中注浆管路被堵塞影响进度，注浆管路预留了备用注浆

图2-7 同步注浆孔

管。在盾构掘进施工前，根据实际施工情况制定了同步注浆工艺流程，如图2-8所示。在注浆过之前，要检查注浆管路及盾尾部分的畅通性；注浆过程中要根据掘进速度实时控制注浆速度；注浆结束后要及时用膨润土泥浆清洗管路及盾尾，并用海绵球清洗同步注浆管路，最后是注浆效果检查，综合评价同步注浆效果，根据其结果判断是否采用二次注浆等补救措施。

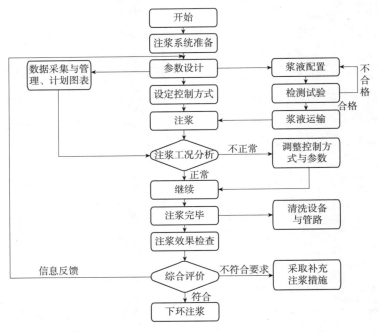

图 2-8 同步注浆工艺流程图

2.2 注浆材料的选择

注浆材料和配合比的选择是影响盾构同步注浆质量,控制地面沉降和围岩变形以及改善衬砌受力性能的关键环节。因此,在选择注浆材料以及设计配合比时,需要综合考虑乌鲁木齐市无水砂卵石地层的结构、渗透性、泄露损失以及浆液的流动性,砂浆的初凝和终凝等指标。

2.2.1 注浆应具备的基本性能

根据乌鲁木齐地区无水卵石地层的地质条件、工程特点以及现有盾构机的形式,浆液应具备以下性能:

(1)具有良好的长期稳定性及流动性,以适应盾构施工以及远距离输送的要求;

(2)凝结时间要合适。初凝要快,即浆液在短时间内达到初凝,使浆体不易流失,保证压浆质量;终凝要慢,即浆液在较长时间内应具有塑性,防止破坏盾尾密封装置;

(3)具有良好的充填性能,且不流失到盾尾间隙以外的其他区域,以免浪费注浆;

(4)尽可能早地获得高于地层的早期强度。压浆的作用之一是支护地层,不使地层产生沉降变形,所以要求浆体在凝固前有一定的早期强度,而凝固后的强度要略高于原状土;

(5)浆液在地下水环境中,不易产生稀释现象,水密性好;

(6)浆液固结后体积收缩小,泌水率小,浆体凝固时产生的体积收缩要小,其目的也是为了减少地表变形;

(7)原料来源丰富、经济,施工管理方便,并能满足施工自动化技术要求;

(8)浆液无公害,对地质环境无有害影响。

2.2.2 浆液选择

同步注浆的浆液主要有水泥浆液和化学浆液两大类。水泥浆液包括单液水泥浆、水泥-水玻璃双浆液以及黏土水泥浆等。化学浆液包含水玻璃类、脲醛树脂类、木质素类、丙烯酰胺类、环氧树脂类、聚氨酯类和铬木素类等。化学浆材具有可注性好,浆液黏度低,凝胶可控、抗渗性及耐久性能好的优点;但是化学浆液往往具有毒性,且价格昂贵。而水泥浆材具有耐久性好、浆液配制方便、材料来源丰富、操作简单、结石体强度高、成本较低等优点。因此,水泥浆液在现代盾构掘进的同步注浆中广泛采用。

在盾构同步注浆中,为了控制同步注浆质量,需要水泥浆液具有一定的填充性、流动性及不向盾尾以外的区域流失等特性。但由于上述条件是相互矛盾的,比如,为了提高填充性,应使浆液流动性好,但是流动性太好,又易使隧道管片背后顶部部分出现无浆液填充的现象以及浆液扩散到盾尾以外的区域。因此,在浆液的选择方面,需要根据浆液基本性能要求、乌鲁木齐市无水砂卵石地层的地质环境和盾构施工综合考虑。通常轨道交通盾构掘进同步注浆使用的水泥浆液材料有单液型和双液型注浆材料两种。

1)单液型注浆材料性能

单液注浆材料通常具有如下性质:

(1)可压送的流动性;

(2)能填充到目标间隙范围;

(3)在填充的注浆材料硬化前,不发生材料离析或凝固。

单液型浆液又可根据浆液的性质分为单液惰性浆液和单液硬活性浆液。单液惰性浆液是由粉煤灰、砂、膨润土、水和外加剂等拌和而成,浆液中没有掺加水泥等胶凝物质,早期强度和后期强度都很低。对于单液惰性浆液,浆液强度、初凝时间、泵送性能和含水率密切相关。含水率多,则强度低、泵送性好;含水率少,则反之。单液浆是惰性浆液的凝结时间一般都很长,在几个~十几小时以上。

单液硬活性浆液则在浆液中掺加了水泥等胶凝物质,由粉煤灰、砂、水泥、水、水玻璃、外加剂等在搅拌机中一次拌和而成,具备一定早期强度和后期强度。对于单液硬活性浆液,浆液强度、初凝时间、泵送性能和水灰比密切相关。水灰比高,则强度低、泵送性好;水灰比低,则反之。单液硬活性浆液的凝结时间相对惰性浆液的凝结时间较短,一般都在几个小时以内。

单液浆液在搅拌机中经拌和成为流动的液体,再由注浆泵注入盾尾后部的间隙,注入时要求浆液处于流动性好的液态,以利于充填,浆液经过液体-固体的中间状态(流动态凝结及可塑性凝结)后固结(硬化)。因此,浆液的凝结时间对施工质量的控制尤其重要,凝胶时间越长,浆液越容易发生向开挖面泄漏和土体内流失的情况,容易被地下水和开挖面后窜的泥浆稀释,也就越不容易约束管片和控制地层位移;相反,凝胶时间太短会造成还没有完全充填盾尾空隙,浆液就失去了流动性,导致填充效果不好,同时,过短的凝结时间还容易造成注浆管的堵管现象,对施工控制要求较高。

单液浆液的填充机理如图2-9所示,由于单液浆液在注浆时是没有完全自立性的流体,具有非常平缓的倾斜填充,注浆是顺次推压先注的浆液,使得先注浆的浆液充填到最前方。

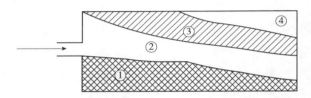

图 2-9 单液浆液填充机理

①-第一批注入的浆液；②-第二批注入的浆液；③-第三批注入的浆液；④-未填充的部位

2)双液型注浆材料性能

双液注浆材料通常具有如下性质：

(1)能在指定范围内注浆；

(2)材料离析少而且不受地下水影响；

(3)能调节硬化时间；

(4)能根据需要尽早达到所需的强度等。

双液注浆浆液包含 A 液和 B 液两种浆液，其中 A 液是含有水泥的砂浆，B 液是速凝剂，一般为水玻璃。根据 A 液和 B 液的配比不同可以控制浆液的硬化时间，根据硬化时间可分为缓凝型浆液(30~60s)、可塑性浆液(5~20s)和速凝性浆液。双液型浆液是活性浆液，具有限定注入范围、无泄漏、充填性好、饱满系数高、防水性能良好、运用性好等优点。从注浆效果来看是一种比较理想的注浆材料。国内外岩土加固方面来看，双液型浆液已成为地基加固的主流方式。不过施工时，需要对 A 液和 B 液两种浆液同时管理，施工难度大，施工技术要求高，在施工中易出现浆液混合不均、堵管等事故，而且也存在着一定的适应性差的缺点，需要进行动态管理，技术含量要求高。

2.2.3 原材料性能分析

轨道交通盾构施工过程中所采用的同步注浆浆液不同于一般的砌筑砂浆或抹面砂浆，它不仅需要较小的收缩性，而且还应满足轨道交通盾构施工的注浆需要，具有较高的稳定性和流动性、较小的损失性和适当的凝结时间等。

参考国内部分类似地层结构的同步注浆材料配比，初步选择主要由水泥、粉煤灰、膨润土及砂等组成的单液类活性水泥砂浆注浆材料作为乌鲁木齐市轨道交通盾构施工同步注浆材料的研究方向。

轨道交通同步注浆材料的选取，本着质量可靠、经济适用、就地取材的原则，选取主要材料的性能如表 2-2 所示。

相关轨道交通同步注浆材料参考数据　　　　　表 2-2

编号	水泥(kg)	粉煤灰(kg)	膨润土(kg)	砂(kg)	水(kg)	外加剂/微膨胀剂(kg)	促凝剂(kg)	备注
1	120~260	241~381	70~80	779	460~470	—		成都轨道交通组
2	120	381	54	779	465	—		广州大汉
3	100	360	20	400	210			上海11号线13标

续上表

编号	水泥(kg)	粉煤灰(kg)	膨润土(kg)	砂(kg)	水(kg)	外加剂/微膨胀剂(kg)	促凝剂(kg)	备 注
4	120	381	54	779	344	—	—	重庆过江(始发段)
5	80	381	60	779	460	—	—	重庆过江(正常段)
6	160	341	56	779	324	—	—	重庆过江(到大段)
7	80~260	241~381	50~60	779	460~470	—	—	武汉长江隧道
8	100	300	75	1350	225	0~2	—	南京TA15
9	225	400	50	1000	245	0~2	—	南京TA15(洞门)
10	100	—	—	—	100	0~2	0~5	南京TA15(补强)

1) 普通硅酸盐水泥

作为提供浆液固结强度和调节浆液凝结时间的材料,水泥能增加浆液的黏度,提高浆液的保水性,并有一定的凝结作用。水泥与水发生水化反应,生成胶凝物质,随着水化反应的继续进行,胶凝体不断增多,浆液的流动性能逐渐丧失,并凝结成块。当水泥掺量在一定范围内,有提高浆体的抗压强度的作用,这种作用是由水泥的微集料效应、微晶核效应和特定化学活性效应共同决定的。水泥的颗粒较小,一方面填充在颗粒的间隙中,改善胶凝物质的级配,使得颗粒的均匀性增加,细颗粒比例增大;另一方面水泥颗粒填充在浆液的空隙中,使浆液块体结构更为致密,提高了其抗压强度。其主要矿物特征见表2-3。

硅酸盐水泥的矿物特征 表2-3

名 称	水化速度	水化放热	放热速率	强度	作 用
硅酸三钙	快	大	大	高	决定水泥等级
硅酸二钙	慢	小	小	早期低,后期高	决定后期强度
铝酸三钙	最快	最大	最大	低	决定凝结快慢
铝铁四钙	快	中	中	较高	决定抗拉强度

选取新疆某水泥厂生产的32.5强度等级的水泥,经测试其基本性能如表2-4所示,其性能符合《通用硅酸盐水泥》(GB 175—2007)标准,同时符合硅酸盐水泥强度等级32.5技术要求。

水泥基本性能 表2-4

分析项目	80μm方孔筛筛余(%)	初凝时间(min)	终凝时间(min)	雷氏夹法(mm)	3d抗折强度(MPa)
质量指标	<10	>45	<600	<5.0	>2.5
检验结果	3.1	225	282	2.0	4.4
分析项目	28d抗折强度(MPa)	3d抗压强度(MPa)	28d抗压强度(MPa)	水泥胶砂流动度(mm)	
质量指标	>5.5	>10.0	>32.5	—	
检验结果	5.6	20.3	34.4	208	

2) 粉煤灰

近几十年来,随着粉煤灰质量的稳定,以及国内外对粉煤灰的综合应用技术的不断进步,粉煤灰在混凝土、水泥砂浆中的应用越来越广泛。从以前的为改善拌和物的和易性,用粉煤灰等量取代细集料,到现在可以通过物理和化学方法激发粉煤灰活性,用来取代一定量或完全取代胶凝材料。在砂浆中掺加适量的粉煤灰,有利于环境保护,降低砂浆成本。此外,粉煤灰还可以使浆体的后期强度持续增长。

粉煤灰主要矿物成分是无定形的玻璃体以及是含量变化很大的碳,而结晶体以莫来石和石英为主。此外,还有少量的磁铁矿、六解石、长石、赤铁矿及金红石等。粉煤灰颗粒矿物组成见表2-5。

粉煤灰矿物组成　　　　　　　　　　　　　　　　　　　　　　表2-5

矿物名称	莫来石	石英	一般玻璃体	磁性玻璃体	碳
波动范围%	11.2~30.5	3.0~15.9	42.5~72.8	0~21.0	1.3~23.7
平均值%	20.7	6.4	59.7	4.5	8.2

本工程选取新疆昌吉某商贸有限公司F类Ⅱ级粉煤灰,其基本性质如表2-6所示。经检验,满足《用于水泥和混凝土中的粉煤灰》(GB/T 1596—2005)标准F类Ⅱ级要求。

粉煤灰基本性能　　　　　　　　　　　　　　　　　　　　　　表2-6

分析项目	细度(%)	含水率(%)	需水量比(%)	烧失量(%)	SO_3(%)	安定性(mm)
质量指标	<25.0	<1.0	<105	<8.0	<3.0	<5.0
检验结果	21.2	0.2	95	2.9	1.355	1.8

3) 膨润土

膨润土(图2-10)属于蒙脱石族矿物,表面含有大量的"OH^-"和"$Si-O$"基等活性基团,具有吸水性、膨胀性、触变性等特性。膨润土容易在水泥砂浆中形成卡屋结构,该结构可以防止浆液的离析,增加浆液稳定性,增大浆液黏度并阻碍砂浆颗粒下沉,从而提高浆液的可泵性。研究表明,膨润土具有较好的保水性,同时具有一定的抗水分散能力。

图2-10 膨润土

合理用量的膨润土可以减缓浆液的材料分离,降低泌水率,减水剂作为水泥的润滑剂,从而提高浆液的稳定性,在浆液中加入过多过少的膨润土都不能满足要求。膨润土的加入能提高浆液的抗水冲分散性,但加入过量时浆液的抗水冲分散性则下降。我国膨润土资源储量大、开采方便、价格便宜,在注浆堵水材料中掺加膨润土可以提高注浆质量及堵水效果。

本工程采用新疆托克逊某厂生产的膨润土,其基本性能如表2-7所示。

膨润土基本性能 表 2-7

分析项目	胶质价（mL/15g）	交换钙（mmol/g）	交换钾（mmol/g）	交换镁（mmol/g）	交换钠（mmol/g）	蒙脱石含量（%）
分析结果	100	0.292	0.004	0.044	0.188	48.00
分析项目	吸附水（%）	吸蓝量（g/100g）	阳离子交换容量（mmol/g）	水分（%）	膨胀容（mL/g）	
分析结果	6.25	23.03	0.53	6.20	17.0	

4）砂

砂是组成砂浆的主要材料，在浆液中主要作为填充骨料。它的主要作用是：

（1）在浆液中，填充颗粒之间的间隙，增加胶凝物质的扩散表面积，增强胶凝材料的水化作用；

（2）填充颗粒间的空隙，起到了骨架作用，提高浆液的密实性和强度；

（3）具有一定的润滑作用，改善浆液的和易性；

（4）在砂浆中起到骨料作用，并可有效地节省胶凝材料。

本工程采用新疆乌拉泊砂场的普通河砂，其基本性能见表 2-8 所示，其颗粒级配见表 2-9 所示。经检测，该砂为中砂，其级配为 2 区，所检测项目符合《建设用砂》（GB/T 14684—2011）标准。

砂基本性能 表 2-8

基本性能	表观密度(kg/cm³)	堆积密度(kg/cm³)	含泥量(%)	空隙率(%)	细度模数
质量指标	>2 500	>1 400	<3.0	<44	2.3～3.0
检查结果	2 700	1 600	1.9	41	2.6

砂的颗粒级配 表 2-9

筛孔直径		4.75mm	2.36mm	1.18mm	600μm	300μm	150μm	筛底
标准范围	1 区	10～0	35～5	65～35	85～71	95～80	100～90	
	2 区	10～0	25～0	50～10	70～41	92～70	100～90	
	3 区	10～0	15～0	25～0	40～16	85～55	100～90	
最终累计筛余(%)		0	14	44	48	73	87	100

5）无腐蚀性的水

乌鲁木齐市当地自来水。

2.3 浆液配合比试验

同步注浆材料配合比的选择对于保证轨道交通施工质量、控制地面沉降和围岩变形具有重要作用。根据乌鲁木齐市无水砂卵石地层同步注浆的要求，结合地层条件和掘进速度，通过现场试验加入促凝剂及变更配比来调整胶凝时间。对于埋深浅的地层以及需要及时提供较高强度的地段，通过现场进一步配合比并加入一定的早强剂，以获得高质量的浆液，保证良好的注浆效果确保浆液的固结率、浆液结石率、浆液稠度、浆液的稳定性。

2.3.1 浆液主要物理力学指标

本工程选择同步注浆浆液稠度、凝结时间、泌水率、固结收缩率及抗压强度作为评价浆液性能优化指标,并利用敏感性分析选出浆液的最优配合比。

浆液的稀稠程度关系着浆液流动性的大小。浆液太稠(即稠度小),流动性则差,浆液在注浆管道内泵送难度大。浆液太稀(即稠度大),则流动性好,施工时浆液易四处流窜。浆液凝结时间作为浆液性能重要的设计参数之一,其越长,越容易向土体内流失,并被地下水稀释,导致浆液的早期强度难以形成,不利于控制管片上浮及地层变形;反之,则造成浆液的流动性丧失,不能均匀、密实地填充盾尾空隙,另外,浆液凝结时间太短容易造成注浆管道堵塞,导致注浆施工不能顺利进行。

浆液中固体颗粒下沉后,粒料与水分离时形成的单位泌水体积大小称作泌水率,是决定注浆浆液工程性能的重要参数之一,用于反映浆液的稳定性。泌水率越小,浆液越稳定,反之则越不稳定,易造成注浆过程中堵管现象,故同步注浆液的泌水率越小越好。

固结收缩率表征浆液的填充性能。浆液固结收缩率小,浆液的填充性好;反之,则填充性差。用作同步注浆的浆液应具备一定的早、后期强度,以使浆液填充满盾尾空隙后,将管片和围岩黏结为一个整体,均匀承受隧洞周围围岩压力,保证隧道结构的安全性。

通过《盾构法隧道施工与验收规范》(GB 50446—2017)以及国内外地下隧道工程注浆浆液的工程技术指标,得出壁后注浆材料的主要物理力学性能应满足下列指标:

(1)胶凝时间:一般为3~8h,根据地层条件和掘进速度,通过现场试验加入促凝剂及变更配比来调整胶凝时间。对于强透水地层和需要注浆提供较高的早期强度的地段,可通过现场试验进一步调整配比和加入早强剂,从而缩短胶凝时间。通过在宣仁墩站现场凝结时间试验可以看出,砂浆的性能能达到8h左右,有助于砂浆在泵送到管片间隙前时有的隔夜现象,在促凝剂和早强剂的作用下凝结时间能够满足要求。

(2)固结体强度:1天不小于0.2MPa,28天不小于2.5MPa。

(3)浆液结石率>95%,即固结收缩率<5%。

(4)浆液稠度:8~12cm。

(5)浆液稳定性:泌水率(静置沉淀后上浮水的体积与总体积之比)小于5%。

2.3.2 试验仪器

试验仪器主要包括:

(1)砂浆搅拌仪器一台;

(2)量筒5种规格:50mL、100mL、250mL、500mL和1 000mL量筒;

(3)FA2004电子分析天平,精度为1g;

(4)砂浆凝结时间测定仪1台;

(5)70.7mm×70.7mm×70.7mm的砂浆强度试验模10组;

(6)捣固棒和砂浆抹面灰刀;

(7)振动成型台一个;

(8) 砂浆稠度测定仪台 1 台;
(9) 普通强度压力机;
(10) 坍落度试验桶 1 个。

2.3.3 浆液配合比试验项目

为保证施工质量,施工中应根据始发时地层的实际情况选择浆液配合比,特别是和易性适宜的浆液,达到易于压送、不离析、不沉淀、不堵管的效果。在施工中根据地层条件、地下水情况及周边条件等,通过将拌制好的活性砂浆按照《建筑砂浆基本性能试验方法标准》(JGJ/T 175—2009)中规定的方法进行稠度、密度、凝结时间、泌水率、固结收缩率和抗压强度试验。

砂浆的性能试验步骤分为以下几点:

(1) 按照试验配合比中的重量用电子天平精确称取所需要的原材料,试验用水用量筒量取;

(2) 提前一天将膨润土用水溶解并放置 1h;

(3) 向砂浆搅拌机中依次加入膨润土、水、砂、水泥和粉煤灰;

(4) 启动砂浆搅拌机充分搅拌 10min;

(5) 按照试验的要求各取一部分砂浆进行稠度、密度、凝结时间、泌水率、固结收缩率和抗压强度试验。

1) 稠度试验

主要用砂浆稠度测定仪进行稠度试验。首先用湿抹布擦拭锥形容器及试锥,将拌和物盛入锥形容器内,使其表面低于容器口 1cm 左右,用捣棒捣实砂浆使其表面平整;然后将锥形容器及砂浆放入测定仪底盘上,使试锥尖端与其接触并对准其中心;松开制动螺栓使试锥自由下降 10s 后,拧紧制动螺栓,调整测杆底端与试锥杆顶端接触;最后从稠度刻度盘上读取稠度值,并精确到 1mm,如图 2-11 所示。

a) 锥形容器及试锥

b) 稠度刻度盘

图 2-11 砂浆稠度测量仪

2) 密度试验

首先称取容量筒的质量 m_1（精确至5g），用湿抹布擦拭容量筒。将容量筒盛满砂浆拌和物，用捣棒捣实，并用抹刀抹平砂浆与容量筒表面。用抹布擦净容量筒外多余的砂浆拌和物，将盛满砂浆的容量筒放在精度为 1g 的电子天平上称取其质量 m_2（精确至5g），如图 2-12 所示。砂浆密度由二次试验的平均值确定。

a) 空容量筒

b) 盛满浆液

图 2-12 密度试验

砂浆的密度计算方式如下：

$$\rho = \frac{m_1 - m_2}{V} \times 100\% \tag{2-1}$$

式中：ρ——砂浆的密度（kg/m^3）；
  V——容量筒容积（m^3）。

图 2-13 坍落度测试

3) 坍落度和流动度试验

本试验采用上圆为 ϕ70mm，下圆为 ϕ100mm，高为 60mm 的截面锥筒测试砂浆流动度和坍落度试验。在测试坍落度时，将锥筒置于平滑玻璃板上，将锥筒灌满砂浆，然后垂直提起锥筒，测砂浆高度损失即为坍落度，如图 2-13 所示；砂浆在不同垂直方向的摊开宽度即为流动度。

4) 凝结时间试验

将砂浆盛入容器内并低于容器口约 10mm，轻击容器并抹平砂浆，将整个容器与砂浆放在 20℃±2℃ 的温度条件存放。用试针和砂浆表面接触，在 10s 内缓慢、匀速地垂直插入砂浆内 25mm 深，记录贯入时的读数 N_p，如图 2-14 所示。阻力在砂浆加水搅拌 2h 后开始测定，每隔 30min 测定一次；当阻力达到 0.3MPa 后，每隔 15min 测定一次；阻力达到 0.7MPa 停止测定。

砂浆贯入阻力按以下公式计算：

$$f_p = \frac{N_p}{A_p} \tag{2-2}$$

式中：f_p——贯入阻力值（MPa）；

N_p——灌入深度至 25mm 时的静压力（N）；

A_p——贯入试针的截面积，即 30mm²。

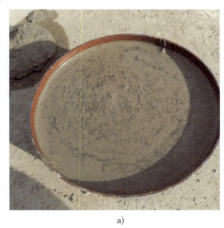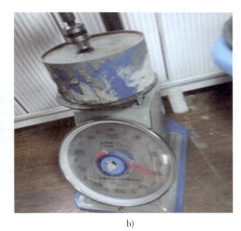

图 2-14　砂浆凝结时间测定仪

以时间为横坐标，以各时间点所得的贯入阻力为纵坐标绘制贯入阻力与时间的关系曲线，并在曲线图上求出阻力为 0.5MPa 时需要的时间 t_s（min），t_s 即为砂浆凝结时间。砂浆凝结时间测定应在一盘内取两个试样，以两个试验结果的平均值作为该砂浆的凝结时间值，两次试验结果误差应不大于 30min，否则应重新测定。

5）泌水率试验

向 100ml 的量筒中注入制备好的砂浆，在 20℃±2℃的温度下静置 2h，待析水量趋于稳定后，砂浆上浮水的体积和砂浆总体积的比值，即为浆液的泌水率，如图 2-15 所示。

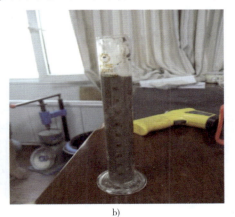

图 2-15　泌水率试验

6) 固结收缩率试验

按照体积法测定,即砂浆试块实际体积和试模标准容积的差值与标准容积的比值,即为固结收缩率,见图 2-16 所示。

7) 抗压强度试验

砂浆的强度试验采用的试模尺寸为 70.7mm×70.7mm×70.7mm；将拌制好的浆液装入试模,用捣棒捣实。用手分别抬高试模两端各振动 5 次,使砂浆表面高出试模口 6~8mm；在砂浆表面稍干后用抹刀抹平砂浆并使之与试模口齐平。待试件制作好后,在室温为 20℃±5℃ 的条件下放置一昼夜后,将试件编号、拆模,然后立即放入温度为 20℃±2℃,相对湿度为 90% 及以上的标准养护箱中养护。达到养护时间后,从养护箱中取出并立即进行强度试验,试验前应测量各试件的承压面积。将试件放置在压力试验机的下垫板上,二者中心对准；压力试验应连续且匀速地加荷,速率为 250~1500N/s,当试件迅速变形时,停止加荷至试件破坏,记录此时的荷载。

图 2-16　70.7mm×70.7mm×70.7mm 试模

砂浆立方体抗压强度应按如下公式计算:

$$f_{m,cu}=\frac{N_u}{A} \tag{2-3}$$

式中:$f_{m,cu}$——试件抗压强度(MPa);

N_u——破坏荷载(N);

A——承压面积(mm^2)。

强度试验结果以 6 个试件所测值的平均值作为该组试件的抗压强度值,精确到 0.1MPa。

8) 浆液配合比选取

在拌制过程中,不同的配合比对砂浆性能有着不同的影响。在实际工程中,拌制的砂浆浆液性能由于配合比不好,出现性能较差的现象。

2.3.4　浆液配合比正交试验设计方案

对于较坚硬,有其一定的自稳能力的岩层,要均匀填充地层,就一定要增加浆液的流动性,因此浆液配比要在保证砂浆稠度、倾析率、收缩率、强度等指标的基础上延长其凝结时间,以获得更为均匀的填充效果。对于软弱、其自稳能力较差的岩层,注浆后希望尽快获得固结体强度,因此浆液配比要保证砂浆的固结率和强度,需要在较短时间内加固地层。注浆凝胶时间宜为 3~10h,固结体 1d 强度应不小于 0.2MPa,28d 强度不小于 2.5MPa。浆液结石率应大于 95%,即固结收缩率小于 5%,浆液稠度宜为 8~12cm,浆液倾析率应小于 5%。

1) 实验设计

试验采用正交试验设计方法,选取了粉煤灰、膨润土、石灰、砂和用水量为 5 个影响因素,每个因素取 4 个不同的水平(各因素及水平见表 2-10),按正交设计表需要进行初次试验,采用能直观给出试验指标随每个水平变化规律的正交设计方法,按正交设计表 $L_{16}(4^5)$ 进行 16 次试验。

硬性浆液因素水平表　　　　　　　　　　　　　　　　　　　　　　表 2-10

水平	因素（kg/m³）				
	A 粉煤灰	B 石灰	C 膨润土	D 砂	E 水
1	200	25	80	500	350
2	250	50	90	800	380
3	300	75	110	900	400
4	350	100	120	1000	450

根据硬性浆液因素水平表进行实验配比,具体配方如表 2-11 所示。

同步注浆配合比　　　　　　　　　　　　　　　　　　　　　　　　表 2-11

试验编号	配合比（kg/m³）				
	A 粉煤灰	B 石灰	C 膨润土	D 砂	E 水
1	200	25	80	500	350
2	200	50	90	800	380
3	200	75	110	900	400
4	200	100	120	1000	450
5	250	25	90	900	450
6	250	50	80	1000	450
7	250	75	120	500	380
8	250	100	110	800	350
9	300	25	110	1000	380
10	300	50	120	900	350
11	300	75	80	800	450
12	300	100	90	500	400
13	350	25	120	800	400
14	350	50	110	500	450
15	350	75	90	1000	350
16	350	100	80	900	380

2）实验成果及分析
（1）正交试验成果
试验数据采用极差分析法分析浆液的稠度、凝结时间和固结收缩率,结果见表 2-12。

正交试验成果表　　　　　　　　　表 2-12

试验编号	稠度(mm)	凝结时间(h)	固结收缩率(%)
1	113	14.25	3.7
2	112	13.00	3.2
3	110	12.17	2.6
4	108	11.87	2.1
5	112	14.37	2.9
6	109	13.17	2.4
7	112	12.67	3.4
8	109	11.42	2.9
9	106	13.75	2.3
10	107	12.33	2.3
11	112	13.17	3.3
12	113	12.00	3.2
13	109	14.00	3.0
14	114	13.67	3.7
15	105	12.17	2.0
16	107	11.83	2.1

(2) 稠度分析

试验稠度的直观(极差)分析表,如表 2-13 所示。

稠度直观(极差)分析表　　　　　　　　　表 2-13

计算结果	因素				
	A 粉煤灰	B 石灰	C 膨润土	D 砂	E 水
均值 1	110.75	110.00	110.25	113.00	108.50
均值 2	110.50	110.50	110.50	110.50	109.25
均值 3	109.50	109.75	109.75	109.00	110.25
均值 4	108.75	109.25	109.00	107.00	111.50
极差	2.00	1.25	1.50	6.00	3.00

由直观(极差)分析表可以看出,极差的大小排列顺序为:砂>水>粉煤灰>膨润土>石灰,因此稠度对于各因素的敏感性由高到低依次为:砂>水>粉煤灰>膨润土>石灰。

各因素各水平的效应曲线图如图 2-17 所示。

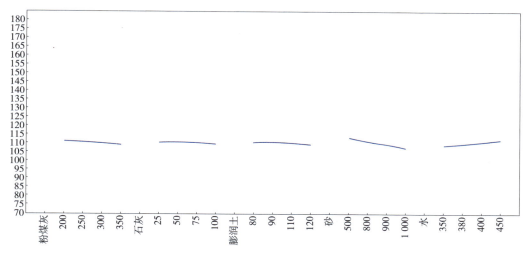

图 2-17　稠度效应曲线图

(3)凝结时间分析

试验凝结时间的直观(极差)分析如表 2-14 所示。

凝结时间直观(极差)分析表　　　　表 2-14

计算结果	因　素				
	A 粉煤灰	B 石灰	C 膨润土	D 砂	E 水
均值 1	12.82	14.10	13.11	13.15	12.54
均值 2	12.91	13.04	12.89	12.90	12.81
均值 3	12.81	12.55	12.75	12.68	12.84
均值 4	12.92	11.78	12.72	12.74	13.27
极差	0.11	2.31	0.39	0.47	0.73

由直观(极差)分析可以看出,极差的排顺为:石灰>水>砂>膨润土>粉煤灰,稠度对于各因素的敏感性由高到低依次为:石灰>水>砂>膨润土>粉煤灰。

各因素各水平的效应曲线图如图 2-18 所示。

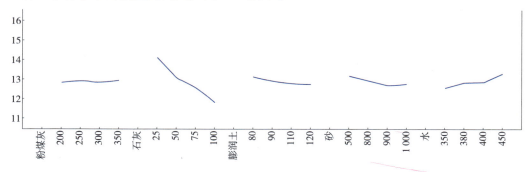

图 2-18　凝结时间效应曲线图

(4)固结收缩率分析

试验固结收缩率的直观(极差)分析如表2-15所示。

固结收缩率直观(极差)分析表　　　　　表2-15

计算结果	因　素				
	A 粉煤灰	B 石灰	C 膨润土	D 砂	E 水
均值1	2.90	2.98	2.88	3.50	2.73
均值2	2.90	2.90	2.83	3.10	2.75
均值3	2.78	2.83	2.88	2.48	2.80
均值4	2.70	2.58	2.70	2.20	3.00
极差	0.20	0.40	0.18	1.30	0.28

由直观(极差)分析可以看出极差的大小排列顺序为:砂>石灰>水>粉煤灰>膨润土,稠度对于各因素的敏感性由高到低依次为:砂>石灰>水>粉煤灰>膨润土。

各因素各水平的效应曲线图如图2-19所示。

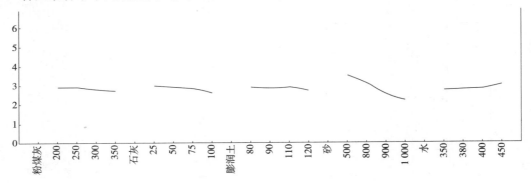

图2-19　固结收缩率效应曲线图

(5)试验结果方差分析

当显著性水平 $\alpha=0.05$,即可靠度为95%时,临界值为 $F_{0.95}(3,3)=9.280$,方差分析表如表2-16所示。

方差分析表　　　　　表2-16

考核指标	影响因素	偏差平方和	自由度	F 比	F 临界值	显著性
稠度	粉煤灰	10.250	3	0.134	9.280	
	石灰	3.250	3	0.042	9.280	
	膨润土	5.250	3	0.068	9.280	√
	砂	76.750	3	1.000	9.280	
	水	20.250	3	0.264	9.280	
	误差	76.750	3			

续上表

考核指标	影响因素	偏差平方和	自由度	F 比	F 临界值	显著性
凝结时间	粉煤灰	0.037	3	0.003	9.280	√
	石灰	11.272	3	1.000	9.280	
	膨润土	0.370	3	0.033	9.280	
	砂	0.530	3	0.047	9.280	
	水	1.087	3	0.096	9.280	
	误差	11.27				
固结收缩率	粉煤灰	0.117	3	0.028	9.28	√
	石灰	0.362	3	0.087	9.28	
	膨润土	0.082	3	0.020	9.28	
	砂	4.177	3	1.000	9.28	
	水	0.187	3	0.045	9.28	
	误差	4.18				

根据室内实验结果,在综合考虑了各实验指标的条件下确定了以下配合比为新疆乌鲁木齐市轨道交通 1 号线 16 标段宣仁墩—国际机场盾构区间的现场试验用配合比(表 2-17)。

同步注浆浆液最优配合比　　　　　　　　　　　　　　　　　　　　表 2-17

配合比(kg/m³)				
粉煤灰	石灰	膨润土	砂	水
350	75	120	900	480

制备出的浆液稠度为 105mm,凝结时间为 11.9h,固结收缩率为 3.5%,三项指标均能较好地满足该标段盾构的同步注浆浆液技术指标。

配制出的同步注浆浆液如图 2-20 所示。

图 2-20　同步注浆浆液

2.4 同步注浆主要技术参数的确定

2.4.1 盾构同步注浆系统

乌鲁木齐市轨道交通1号线16标段盾构机为CREC205和CREC206,其同步注浆系统为自动注浆系统,并设有手动注浆系统。为了适应不同的注浆量(掘进速度),整个设备根据压力控制注入量,同时,最小和最大注浆量可以预先选择。

同步注浆系统由电力液压动力站提供动力。泵送注浆量可以通过控制液压油流量来调整。4个出口每个都装有压力计。在泵的冲程可检验的地方,每个活塞都装有指示器。活塞速度可以随液压变化,这样每条线上的注浆量均可变化以适应盾构的掘进速度。每个注浆点上的压力计发出的信号可以用于控制注浆过程。具体参数见表2-18。

同步注浆系统参数   表2-18

序号	项　目	参数列表	单位
1	注浆泵形式	柱塞泵	个
2	注浆泵数量	2	个
3	注浆泵功率	30	kW
4	注浆能力	10×2	m^3/h
5	注浆泵出口最大压力	6	MPa
6	注浆口数量	4用6备	个
7	砂浆罐容量	8	m^3
8	搅拌器功率	5.5	kW

(1)手动操作

在手工方式中,有可能单独的选择四个注浆点的每一个,并通过控制板的开关启动该系统。注入材料的体积,注浆泵的活塞速度可借助控制板上的分压器进行变化。

(2)自动操作

在自动操作中,所有4个注浆点都设有连续监测,如果压力超过了最小静压力的预设值注浆泵的活塞速度就会增大。如果超过了最大静压力注浆就会减少,直到该值降到限制值以下然后再次开始。

CREC205和CREC205盾构机注浆管均为内置式(图2-21)。每根注浆管均设置有观察孔,利于管路保护、清洗、维修。注浆管共10根,其中6根备用。+1环拖出盾尾后,进行同步注浆施工。注浆由盾尾4个点位同步注入,若盾尾堵塞,则启用备用注浆管。

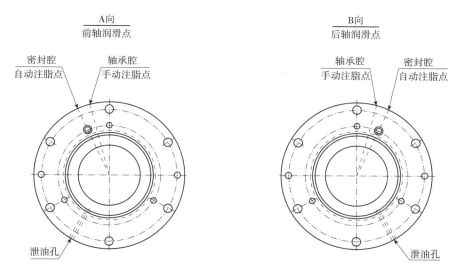

图 2-21 内置式同步注浆

2.4.2 注浆量

影响盾构同步注浆的注浆量因素很多，在实际施工过程中往往根据理论计算、工程经验和监测数据来确定注浆量的多少。通常，同步注浆量的确定是以盾尾空隙的体积为基础，并结合实际地层情况、线路曲率、盾构姿态及掘进方式等因素综合考虑适当的饱满系数 α 来确定，以保证达到充填密实的目的。根据施工实际，这里的饱满系数 α 包括由注浆压力产生的压密系数、取决于地质情况的土质系数、施工消耗系数、由掘进方式产生的超挖系数等。

通常盾构衬砌壁后注浆量 Q 可按下式估算：

$$Q = V\alpha \tag{2-4}$$

$$V = \frac{\pi(D^2 - d^2)L}{4} \tag{2-5}$$

式中：V——盾尾理论空隙量；
α——饱满系数；
D——盾构切削直径（m）；
d——预制管片外径（m）；
L——管片衬砌每环长度（m）。

乌鲁木齐轨道交通 1 号线 16 标段宣仁墩—国际机场盾构区间采用土压平衡盾构机 CREC205，刀盘直径 6.47m，而预制钢筋混凝土管片外径为 6.2m，宽度为 1.2m，则理论上每掘进一环，盾构掘削土体形成的空间与管片外壁之间的空隙的理论体积为：

$$V = \pi \times (6.47^2 - 6.2^2) \times 1.2/4 = 3.22 (\mathrm{m}^3) \tag{2-6}$$

其中只有饱满系数 α 的数值不确定，正确确定饱满系数 α 值对估算浆液的注入量至关重要，同时影响饱满系数 α 的因素也很多，根据文献资料主要考虑以下四种影响因素：

1）土质系数

饱满系数与土质有密切的关系，对于同步注浆的土质对象而言，有碎石土、砂土、粉土和黏土之分。通常，粒径大的砂质土是以砂、砾石为主且渗透系数大的土层，其土质系数要远远大于粒径小的以黏土、粉砂土为主且渗透系数小的黏性土土层，总体而言，土质系数取值为1.1~1.8。在自稳能力完好的硬质地层中，浆液不易渗透到衬砌周围的土体中去，可取较小土质系数甚至不用考虑。但是在砂、砾石为主的大渗透系数地层中，浆液容易渗透到周围岩土体中，可以考虑较大的土质系数，取1.4~1.8。

2) 超挖系数

超挖系数是正常情况下盾尾空隙的修正系数，一般只在曲线段施工中产生，直线段盾构机机体与隧道设计轴线有较大夹角时也会产生，是理论空隙量的修正值。超挖是施工时发生的，与浆液没有直接关系，但与饱满系数关系极大。超挖系数因工法掘削方法及机械种类、土质、有无曲线段、盾构姿态及其他施工条件的不同而存在很大的差异。因为有一个超挖和盾构蛇行带来的附加量的问题。曲线段施工不可避免地要增加盾尾空隙的体积，其计算方法如下：

$$V_c = \frac{\pi \varepsilon D}{4} \quad (2-7)$$

$$\varepsilon = \sqrt{R_c^2 + L^2} - R_c \quad (2-8)$$

式中：R_c——曲线转弯半径(m^3)；

L——盾构机长度(m)；

D——盾构机外径(m)。

曲线施工超挖示意图见图2-22。

3) 注浆压力决定的压密系数

拌制好的浆液在压送和注入过程中，由于注浆压力产生压密效应，导致浆液密度变大，体积收缩。这种由于注浆压力引起的体积变小的现象，因浆液的种类不同而存在较大的差异。浆液泌水也会引起浆液体积的减少。对于单液浆，为了使其流动性好需要保持一定的含水率。如果加压，则压密程度重新变大。此外，对于加气的浆液，因气体被压缩会致使压密现象较为明显。

而浆液组成(有无加气)、凝胶能力及凝胶时间、塑状固结及保持时间、注入压力及其他施工条件在不同的工程中均在较大差异，将这些条件用相对精确的数值(系数)来表示非常困难，因而目前的实际状况是，加气、无凝胶能力、凝胶时间长、会可塑状固结、保持时间长以及注入压力高对应的情况的压密的程度高，特别是加气与不加气相比，加气情形的压密效果明显增大。此时，浆液压密系数根据经验取值一般在1.05~1.50之间。

4) 施工损耗系数

在盾尾注浆施工中，注浆管大多是从设置在盾构始发井附近的注浆泵开始(即直接压送方式)，随着盾构的推进，一直延续到最终的接受井。在浆液从泵房被压送到注浆孔的过程中，浆液的损耗是不可避免的。特别是近年来

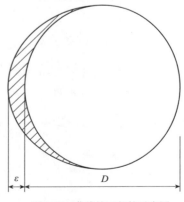

图2-22 曲线施工超挖示意图

长距离压送施工情况的增加,这意味着与刚离开始发井相比,残留在注浆管道内的浆液量增多。在通过砂浆车的运送过程中,砂浆也会有不同程度地损失。为此,针对施工过程中砂浆的损耗必须考虑,以确保盾尾注浆的注浆量。

综上所述,实际工程中用具体数值表示每一个影响因素是非常困难的,所以在施工过程中大部分依靠积累的施工经验,具体取值可见表2-19饱满系数。

饱 满 系 数   表2-19

符号	因素		估算时增加的比例范围	设定系数
α_1	土质		1.10~1.60	0.35
α_2	超挖		1.10~1.20	0.15
α_3	注浆压力产生的压缩	加气	1.30~1.50	0.40
		不加气	1.05~1.15	0.10
α_4	施工损耗		1.10~1.20	0.10

饱满系数 α 的主要影响因素包括:土质系数 α_1、超挖系数 α_2、注入压力决定的压密系数 α_3 和 α_4。则饱满系数 α 为:

$$\alpha = \alpha_1 + \alpha_2 + \alpha_3 + \alpha_4 \tag{2-9}$$

一般主要考虑土质系数和超挖系数。根据乌鲁木齐市轨道交通1号线16标段同步注浆试验段得到的结果,每环的注浆量大约在 $4.029 \sim 8.358 m^3$,平均注浆量约为 $6.02 m^3$。每环的注浆量与实际地层结构、施工损耗、卵石的渗透性以及地层埋深等参数密切相关,因此,根据目前所掌握的注浆参数,α 一般取 $1.25 \sim 2.59$。

在实际施工中,如果发现注入量持续增多时,必须检查超挖、漏失等因素。而注入量低于预定注入量时,可以考虑是注入浆液的配比、注入时期、盾构推进速度过慢或出现故障所致,必须认真检查采取相应的措施,一般可采取加大注浆压力或在盾构掘进后进行二次注浆,以保证足够的注浆量。

2.4.3 注浆压力的确定

同步注浆压力的大小是重要的质量控制因素之一,对于地面沉降和围岩变形控制、盾构姿态调整以及改善衬砌结构受力具有重要意义。注浆压力是指注入孔附近的压力,而不是泵的喷射压力。注浆压力根据注浆的目的和要求,充分充填盾尾间隙和围岩砂卵石孔隙,避免引起地面和围岩过大变形,从而影响地表建筑物与地下管线的安全。同时,也要避免同步注浆压力过大引起地表有害隆起或破坏管片衬砌,防止注浆损坏盾尾密封。因此,同步注浆压力最佳值应在综合考虑地基条件、覆盖土层厚度、地下水压力、管片强度、设备性能、浆液特性和土舱压力的基础上综合设定。但应注意以下问题:

(1)不大于盾尾密封压力的警戒值;
(2)不大于管片能承受的最大压力;
(3)根据管片脱出盾尾后位移情况进行及时调整;
(4)根据地表建筑物沉降情况进行及时调整;
(5)根据隧道埋深、地质情况进行及时调整。

注浆压力的设计可以通过理论分析得到。设隧道埋深为 H,岩土体重度为 γ,P_x 为下临界注浆压力,其作用是保证维持上部土体的稳定,使其不塌落;P_s 为上临界注浆压力,其作用是保证土体不发生隆起。而理想的注浆压力 P_1 是介于下临界注浆压力和上临界注浆压力之间。将上临界压力乘以一个安全系数($n=1.5\sim2.5$)或将下临界压力除以一个安全系数($n=1.5\sim2.5$),就可以逐渐逼近理想临界压力值。

根据岩土静力学分析可知:

$$P_s = h\left(\gamma - \frac{2C_u}{D}\right) \tag{2-10}$$

$$Px = \gamma H\left[l + \frac{H}{D}\tan\left(45 - \frac{\varphi}{2}\right) - \frac{2C_u}{D}\right] \tag{2-11}$$

$$nh\left(\gamma - \frac{2C_u}{D}\right) < P_1 < \gamma H \frac{\left[l + \frac{H}{D}\tan\left(45 - \frac{\varphi}{2}\right) - \frac{2C_u}{D}\right]}{n} \tag{2-12}$$

加上注浆管路的阻力损失值:

$$\Delta P = \lambda \, \frac{l}{d} \, \frac{\rho v^2}{2} \tag{2-13}$$

式中:λ——沿程阻力系数,当浆液层流时为 $64/R_e$;

R_e——雷诺系数;

v——流动速度;

l——浆液压入口到压出口的长度;

d——管子内径。

理想的注浆压力 P_1 为:

$$P_1 = P + \Delta P \tag{2-14}$$

当 n 的选取满足:

$$n = \sqrt{\frac{\gamma H\left[l + H\tan\left(45 - \frac{\varphi}{2}\right)\bigg/D - \frac{2C_u}{D}\right]}{\left(\gamma - \frac{2C_u}{D}\right)h}} \tag{2-15}$$

根据上式分析,取 $C_u=15\text{kPa}$,$H=15\text{m}$,$\varphi=0$,得到 $n=2.43$,从而计算得到 $P=250\text{kPa}$,$\Delta P=100\sim200\text{kPa}$,因此,最佳的注浆压力为 $350\sim450\text{kPa}$。

理论计算的注浆压力与国内外的研究成果是吻合的。乌鲁木齐市轨道交通1号线16标段试验段的注浆压力为 $270\sim480\text{kPa}$,这跟隧道埋深、实际地层结构等因素有关。因此,在实际施工时,需要根据最佳的注浆压力 $350\sim450\text{kPa}$ 进行适当调整注浆压力大小,以满足不同地质情况和变形控制要求。

本工程的同步注浆施工中,为控制注浆效果和质量,对注入压力和注入量这两个参数进行严格控制。采取的措施是以设定注入压力为主,兼顾注入量的方法。

2.4.4 注浆位置选择

对于同步注浆和及时注浆,可以选择在利用盾尾注浆管或管片注浆孔。盾尾注浆管注浆一般选用盾尾的四个注入点注入浆液,均匀分布在盾构断面的四周。盾尾注浆管注浆具有及时性和均衡性,施工自动化程度较高,尤其是当快速掘进时,其施工控制相对于管片注浆孔注浆控制要简单。盾尾注浆管埋设在盾构机壳体的外部或内部,不管哪种埋设方式均会增大对土体的扰动。在快速掘进施工中,一旦堵塞则注浆管清理比较困难,影响施工进度。因此,盾尾注浆管注浆对浆液配合比要求比较严格。

管片注浆孔注浆比较灵活,堵管时清理比较方便。但是注浆的均衡性不好,另外管片注浆孔的存在会导致潜在的漏水点增多。

当盾尾注浆施工完成后管片出现漏水以及地面沉降加大时应进行通过管片注浆孔的二次注浆。

2.5 注浆质量控制

2.5.1 浆液制作

制浆时的注意事项:

(1)对于制浆材料要把好质量关,选用供货质量稳定的供货商。拌制浆液时,不能使用固结成块的黄泥粉和膨润土,砂料应是粒径2~4mm的细砂,含泥量不能超过标准,不得混有杂物和大粒径石子,如图2-23所示。

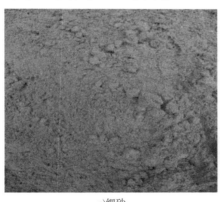
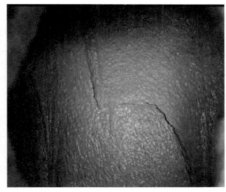

a)细砂　　　　　　　　　　　　　　b)浆液

图 2-23　砂及拌制的浆液

(2)浆液搅拌要充分,拌和要连续,不能间断。

(3)定期检查计量系统,保证按配比生产浆液。

(4)根据拌制的第一罐浆液的性能指标,合理调整各骨料和水的加量,保证浆液的性能最终满足要求。

(5)按规定对设备进行日常维护保养,使设备经常处于良好的工作状态。冬季施工,要对浆液搅拌站的关键部位做好保温工作。

(6)缩短供货周期,尽量缩短原料在施工现场的存放时间,减少材料的板结现象。如用含水率较大的细砂,应相应地调节水的加量。

2.5.2 浆液运输及注入

浆液运输及注入过程中的注意事项

(1)若浆液运输距离较长,直接泵送至盾构机浆液罐内容易发生堵管现象,应采用浆液罐车运输,缩短泵送距离,减少堵管现象的发生。

(2)在浆液站向罐车内泵送浆液的过程中,应保证罐车在连续搅拌,防止浆液离析;浆液运送到后配台车后,应及时泵入到储浆罐中,由储浆罐继续进行搅拌。

(3)罐车泵送完浆液后,及时进行清洗。

(4)检查从注入孔到泵的输浆管接头的好坏。

(5)注意观察注入压力、注入量。

(6)定期清理注浆管及注浆孔。

2.5.3 同步注浆质量保证措施

同步注浆过程中应采取如下措施进行治理控制:

(1)在开工前制定详细的注浆作业指导书,并进行详细的浆材配比试验,选定合适的注浆材料及浆液配比。

(2)制订详细的注浆施工设计和工艺流程及注浆质量控制程序,严格按要求实施注浆、检查、记录、分析,及时做出 P-Q-t 曲线,分析注浆速度与掘进速度的关系,评价注浆效果,反馈指导下次注浆。

(3)成立专业注浆作业组,由富有经验的注浆工程师负责现场注浆技术和管理工作。

(4)根据洞内管片衬砌变形和地面及周围建筑物变形监测结果,及时进行信息反馈,修正注浆参数和施工工艺,发现情况及时解决。

(5)做好注浆设备的维修保养和注浆材料供应,定时对注浆管路及设备进行清洗,保证注浆作业顺利连续不中断进行。

(6)环形间隙充填不够、结构与地层变形不能得到有效控制、变形危及地面建筑物安全或存在地下水渗漏区段,必要时通过吊装孔对管片背后进行补充注浆,以增加注浆层的密实性并提高防水效果。

(7)根据经验值推断,盾构单线推进对地表影响主区域为轴线两侧7m范围内;整个影响区域为轴线两侧20m内,因此应对上述轴线两侧范围加强监控。

(8)正式掘进阶段应严格执行浆液留样制度,留样频率不得低于1次/班及3环/次。主要记录参数为浆液初凝时间及泌水率,为自拌砂浆配比优化提供数据依据。

2.5.4 漏浆控制

同步注浆速率应与推进速率匹配,保证浆液能够同步注入,及时、均匀的填充盾尾建筑空隙。根据管片拼装形成,在推进油缸行程达到设定行程前100mm左右完成浆液注入,预

留洗管行程,避免停机阶段洗管造成盾尾压力过大击穿密封,造成漏浆。发现盾尾漏浆时,应及时补充,具体控制措施有:

(1)注浆前进行详细的浆液配合比试验,选定合适的注浆材料及浆液配比,满足设计施工要求;检查盾尾密封性,确保浆液不泄漏;保证注浆管路的畅通。所用砂须为细砂。

(2)做好注浆设备的维修保养,注浆材料的供应,保证注浆作业顺利连续不中断的进行。针对不同的地质情况选择不同的注浆压力和注浆量。注浆跟推进同步进行,且注浆速度应与推进速度相适应,四个泵同时注浆;注浆饱满程度由注浆压力和注浆量双重控制。

(3)停止注浆后,应及时清洗浆液运输车、储浆罐、浆液输送管路,保持管壁润滑良好,防止残留的浆液凝结引起管道堵塞等。

2.6 本章小结

同步注浆的注浆工艺、注浆材料、注浆参数是轨道交通盾构施工的质量保证措施。本章对乌鲁木齐市轨道交通1号线16标段盾构轨道交通施工中涉及的同步注浆工艺、注浆材料、注浆参数进行详细介绍。充分论述了同步注浆的原理和目的、浆液材料的分类及其选择、浆液材料配合比。并对同步注浆参数和注浆质量控制方式进行研究,取得如下研究成果:

(1)结合乌鲁木齐市轨道交通1号线16标段盾构轨道交通施工要求,明确了同步注浆的目的,阐述同步注浆的原理,并结合工程实际情况,提出了针对乌鲁木齐市轨道交通同步注浆的施工工艺流程。

(2)在对比各类注浆液优缺点的基础上,结合乌鲁木齐市轨道交通1号线16标段地质环境、变形控制要求以及施工效果,选取单液硬活性浆液进行盾构同步注浆浆液。

(3)考虑水泥掺量、粉煤灰掺量、膨润土掺量、石灰、砂和用水量为6个影响因素,以及每个因素取5个不同的水平的基础上,设置25组正交试验组。分别对其稠度、密度、坍落度和流动度、凝结时间、泌水率和强度进行测试。基于测试结果,通过BP神经网络确定了最优的材料配合比,为轨道交通同步注浆浆液的制作奠定材料基础。

(4)研究了盾构同步注浆技术参数影响因素,提出了乌鲁木齐市轨道交通1号线一环的合理注浆量。根据理论基础,计算出合理的注浆压力。合理注浆量和注浆压力是针对乌鲁木齐市常规地层而言,在有地面和围岩变形控制要求、非直线路段,则需要根据实际情况做适当调整。

(5)提出了乌鲁木齐市轨道交通同步注浆浆液制作、运输、注浆和漏浆的质量控制措施,促进轨道交通同步注浆工艺的提高并保证其施工质量。

第3章

复合式土压平衡盾构施工渣土改良试验

3.1 乌鲁木齐卵石地层渣土改良必要性

乌鲁木齐轨道交通一号线土建16标段建设采用的盾构机类型为土压平衡式盾构,其特点是用开挖出的渣土作为支撑开挖面稳定的介质,因此就要求作为支撑介质的渣土具有良好的塑性变形、软稠度、内摩擦较小及渗透率小。但通常一般土壤不能满足这些特性,所以要其进行改良,否则就会给施工带来危害。特别是在砂卵石地层中进行盾构作业,砂卵石是典型粗粒土,卵石块体形成土体骨架,其间充填各类砂土体,砂卵石基本上可视为无黏聚力,结构较为松散,塑流性差,地层灵敏度高,扰动后稳定性差。这些特点造成盾构在砂卵石地层中施工时易出现动态土压平衡难以形成、刀盘扭矩过大、刀盘和刀具磨损过快、出渣不畅等问题。

(1)刀具磨耗严重

刀具磨损是影响盾构隧道施工质量和进度的关键问题,刀盘作为盾构机的一个关键部件,在卵石地层掘进时,盾构刀具更易磨损、破损、脱落,从而给整个工程的工期、造价带来严重影响。

(2)刀盘及压力舱的结饼和闭塞

压力舱结饼是由于开挖土体缺乏流动性,在盾构机推进压力的作用和较高的温度环境下,在压力舱内发生压密、固结排水,形成坚硬"泥饼"的现象。压力舱内发生结饼后如果没有其他补救措施,则这种泥饼将不断扩散进而使整个压力舱发生堵塞,导致刀盘转矩过大,开挖困难或无法进行,引发刀盘主轴承温度过高,甚至出现主轴承损坏。

(3)土压平衡很难建立

通常情况下卵石地层塑流性较差,盾构时预先设定的工作压力不能顺利地传递到开挖面,不易实现连续的动态平衡,从而导致开挖面稳定难以保持,地表隆沉幅度增大。

(4)电流消耗过大和发生卡机事件

由于刀具、刀盘与卵石土体间的摩擦因数大,因此,扭矩及推力也相应增大,造成电流消耗过大,油压增大,甚至发生机械故障现象。若开挖面不能保持平衡,开挖面前上方发生坍塌,或遇到卵石块体较多的情况,就会形成卡机使盾构机刀盘不能转动。

为保证土舱内渣土能顺利排出,渣土必须具有塑性流动状态,也即流塑性,应达到:①土体不易固结排水。当推力通过隔板传递到土舱内时,如果土舱内土体迅速排水固结,就会在土舱内形成固结土饼,土水分离会影响土舱内土体的循环和排土,因此土体要保持不易固结排水的状态。②土体处于塑性流动状态。土舱内的土体应具有高含水率、较低强度而易于翼板搅拌的特性。这一特性可保证土体受到挤压时向螺旋输送机内发生塑性流动而顺利完成排土,形成所谓的"挤牙膏"效应。

3.2 卵石层工程概况及渣土改良

3.2.1 卵石地层基础物理力学特性

1号线本次渣土改良以宣仁墩站—大地窝堡站区间作为试验段,宣仁墩站—大地窝堡站区间主要穿越编号4~10层的卵石地层。

4~10层卵石地层主要地质特征如下:

卵石颜色为灰黄色、灰色、深灰色,厚度20~35m,成分以砂岩、灰岩为主,浑圆状,磨圆度较好;粒径组成:2~20mm约占10%,20~60mm约占40%,大于60mm约占20%;其余为杂砂砾砂与粉黏粒充填,局部含漂石,最大粒径约450mm,稍湿-潮湿。

4~10卵石地层又可细分为4-10-1中密卵石层和4-10-2密实卵石层;4-10-1中密卵石:埋深7m以上,呈中密状,岩土施工工程分级为Ⅲ级硬土;

4-10-2密实卵石:埋深7m以下,呈密实状,岩土施工工程分级为Ⅳ级软石。

表3-1为宣仁墩站—大地窝堡站区间地层部分级配表。

宣仁墩站—大地窝堡站区间地层部分级配表　　　　表3-1

编号	取样深度(m)	颗粒组成百分数(%)									土的名称
		60~200mm	40~60mm	20~40mm	10~20mm	5~10mm	2~5mm	0.5~2mm	0.2~0.55mm	0.075~0.25mm	<0.075mm	
1	2.50~2.70		32.4	24.6	14.8	6.8	8.4	7.7	3.3	1.8	0.2	卵石
2	7.60~7.80		30.3	25.2	16.7	8.5	7.9	6.6	3.6	1.1	0.3	卵石
3	11.50~11.70	25.1	13.3	17.3	14.5	11.0	9.0	5.6	3.0	1.0	0.2	卵石
4	12.40~12.60	25.1	2.1	16.4	11.6	6.0	10.7	5.8	2.7	0.6	0.1	卵石
5	16.80~17.00		25.5	14.6	9.7	7.6	6.2	5.2	3.4	1.2	0.5	卵石
6	17.00~17.20		36.8	21.3	13.1	10.1	8.4	5.9	2.8	1.4	0.2	卵石
7	22.20~22.40		26.8	27.2	15.1	8.7	7.3	7.8	5.0	1.6	0.5	卵石
8	23.00~23.00		12.4	25.3	19.6	14.6	11.7	6.5	3.9	5.1	0.9	圆粒
9	27.00~27.00		26.4	28.3	16.6	11.2	6.6	6.0	3.7	0.9	0.3	卵石
10	28.00~28.20	37.8	18.8	14.3	11.4	8.0	5.2	2.7	1.2	0.5	0.1	卵石

3.2.2 渣土改良材料及卵石地层改良材料选择

1)渣土改良材料简介

目前,国内外盾构施工中广泛应用于渣土改良的添加剂主要有水、膨润土、泡沫和高分子聚合物等,根据地层的工程特性,可以选择单一使用,也可将添加剂混合使用从而取得更

好的改良效果,各种改良添加剂主要作用如下:

(1)水:水是最普通的添加剂,向高黏性渣土中注水,可以增加其流动性,同时降低其黏着力,防止在盾构掘进时,切削下的土附着于刀盘上或土舱内壁上。

(2)膨润土:主要是由蒙脱石类矿物组成的黏土,自身具有吸湿膨胀性、低渗性、高吸附性及良好的自封闭性。膨润土主要以泥浆的形式注入渣土中,目的是吸收自由水,补充土体微粒组分,减小土体内摩擦角,提高其流动性、和易性和止水性。根据膨润土的层间阳离子种类可分为钠基膨润土和钙基膨润土,层间阳离子为Na^+时称钠基膨润土;层间阳离子为Ca^{2+}时称钙基膨润土。钠基膨润土吸附力强,膨胀率高,使用比较广泛。

(3)泡沫:泡沫是典型的气-液二相系,其中90%以上为空气,不足10%为发泡剂溶液。发泡剂主要成分为表面活性剂,由聚合而成的长链分子构成,含有憎水基与亲水基。与渣土混合后,可吸附在液体、固体表面,减小了水的表面张力及颗粒间的接触,降低了接触面的粗糙度和土体的摩擦力,起到润滑作用,很大程度上改善了渣土的流动性、止水性并防止黏附。此外,泡沫混合土具有一定的弹性,能维持土舱内必要的土压力,并使其均匀变化,防止产生较大起伏。

(4)高分子聚合物添加剂:分不溶性聚合物和水溶性聚合物两种;不溶性聚合物多为高吸水性树脂,这种材料吸水而不溶于水,可防止高水压地层的地下水喷出,增加止水性;水溶性聚合物类的添加剂可以把土层颗粒之间的自由水挤走,或在颗粒与水之间形成絮状凝聚物,使其发生黏结,减小内摩擦角,提高流动性。

(5)混合添加剂:混合添加剂是将单一添加剂混合使用于渣土改良中,使其优势互补。对于情况较特殊的复杂地层,混合添加剂可以更有针对性的使渣土达到较理想状态。常见的混合添加剂有膨润土+泡沫组合,高分子聚合物+泡沫组合等。

2)卵石地层渣土改良材料选择

卵石地层摩阻力大、流塑性差、磨蚀性强,可采用膨润土与泡沫的复合改良材料,以增加渣土的和易性与流动性,减小刀盘和螺旋输送机的扭矩,防止黏附。如遇到富水卵石地层时,不仅需要增强和易性、流动性和降低摩阻力,还需防止喷涌,通常选用高分子聚合物与泡沫的复合改良材料,以达到增加渣土黏性,降低渗透性,防止螺旋输送机喷涌、减小刀具磨损、利于排出的目的。不同地层渣土改良方法见表3-2。

不同地层中渣土改良方法 表3-2

地质情况	目的	渣土改良方法
软土地层	稳定开挖面,防止刀盘产生泥饼,降低刀盘扭矩	泡沫
卵石地层	降低对刀具的磨损以及减小刀盘扭矩、保持舱内压力平衡,稳定开挖面,控制地表沉降、防止喷涌、预防结"泥饼"	(1)泡沫润滑砂土,减小砂土的摩擦角;(2)膨润土或高分子材料降低流动性,稳定掌子面;(3)膨润土泥浆或高分子聚合物防止喷涌;(4)利用泡沫,分散剂来分解泥饼
硬岩地层	降低刀盘刀具和螺旋输送机的磨损,防止涌水,降低刀盘温度	泡沫,并视渣土情况可加少量或不加水
富水地层	防止涌水、喷涌、降低刀盘扭矩	一般注入膨润土泥浆,也可以向渣土中添加高分子聚合物

渣土改良方法中针对卵石地层主要采用泡沫和膨润土两种改良材料,具体如下:

(1)可向刀盘面和土舱内注入泡沫,利用泡沫预防结"泥饼",降低对刀具的磨损以及减小刀盘扭矩,使之不能形成大块土体堵塞仓门,在泥饼形成时可添加分散剂来分解泥饼;

(2)可利用膨润土预防喷涌的发生,若在掘进过程中发生喷涌,应立即采用高分子材料迅速吸收土层中的水分,稳定掌子面,达到有效建立土压平衡的目的。

3.2.3　渣土改良试验

本试验内容主要包括:添加剂性能试验、坍落度试验和盾构螺机出渣试验。进行添加剂性能试验目的是选用盾构施工常用的添加剂(泡沫,膨润土,聚合物等),评价其性能指标,为下一步乌鲁木齐轨道交通 1 号线土建 16 标段土压平衡盾构机渣土改良试验的添加剂的选择和使用提供参考。并且使用不同添加剂对渣土进行改良,并通过一系列渣土改良试验(坍落度试验、盾构螺机出渣试验)评价、研究经添加剂改良后的渣土性能,以优化添加剂配比方案(图 3-1)。

图 3-1　渣土运输

3.3　泡沫性能试验及渣土改良试验

泡沫在盾构施工中的应用是通过无数个小气泡组成的泡沫来实现的,泡沫添加到渣土里面,能有效地改善渣土的流动性能,降低渣土的渗透系数,渣土流塑性明显加强。

泡沫是典型的气液两相体系,90%以上的体积为空气,不足 10%的体积为发泡液,泡液中 95%以上是水,其余为发泡原液,发泡原液则多为各种表面活性剂的高浓度混合液。

3.3.1　泡沫表面张力测试

1)试验仪器

JYW-200B 自动界面张力仪(图 3-2)、纯净水、酒精灯(打火机),试验仪。

2)试验原理

表面张力一般指作用于液体表面使液体表面积缩小

图 3-2　JYW-200B 自动界面张力仪

的力,其是由于液体与气体接触的表面存在一个薄层表面层,表面层的分子间距比液体内部大一些,分子比液体内部稀疏,分子间相互作用表现为引力。表面张力仪就是测试液体表面张力的仪器,主要有铂金环法、铂金板法、悬滴法、气泡压力法等,本试验采用铂金环法。

铂金环法是一种传统的测试方法,用直径0.37mm的铂金丝做成60mm的环,测试时将铂金环浸入液面3~5mm,然后慢慢将铂金环向上提,此时会形成一个膜。膜对铂金环会有一个向下的拉力,测量整个铂金环上提过程中环所作用的最大力值,乘以液体的校正因子,获得液体的实际表面张力。

3)试验步骤及数据

(1)自动界面张力仪调整为水平,再将铂金环和玻璃杯清洗干净,铂金环的清洗非常重要,对测定影响较大。铂金环一定要经过酒精灯加热,去除表面杂质。

(2)按照仪器使用说明书,先将仪器进行零点标定,测试纯净水的表面张力验证仪器的准确性。

(3)铂金环、玻璃杯清洗干净,重复测试不同品牌泡沫原液的表面张力。

试验数据如表3-3所示。

泡沫原液及混合液表面张力测试　　　　表3-3

表面张力(mN/m) 泡沫品牌	原液比例	纯净水	第一次	第二次	第三次	平均值
泡沫一	100%	70.98	29.11	29.16	29.20	29.16
	3%	70.99	23.88	23.90	23.93	23.90
	4%	71.84	24.15	24.22	24.26	24.21
	5%	72.00	24.40	24.34	24.34	24.36
泡沫二	100%	71.72	29.96	30.22	30.09	30.09
	3%	71.87	29.88	29.92	29.97	29.92
	4%	71.70	30.43	30.33	30.38	30.38
	5%	71.63	30.43	30.56	30.65	30.55
泡沫三	100%	71.51	29.34	29.96	29.91	29.74
	3%	71.55	25.58	25.65	25.71	25.65
	4%	71.79	26.87	26.92	26.05	26.61
	5%	71.83	27.14	27.24	27.27	27.22

4)试验结论

从试验数据看,泡沫一和泡沫三表面张力相当,用含泡沫原液3%的水溶液测试,泡沫一溶液是23.91mN/m,泡沫三溶液是25.64mN/m,泡沫二溶液是29.92mN/m。液体表面张力越低,形成的泡沫越稳定。

3.3.2 泡沫原液起泡性能测试

1) 试验仪器及原理

罗氏泡沫仪专用水浴锅、罗氏法泡沫测定仪器等,见图3-3。

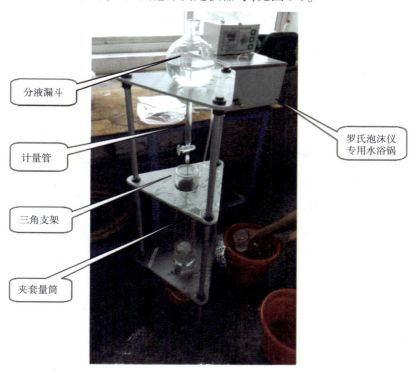

图3-3 罗氏泡沫仪

使500mL表面活性剂溶液从450mm高度流到相同溶液的液体表面之后测量得到的泡沫体积。产生泡沫的高度反映泡沫的起泡能力,不同时间不同高度则反映泡沫的稳定能力。测试结果见表3-4。

500mL 泡沫发泡高度(mm)数据记录 表3-4

	时间 t	0s	30s	3min	5min	7min
泡沫一	总高度(mm)	960	950	910	790	630
	原液高度(mm)	525	530	535	537	537
	泡沫高度(mm)	435	420	375	253	93
泡沫二	总高度(mm)	930	915	890	860	845
	原液高度(mm)	520	523	528	529	530
	泡沫高度(mm)	410	382	362	331	315
泡沫三	总高度(mm)	990	980	880	740	640
	原液高度(mm)	520	525	530	530	531
	泡沫高度(mm)	470	455	350	210	109

2)测试结果

可看出泡沫一原液和泡沫三原液发泡高度随时间变化规律大致相同,在 7min 左右泡沫高度都降至 100mm 左右,泡沫二高度在 7min 时为 315mm 相对较高。

3.3.3 泡沫半衰期和实际发泡效果测试

1)试验设备及原理

试验流体多功能试验台、半衰期试验装置如图 3-4 所示,通过将不同原液在室内通过发泡装置生成泡沫,然后采用半衰期试验装置(图 3-5)测量泡沫的半衰期和发泡倍率,半衰期长、发泡倍率大的泡沫原液的稳定性较好。

图 3-4　流体多功能试验台　　　　　　　图 3-5　半衰期试验装置

2)试验步骤

(1)打开空气管路,关闭气体开关和发泡液容器的出口开关,按照发泡溶液浓度称取一定的水和发泡原液,将水和发泡原液注入容器内并搅拌均匀;

(2)打开出口开关和液体开关,启动螺杆泵;

(3)待空气压缩机储气罐中气体达到 8bar 时,打开气体开关,在半自动模式下使得气体流量和压强为设定值,收集生产的泡沫;

(4)将衰落筒内壁用水湿润,然后放到电子天平上,置零;

(5)将生产出来的泡沫注入衰落筒,注满后开动秒表,关闭泡沫系统开关;

(6)将装满泡沫的衰落筒放在电子天平上,读取泡沫的质量,计算泡沫的发泡倍率;

(7)把衰落筒迅速放到三角架上,然后把量筒放到三角架下方的电子天平上,置零,使衰落筒液体流出口对准量筒的中心;

(8)记录量筒内液体每增加 5g 时所用的时间,直至量筒内液体接近泡沫质量为止,整理数据求得泡沫的半衰期 $t_1/2$ 或 1/4 衰落期 $t_1/4$;

(9)清洗衰落筒,以备下次试验;

(10)进行三次平行试验,取泡沫发泡倍率和半衰期 1/4 衰落期的平均值作为最终试验值。

3)实验结果分析

泡沫稳定性测试试验结果见表 3-5。

总体来说,泡沫一和泡沫三原液泡沫相对比较细腻、黏性较大;泡沫三泡沫体积偏大,黏性相对较小。在相同的情况下,泡沫三发泡倍率偏低,也就是说相同溶液产生的泡沫体积偏小。

泡沫稳定性实验数据　　　　　　　　　表 3-5

	序号	一组			二组			三组		
	生产厂家	泡沫二			泡沫二			泡沫三		
	原液百分含量	1%			1%			1%		
	空气量(L/min)	195			195			195		
	混合液量(L/min)	5			5			5		
原液百分含量1%	发泡倍率	8.79	9.6	9.47	10.5	10.7	9.5	9.68	9.32	10.1
	1/4衰期时间	4:11	3:50	3:54	4:23	4:14	4:11	4:16	3:52	4:03
	半衰期时间	6:53	6:05	6:11	6:21	6:15	6:12	6:26	6:13	6:17
	半衰期(平均值)	6:23			6:16			6:18		
	发泡倍率(平均值)	9.28			10.23			9.7		
	垂直附着厚度(mm)	30			28			30		
原液百分含量2%	发泡倍率	24.3	16.1	13.3	12.8	14.6	13.9	15.9	16.3	16.8
	1/4衰期时间	5:52	4:54	4:15	4:28	4:25	4:26	5:06	4:56	5:02
	半衰期时间	8:44	7:09	6:20	6:34	6:37	6:35	6:56	7:08	7:03
	半衰期(平均值)	7:24			6:35			7:02		
	发泡倍率(平均值)	18.1			13.8			16		
	垂直附着厚度(mm)	42			35			38		
原液百分含量3%	发泡倍率	0.1	21.9	22.7	15.6	14.7	14.2	18.7	18.8	19.6
	1/4衰期时间	5:37	5:30	5:44	5:40	5:00	4:50	4:48	5:19	5:40
	半衰期时间	8:29	8:06	8:46	7:56	7:07	7:23	7:52	8:03	8:08
	半衰期(平均值)	8:27			7:28			8:01		
	发泡倍率(平均值)	22.55			14.8			19.03		
	垂直附着厚度(mm)	28.16			21.6			49		
原液百分含量4%	发泡倍率	27	28	29.5	26.9	18.7	19.3	22.8	25.6	26.5
	1/4衰期时间	6:01	6:25	6:37	5:40	4:32	4:46	5:23	5:31	5:40
	半衰期时间	8:58	10:41	11:07	8:45	6:59	6:57	8:49	8:52	8:51
	半衰期(平均值)	10:15			7:34			8:51		
	发泡倍率(平均值)	28.16			21.6			24.9		
	垂直附着厚度(mm)	55			50			53		

3.3.4 渣土添加泡沫测试

1) 实验目的

通过添加不同的泡沫比例来测试渣土的流动性。目前使用较多的比较直观的就是使用坍落度筒测试渣土坍落度,广泛应用于现场盾构施工和试验室的渣土改良试验中,主要用于土体塑流性改良的初步评价。

2) 试验设备及试验步骤

坍落度是渣土和易性指标,渣土坍落度主要反映渣土的塑化性能和出渣性能,和易性是指渣土是否易于施工操作和均匀密实的性能,是一个很综合的性能,其中包含流动性、黏聚性和保水性。影响渣土坍落度的因素主要有级配、含水率、衡器称量偏差、外加剂用量等。

图 3-6 所示为坍落度示意图。

坍落度的测试方法:用一个上口 100mm、下口 200mm、高 300mm 喇叭状的坍落度筒,分三次填装灌入渣土,每次填装后用捣锤沿桶壁均匀由外向内击 25 下,捣实后抹平。然后拔起筒,渣土因自重产生塌落现象,用筒高(300mm)减去坍落后渣土最高点的高度,即为坍落度。如果差值为100mm,则坍落度为 100mm。

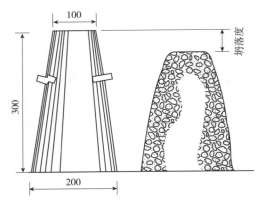

图 3-6 坍落度示意图(尺寸单位:mm)

(1)利用热重分析仪对渣土的含水率进行测试,热重分析仪如图 3-7 所示。

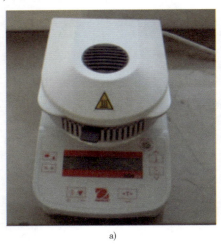
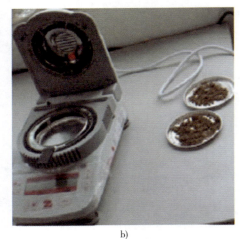

a)　　　　　　　　　　　　b)

图 3-7 热重分析仪

(2)量取一定量的土样,按照添加剂配比方案,量取添加剂加入土样,人工拌和均匀。

(3)用水湿润坍落度筒内壁,将筒放在已准备好的不吸水钢板上,用脚踩住脚踏板固定坍落度筒,坍落度筒如图 3-8 所示。

 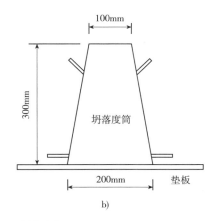

a) b)

图 3-8 坍落度筒

(4) 改良后的渣土分三次填装到坍落度筒中,每次填装后用捣锤沿筒壁均匀由外向内击 25 下,捣实后,抹平清除筒外渣土,保持坍落度筒静止 1min。

(5) 将坍落度筒徐徐垂直提起,轻放于试样旁边。坍落度筒的提离过程应在 5~10s 内完成。

(6) 用钢尺量出土样顶部中心与坍落度筒的高度之差,用捣棒轻轻敲打坍落的土体侧面测试其黏聚性,观察土样的析水情况。

(7) 至少做三次平行试验,取坍落度平均值即为最终试验值。

(8) 填写试验表格,对试验结果进行分析。

3) 泡沫坍落度实验数据整理

根据在前期测试乌鲁木齐轨道交通一号线宣仁墩站—大地窝堡站区间渣土的基本特性时,渣土含水率达到 14% 时,需要的改良材料相对较少。在做泡沫添加改良时把渣土的含水率调到 14%,再添加不同泡沫体积进行渣土改良测试,不同泡沫测试坍落度如表 3-6 所示。

坍 落 度 试 验 表　　　　　　表 3-6

添加泡沫比例(%)	坍落度 1(mm)	坍落度 2(mm)	坍落度 3(mm)	坍落度平均值(mm)
0	20	16	16	17
5	180	160	160	166
10	200	160	165	175
15	230	220	220	223
20	250	225	230	235

泡沫坍落度实验照片如图 3-9 所示。

4) 试验结果分析

由试验结果可得出:泡沫对渣土的流动性影响效果相对明显,添加 5% 泡沫后坍落度由 17mm 变为 166mm,此后再添加泡沫后坍落度的变化不是很明显。泡沫添加到 15% 时,坍落度达到 230mm 左右,渣土改良效果已经达到盾构出渣相对理想的效果。如图 3-10 所示为不同泡沫添加量对坍落度的影响曲线图。

a) 含水率14%，添加0%泡沫

b) 含水率14%，添加5%泡沫

c) 含水率14%，添加10%泡沫

d) 含水率14%，添加15%泡沫

e) 含水率14%，添加20%泡沫

图 3-9　不同泡沫添加量对坍落度的影响图

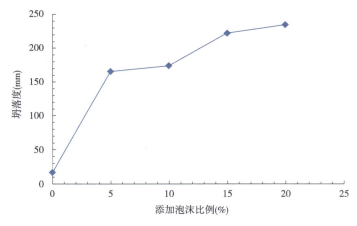

图 3-10　不同泡沫添加量对坍落度的影响曲线图

3.4　膨润土配方性能及渣土改良试验

3.4.1　试验仪器及试验步骤

泥浆制备装置(气吹搅拌方式)、1006型泥浆漏斗黏度计、NB-1型泥浆比重计、水桶、电子秤、磅秤(量程50kg,精度1g)、坍落度筒、钢板(尺寸为600mm×600mm左右,表面平整)、直尺(量程500mm,最小刻度1mm)、铁铲和抹刀等。如图3-11、图3-12所示分别为泥浆漏斗黏度计与泥浆比重计。

图 3-11　泥浆漏斗黏度计

图 3-12　泥浆比重计

具体试验步骤如下:

(1)仪器标定,测量泥浆黏度时,在使用前应对1006型泥浆漏斗黏度计进行标定。1006型泥浆漏斗黏度计是常用的一种测量泥浆黏度的仪器,由漏斗、量杯、滤网等组成,泥浆黏度由漏斗中流出500mmz泥浆所需的时间来表示。测量清水时,秒表所记录的时数如为15s则仪器标准;如秒表所记录的秒大于或小于15s时,则仪器不标准,如果仪器误差在±1s时,可以使用。

(2)按设定的泥浆浓度称取膨润土和水,放入泥浆桶内,开启空气阀进行搅拌30min左右直到搅拌均匀。为了更好地发挥膨润土泥浆功效,应养护24h后使用(膨润土投料应尽量小,以减少膨润土黏结成大颗粒)。

(3)先测试清水的漏斗黏度,用左手食指堵住泥浆黏度计漏斗管口,用量杯量取 700mL 清水倒入漏斗中。右手握秒表,在放开左手食指的同时按动秒表,使清水流入量杯 500mL 的一端,当清水流满时,立即停止秒表,并用食指堵住管口,读取秒表 t_w。然后用同样的方法测试泥浆的漏斗黏度,读取秒表 t_s。

(4)泥浆杯中注满清水,加盖后擦净溢出的水,将秤杆的刀口放在支架的刀口座里,将游码置于 1.0 处,通过增减平衡重容器内的钢珠调平泥浆比重计,使水准气泡处于正中。同样的方法向泥浆杯中注入泥浆,拨动游码,使秤杆水平(水准器气泡位于正中),记录游码在秤杆上所指的刻度值,此值即为泥浆的比重 Y_n。

一般研究认为,坍落度试验时土体坍落在 150~200mm 时可以认为满足塑性流动状态的要求。

3.4.2 膨润土性能试验

试验编号:信阳膨润土 S1、火焰山横向钻探 S2、哈密 OCMA 干法 S3、哈密 OCMA 湿法 S4、火焰山 S5、泡沫(Condat)为 S6。

实验通过测量 S1-钠基膨润土的比重及漏斗黏度研究泥浆性能,信阳膨润土的试验结果见表 3-7,总体上 S1-钠基膨润土水化程度较好,能够形成稳定的泥浆,未形成较大的析层现象。S1-钠基膨润土不同配比的黏度与养护时间变化规律见图 3-13,当泥浆浓度不断增大时,泥浆的黏度不断上升;随着养护时间的增长,泥浆的黏度不断上升。由 24h 养护时间不同配比的黏度变化规律图 3-14 可见,泥浆配比在 1∶5 以下时黏度增长缓慢,而大于 1∶5 时黏度急剧增大,1∶5 为试验值突变法。从图 3-15 可知在泥浆配比低于 1∶6 时,泥浆比重缓慢线性增长,当配比大于 1∶6 时泥浆比重呈急剧线性增长。综上钠基膨润土表现出的性质,建议采用配比 1∶6 浓度进行膨润土改性。

S1-钠基膨润土 表 3-7

S1-钠基膨润土膨化试验							
水黏度 =(13.38+14.32+14.09)/3 = 13.93							
膨润土配比	pH	密度(g/cm³)	0h/s	4h/s	8h/s	20h/s	24h/s
1∶4	9	1.138	25.06	33.60	40.00	49.17	54.91
1∶5	9	1.190	20.02	21.96	23.23	24.55	25.78
1∶6	8.5	1.100	19.20	20.08	20.89	21.59	22.74
1∶6.5	8.5	1.090	18.22	18.75	19.58	19.94	20.47
1∶7	8	1.085	18.26	18.38	19.21	19.45	19.81
1∶7.5	8	1.075	17.03	17.77	18.14	18.55	17.52
1∶8	8	1.069	17.09	17.33	18.02	18.18	18.74

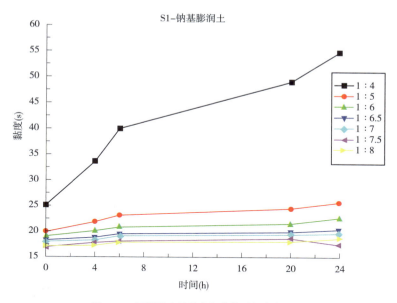

图 3-13　不同配比的黏度与养护时间变化规律

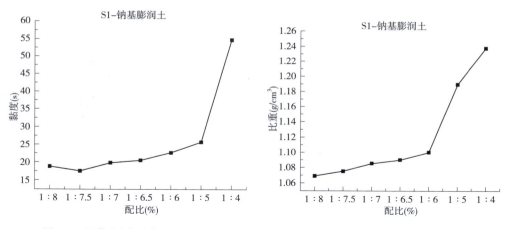

图 3-14　泥浆黏度与浓度的变化规律　　　　图 3-15　泥浆比重与浓度的变化规律

纯碱即碳酸钠(Na_2CO_3)在水中容易电离和水解,在配置时加入适量的纯碱可有效改善黏土的水化分散能力,可使泥浆失水下降,黏度、切力增大。由图 3-16 可知,根据泥浆黏度变化规律,建议可采用 0.6% 含量的纯碱进行泥浆失水性能的改黏性。

CMC 全名称羧甲基纤维素,可增加泥浆黏性,使土层表面形成薄膜而防护孔壁剥落并有降低失水的作用。由图 3-17 可知,CMC 泥浆配置含量为 0.6% 和 0.8% 时,漏斗黏度分别为 52.80S 和 63.00S,随着 CMC 含量的增大,泥浆黏度几乎呈线性增长。CMC 的含量虽然相对较低,但其变化对泥浆漏斗黏度的影响却非常明显。

综上配比试验结果,此次渣土改良建议优先采用膨润土配比 1∶6,纯碱含量 0.6% 配比浆液,所以推荐 S1 样本配比为水∶膨润土∶(Na_2CO_3)∶CMC＝6∶1∶0.042∶0.056,其中物料的投放顺序建议水和纯碱先溶解后再放入 CMC 进入机械搅拌，搅拌至少 1h 之后，放入气吹搅拌桶内，打开气吹阀门，缓慢加入钠基膨润土，气吹搅拌时间 30min 即可，最后养护 24h 之后方可投入使用。

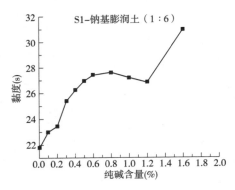

图 3-16　泥浆黏度与纯碱浓度的变化规律

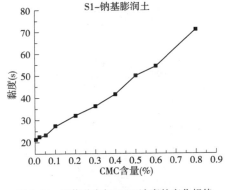

图 3-17　泥浆黏度与 CMC 浓度的变化规律

火焰山横向钻探 S2、哈密 OCMA 干法 S3、哈密 OCMA 湿法 S4 这三种膨润土试验时仍按照上述的原理查找其最优配比，结果为：火焰山横向钻探 S2 的配比为 1∶10，漏斗黏度 64.36S；哈密 OCMA 干法 S3 的配比为 1∶15，漏斗黏度 65.08S；哈密 OCMA 湿法 S4 配比为 1∶16.3；火焰山 S5 样品水化程度差，难以形成稳定的泥浆，出现层析现象，如图 3-18 所示。

表 3-8 为试验结果统计表。

图 3-18　S1（左侧）和 S5 样品制浆情况

各类膨润土最佳配比试验　　　　　　表 3-8

序号	名　　称	配比（膨润土∶水）	漏斗黏度（S）
1	信阳膨润土 S1	1∶6	63.00
2	火焰山横向钻探 S2	1∶10	64.36
3	哈密 OCMA 干法 S3	1∶15	65.08
4	哈密 OCMA 湿法 S4	1∶16.3	63.40
5	火焰山 S5	无	无

3.4.3　膨润土改良试验结果及分析

为了全面研究渣土在不同添加剂改良下的流动性和黏聚性，分别使用水、泡沫、不同品种膨润土和泡沫混合添加剂对渣土改良，每组坍落度试验至少做三组平行试验，并取得稳定的试验结果为止，坍落度试验结果如表 3-9 所示。

不同改良剂的坍落度试验 表 3-9

试验品牌:泡沫—原液浓度:3%,发泡倍率:20,泥浆配比:表 4-2 配比

编号	天然含水率(%)	加水量(%)	泡沫注入(%)	泥浆注入(%)	坍落平均值(mm)	
S2膨润土改良	2.3	0	0	0	150	土体松软无黏结性和流动性
	2.3	0	0	4	135	土体松软无黏结性和流动性
	2.3	0	0	8	5	土体开始黏结无流动性
	2.3	0	0	12	4	土体内黏聚力增大无明显流动性
	2.3	0	0	16	10	
	2.3	0	0	20	46	开始有明显流动性
	2.3	0	0	24	144	流动性增加达到渣土改良效果
	2.3	3.7	0	24	220	流动性增强,黏聚力较差
	2.3	4.7	0	24	255	流动性增强,黏聚力较差,膨润土未离析
加水试验	2	3	0	0	65	
	2	6	0	0	0	
	2	8	0	0	0	
	2	10	0	0	0	
	2	12	0	0	0	
	2	14	0	0	7	
	2	16	0	0	19	开始黏结
	2	18	0	0	65	
	2	20	0	0	165	开始有水析出
	2	22	0	0	211	
	2	24	0	0	235	
S2膨润土改良	2	12	0	0	5	敲击11下松散
	2	12	0	4	18	敲击20下松散
	2	12	0	6	44	敲击19下松散,有少量水析出
	2	12	0	8	75	不松散
	2	12	0	10	158	
	2	12	0	12	174	
	2	12	0	14	217	

续上表

编号	天然含水率(%)	加水量(%)	泡沫注入(%)	泥浆注入(%)	坍落平均值(mm)	
试验品牌:泡沫—原液浓度:3%,发泡倍率:20,泥浆配比:表4-2配比						
S1膨润土改良	3.6	10.4	0	2	28	
	3.6	10.4	0	4	48	
	3.6	10.4	0	6	141	开始有水析出
	3.6	10.4	0	8	215	
	3.6	10.4	0	10	240	
S3膨润土改多加水	3	11	0	4	19	
	3	11	0	6	39	
	3	11	0	8	74	
	3	11	0	10	119	开始有少量水析出
	3	11	0	12	162	
	3	11	0	14	198	
	3	11	0	16	235	
S3膨润土改良	3.7	10.3	0	0	10	土体松散
	3.7	10.3	0	6	125	土体黏结,有流塑性
	3.7	10.3	5	6	205	土体流塑性良好
	3.7	10.3	6	6	210	土体流塑性良好,增大不是很好,采用衰落后泡沫
S3膨润土改良	4.6	3.4	0	0	3	轻拍松散
	4.6	3.4	0	6	5	呈现一定黏结性
	4.6	3.4	0	8	20	黏结性较好
	4.6	3.4	5	8	150	流塑性显著增强
	4.6	3.4	5	10	195	

火焰山横向钻探改良膨润土试验过程见图3-19,在样品为天然含量时,土体松散,颗粒之间黏聚效果差;膨润土含量到8%时,颗粒间开始出现的黏附性效果,轻拍散落不成团;膨润土含量从8%~16%时,土体坍落度变化不大,轻拍后土体散落成团,细小颗粒之间黏聚力加大;在16%含量时,改良渣土表面开始有少量水附着,较少的细颗粒黏附在上面,具有一定的塑性变形能力;随着膨润土含量的增大,渣土的流动性增强;当加到24%左右时,黏聚效果较好但流动一般。对于卵石地层来说,只添加膨润土不能取得较好的流动效果,需要添加其他的添加剂增大土样的流动性。因此后续添加了5%左右的水,改良渣土的流动性加强,但黏聚效果较差,甚至在含水率高时,细小的颗粒逐渐析出而无法较好包裹。可见单一的膨润土改良剂无法满足卵石地层改良需要,而且注入率很大,改良渣土的流塑性应该采用综合改良手段,因此需要先研究水对渣土改良的效果。

a) 土样天然含水率2.3%

b) 土样天然含水率2.3%+6%S2泥浆

c) 土样天然含水率2.3%+8%S2泥浆

d) 土样天然含水率2.3%+10%S2泥浆

e) 土样天然含水率2.3%+12%S2泥浆

f) 土样天然含水率2.3%+20%S2泥浆

图 3-19

g) 土样天然含水率2.3%+24%S2
泥浆

h) 土样天然含水率2.3%+24%S2
泥浆+5%水

i) 土样天然含水率2.3%+24%S2
泥浆+7%水

图 3-19 火焰山横向钻探改良膨润土试验

图 3-20 为改良渣土不同加水量的土样坍落度曲线图,不同加水量渣土改良实验状态见图 3-21,在样品为天然含量时,土体松散,颗粒之间无黏聚力;当加水量从 0% 增加到 3% 时,坍落度从 150mm 减少到 65mm,试验后土样自然坍塌呈散粒状,无黏附性;加水量增加到 6% 时,坍落度急剧减少到零,轻拍坍塌;土样加水量从 6% 到 12% 过程中,坍落度始终为零;加水量接近 12% 时,土样开始具有一定的塑性变形能力,土样表面有较少细颗粒黏附;加水量大于 12% 后,坍落度开始迅速增大;加水量为 16% 时,坍落度达到 19mm 左

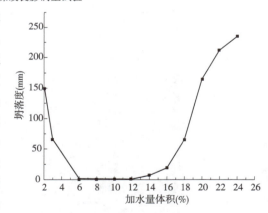

图 3-20 不同加水量的土样坍落度曲线图

右,土样中有少量水分,黏聚性较强。随着含水率增加,土样水分流动性较好;加水量到 24% 时,坍落度达到 235mm,坍落成伞状,砾石部分离析。虽然对于该地层来说,只添加水不能取得较好的改良效果,还需要添加其他添加剂减少土样的流动性,增加其黏聚性,但综上改良效果,针对该无水砂卵石地层可选择只进行含水率 8% 和 14% 恢复含水率进行渣土性能改良测试。

a) 天然含水率2%+3%水

b) 天然含水率2%+6%水

c) 天然含水率2%+8%水

d) 天然含水率2%+10%水

e) 天然含水率2%+12%水

f) 天然含水率2%+14%水

图 3-21

g)天然含水率2%+16%水

h)天然含水率2%+18%水

i)天然含水率2%+20%水

j)天然含水率2%+22%水

k)天然含水率2%+24%水

图 3-21 不同加水量的土样坍落度图片

图 3-22 为加水量 14%时横向钻探改良膨润土试验过程,从试验数据可以看出,一定量的加水量可以减少膨润土的注入量,最终坍落度达到参考值时,砾石并未析出,呈现较好的包裹效果。

a) 天然含水率2%+12%水

b) 天然含水率2%+12%水+4%S2泥浆

c) 天然含水率2%+12%水

d) 天然含水率2%+12%水+8%S2泥浆

e) 天然含水率2%+12%水+10%S2泥浆

f) 天然含水率2%+12%水+12%S2泥浆

g) 天然含水率2%+12%水+14%S2泥浆

图 3-22　加水量 14%时横向钻探改良膨润土的试验图片

图 3-23 为加水量 14%时信阳改性膨润土改良试验过程,从试验数据可以看出,一定的加水量可以减少膨润土的注入量即可使坍落度达到参考值。

a)天然含水率3.6%+10.4%水+0%S1泥浆

b)天然含水率3.6%+10.4%水+2%S1泥浆

c)天然含水率3.6%+10.4%水+4%S1泥浆

d)天然含水率3.6%+10.4%水+6%S1泥浆

e)天然含水率3.6%+10.4%水+8%S1泥浆

f)天然含水率3.6%+10.4%水+10%S1泥浆

图 3-23　加水量 14%时信阳改性膨润土改良的试验照片

图 3-24 是加水量 14%时,哈密 OCMA 干法膨润土改良的试验照片。从图中可以看出当哈密 OCMA 干法改良达到坍落度参考值时,渣土呈现更均匀。

a)天然含水率3%+11%水+4%S3泥浆

b)天然含水率3%+11%水+6%S3泥浆

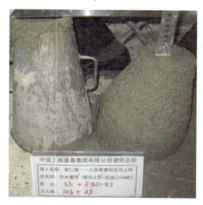
c)天然含水率3%+11%水+8%S3泥浆

d)天然含水率3%+11%水+10%S3泥浆

e)天然含水率3%+11%水+12%S3泥浆

f)天然含水率3%+11%水+14%S3泥浆

图 3-24

g) 天然含水率3%+11%水+16%S3泥浆

图 3-24　加水量 14%时哈密 OCMA 干法膨润土改良的试验照片

从试验数据及图 3-25 可以看出,在黏度等级相近的情况下,悬浮液中膨润土含量大时并不能够加强渣土的黏聚性,相反在含水率较大的 S2 和 S3 悬浮液呈现出了更好的黏聚性。而 S3 在相对含水率大时,由于水对土体细颗粒的作用,S3 流塑性相对较好,水含量的增多并未造成砾石的分离,哈密 OCMA 膨润土通过改性之后,效果较好。当然三种改良膨润土并不能够让土体分散均匀,为此后续通过添加泡沫来改善渣土的流塑性。

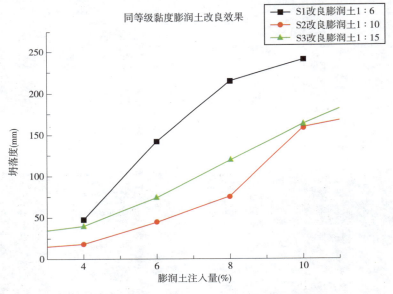

图 3-25　同等级黏度相同加水量不同膨润土改良土样坍落度试验

综上改良效果,针对该无水砂卵石地层进行含水率 8%和 14%两种方式恢复含水率进行哈密 OCMA 膨润+泡沫来改良土渣土。加水量 8%和 14%时,哈密 OCMA 干法膨润土和泡沫改良的试验过程见图 3-26。试验渣土对泡沫改良较敏感,5%的注入量即可急剧加大坍落度,但是随着注入量增大一倍,坍落度没有较大增大,但改良渣土表面颗粒更加均匀分散。现场试验时一次采用了衰落后的泡沫,增大注入率并没有取得较好效果,因此泡沫的稳定性对渣土的改良至关重要。现场14%的加水含量明显表现出细颗粒的不足,改良之后的渣土表面显现局部凸起。因此建议在水砂卵石地层进行渣土改良时,需要事先测量渣土含水率,恢复含水率到8%左右,添加8%~10%的哈密OCMA干法或湿法膨润土。在改良流动性方面,需要添加10%左右的泡沫来改善渣土的流动特性。由于盾构机设计,刀盘加水的分布只能在中心区域分散,无法较好的注入刀盘面板,因此考虑将水直接加入膨润土悬浮液内,比对改良效果情况。

a)天然含水率3.7%+10.3%水+0%S3泥浆

b)天然含水率3.7%+10.3%水+6%S3泥浆

c)天然含水率3.7%+10.3%水+5%S3泥浆

d)天然含水率3.7%+10.3%水+7%S3泥浆

e)天然含水率4.6%+3.4%水+6%S3泥浆

f)天然含水率4.6%+3.4%水+8%S3泥浆

图 3-26

g) 天然含水率4.6%+3.4%水+5%S3泥浆　　h) 天然含水率4.6%+3.4%水+7%S3泥浆

i) 天然含水率4.6%+3.4%水+10%S3泥浆

图3-26　加水量8%和14%时哈密OCMA干法膨润土和泡沫改良的试验照片

　　以下是哈密OCMA干法膨润土1∶15及哈密OCMA干法膨润土1∶30改良的试验照片(图3-27)。从实验的结果可以看出,哈密OCMA干法膨润土悬浮液1∶15比哈密OCMA干法膨润土悬浮液1∶30泥浆胶体率更大,失水量更小。在坍落度试验方面,通过添加同等质量的膨润土和水,采用两种添加方式:一种先配置1∶15悬浮液,即先往渣土添加8%注入率后添加7.5%的水进行改良;另一种方式直接配置1∶30悬浮液直接添加16%的注入率。从坍落度值及轻拍坍塌试验可以看出,两种方式改良渣土在坍落度值上相差不大。后续继续加大注入率,坍落度和轻拍试验也相差很小。因此在哈密OCMA干法膨润土悬浮液制浆过程中,只要膨润土不出现过大的离析,可以考虑将水考虑在内配置低浓度和低黏度的膨润土悬浮液。因此各类膨润土最佳配比试验可以通过含水率测试后,进行适当调整配比。

　　综合前述试验得出:渣土含水率调整到14%;膨润土添加8～10%(黏度65s左右,火焰山横向钻探S2的配比为1∶10,漏斗黏度64.36s、哈密OCMA干法S3的配比为1∶15,漏斗黏度65.08s,哈密OCMA湿法S4配比为1∶16.3,漏斗黏度63.40s);泡沫添加8%～10%(原液比例3%),改良后的渣土坍落度能达到200mm左右,盾构施工效果较好。

a) 天然含水率0.5%+1:30+16%S3泥浆与天然含水率0.5%+7.5%水+1:15+8%S3泥浆对比

b) 天然含水率0.5%+9.4%水+1:15+12%S3泥浆与天然含水率0.5%+1:30+20%S3泥浆对比

图 3-27　哈密 OCMA 干法膨润土 1∶15 及哈密 OCMA 干法膨润土 1∶30 改良的试验照片

3.5　本章小结

（1）建议使用混合改良方案：通过添加水、膨润土、泡沫进行渣土改良。

（2）建议添加比例：渣土含水率调整到 14%；膨润土添加 8%~10%（黏度 65s 左右，火焰山横向钻探 S2 的配比为 1∶10，漏斗黏度 64.36s、哈密 OCMA 干法 S3 的配比为 1.15，漏斗黏度 65.08s，哈密 OCMA 湿法 S4 配比为 1∶16.3，漏斗黏度 63.40s）；泡沫添加 8%~10%（原液比例 3%）。

（3）考虑到加水可能不太均匀，建议降低膨润土的黏度，增加膨润土的用量，这样既保证加水量，同时可提高搅拌的均匀性，但是要保证膨润土能够成浆。

（4）改良剂的配比均为质量比例，渣土单面的添加量为体积比；由于实验室的环境和现场的环境存在差异，以上试验结果仍需根据现场出渣情况进行调整。

第4章
盾构掘进机推进姿态控制

盾构掘进过程中,盾构行进轨迹与隧道设计轴线的位置偏差将直接影响到隧道的施工质量,盾构姿态偏离问题一直是困扰盾构施工的众多难题之一,加强盾构推进过程中姿态的控制对于保证施工质量、保证衬砌结构安全和降低后续费用具有重要意义。而对施工过程中盾构机的姿态进行测量和控制则是确保盾构按设计轴线掘进的关键,尤其是在乌鲁木齐地区广泛分布的砂卵石地层,由于地层的不稳定性、壳外围土压力的不均衡性、卵石地层变化等因素使得掌子面上推进压力不均匀,极容易造成盾构姿态偏离设计轴线,盾构姿态位置的控制,是减小地面沉降和围岩变形以及改善衬砌结构受力的关键。

4.1 盾构姿态控制的原则

4.1.1 乌鲁木齐市轨道交通盾构姿态控制难点

1)线路基本情况

乌鲁木齐市轨道交通1号线工程土建施工16标段为新疆轨道交通建设史上的第一条盾构掘进标段。项目起止里程为YCK22+465.5~YCK26+391.8,全长3.916 3km,工程包括一站两区间,即宜仁墩站—大地窝堡站区间、大地窝堡站、大地窝堡站—国际机场站区间,如图4-1所示。

图4-1 1号线工程土建施工16标段施工平面

2)线路曲率与上下坡

在平面上,宣大区间起止里程为YCK22+465.494~YCK25+118.563,单线2 653.069m。左线出宣仁墩站后沿城北主干道南侧绿化带向西,分别经一组$R=800m$的圆曲线、两组$R=1 000m$的圆曲线、一组$R=1 500m$的圆曲线、一组$R=1 000m$的圆曲线后到迎宾北路,最后直线进入大地窝堡站;宣大区间右线全长2653.2m,右线出宣仁墩站后沿城北主干道南侧绿化带向西,分别经一组$R=800m$的圆曲线、经一组$R=3 000m$的圆曲线、经一组$R=1 000m$的圆曲线后到迎宾北路,最后直线进入大地窝堡站。在纵断面上,宣大区间左线由东向西分别通过2‰下坡(44.925m)、28‰下坡(280m)、3.4‰下坡(1 270m)、7.765‰上坡(616.372m)、25‰上坡(400m)、2‰下坡(52.307m)进入大地窝堡站;区间右线由东向西分别通过2‰下坡(44.925m)、28‰下坡(280m)、经3.4‰下坡(1 270m)、7.72‰上坡(620m)、25‰上坡(400m)、2‰下坡(52.307m)进入大地窝堡站。

大地窝堡站—国际机场站区间经大地窝堡站出站后,沿迎宾北路、迎宾路进入机场站,一号线大国区间设计起讫里程为Y(Z)JDK4+657.106~Y(Z)JDK6+475.926,管片环数1737环。右线长1 818.820m,左线长1 839.574(含长链20.754m),线间距为5~13m,左右线各设2组400m的转弯半径。在纵断面上,区间右线先后经过2‰下坡(42.894m)、28‰下坡(370m)、5.4‰下坡(730m)、28‰下坡(250m)、6.534‰下坡(330m)、0‰平坡进入国际机场站;区间左线由大地窝堡站经过2‰下坡(42.894m)、28‰下坡(370m)、5.4‰下坡(730m)、28‰下坡(250m)、6.147‰下坡(350.754m)、0‰平坡进入国际机场站,隧道拱顶覆土范围在11.6~24m。

3)盾构姿态控制难点

乌鲁木齐市轨道交通1号线16标段掘进施工线路多样,有直线段、曲线段、上坡段和下坡段,而且曲线和上下坡段里程较长。曲线段的曲率半径为400~3 000m,高程起伏不定,上下坡段坡率为0‰~28‰。这给首次采用盾构掘进技术施工的乌鲁木齐市轨道交通带来了诸多姿态控制难题,尤其是在大国区间隧道的右转弯和大角度下坡段,右转弯最小半径为400m,最大下坡角为28‰。在这种情况下,盾构机容易出现低头现象,且盾构机水平姿态会偏于隧道轴线左侧,此时,盾构姿态控制对于工程治理的保证显得尤为重要。本章结合该标段的工程实践,研究乌鲁木齐市无水砂卵石地层中盾构掘进机推进姿态控制技术理论。

4.1.2 盾构姿态控制的要求和原则

1)盾构姿态控制参数

盾构姿态是在盾构法隧道的施工过程中,为满足盾构机掘进的施工需要,采用自动测量系统或人工测量系统测量并计算所得到的盾构机主机偏离设计轴线的状态。在掘进过程中,盾构姿态控制包括盾构机体前进行程控制以及盾构机体在各个方向上的滚转控制,具体而言就是控制盾构水平偏差(左右摇摆)、垂直偏差(上下摇摆)和旋转角(盾体扭转),如图4-2所示。

如图4-2所示的盾构姿态参数中,俯仰角为盾构机轴线与水平面之间的夹角,它表征盾构机在竖直面上所处的坡

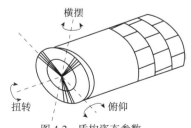

图4-2 盾构姿态参数

度,主要影响隧道线路的掘进坡度,反映盾构机轴线与设计线路方向的相对偏差。盾构抬头时俯仰角为正,反之为负。

横摆角为盾构机轴线在水平面内与设计轴线切线方向的夹角,它表征盾构机在水平方向的方位,主要影响隧道在水平方向的转变方向,反映盾构机是否蛇形前进。沿盾构掘进方向盾构机轴线向右偏转时,横摆角为正,反之为负。

滚动角为盾构机绕自身轴线旋转的角度。主要是由于刀盘长时间朝同一方向旋转所致,推进千斤顶的不平衡推力也会导致盾构机绕自身轴线旋转。沿前进方向当盾构机绕自轴线顺时针旋转时,扭转角为正,反之为负。

2)盾构姿态控制要求

在乌鲁木齐市无水砂卵石地层中,由于盾壳外围土压力和盾构开挖面的土压力的不均衡性、无水砂卵石地层的变化(上硬下软或上软下硬地层)以及地层异常现象(大漂石)等其他方面的影响,盾构姿态参数在掘进过程中将发生实时变化,因此,盾构机的实际推进轴线将无法与设计轴线保持一致。事实上,盾构姿态的控制质量直接影响到隧道中心相对于设计轴线的偏差量和管片的拼装质量,在实际掘进过程中,若盾构姿态控制不好,容易导致盾构隧道蛇形,造成隧道实际轴线与设计轴线偏差过大甚至侵限,较大时还将出现盾尾间隙过小,盾尾碰、刮现象,盾尾刷的永久变形,从而导致管片错台或开裂,严重的偏差将会使盾构隧道废弃,重新开挖建设,不但延误施工工期而且还会带来巨大的经济损失。因此,为了防止盾构施工质量事故产生的负面经济效益,需要在盾构掘进过程中严格对盾构姿态进行控制。

为控制盾构隧道的掘进施工质量,结合乌鲁木齐市轨道交通1号线16标段实际情况对姿态盾构的姿态控制提出如下要求:

(1)根据盾构法隧道式与验收规范,轨道交通隧道轴线平面位置最大允许偏差为±100mm,高程位置最大允许偏差为±100mm。为提高盾构施工质量和乌鲁木齐市后续轨道交通施工积累丰富经验,从严制定乌鲁木齐市盾构姿态控制标准,直线段和半径不小于500m的曲线段轨道交通隧道轴线平面控制标准:平面±50mm,高程±20mm,未侵入界限;在半径小于500m的曲线段轨道交通隧道轴线平面控制标准:平面±80mm,高程±25mm,未侵入界限。

(2)盾构姿态偏离设计轴线较大时,水平纠偏和俯仰角的调整力度要控制在5mm/m,不得猛纠猛调。

(3)为防止盾构滚动角数值偏大,造成盾构姿态控制不易,影响盾构推进施工、管片的拼装姿态和拼装质量,盾构的滚动角应控制在±8mm/m以内。

(4)盾构姿态调整过程中,不得快速纠偏和快速掘进,应控制好掘进速度。

(5)盾构掘进过程中蛇形行进时,要及时控制盾构的横摆角。如果盾构水平向左偏,则需要提高左侧顶推油缸分区的推力进行纠偏,其他情况则按此规律实施纠偏掘进。

(6)盾构在线路纵坡上掘进时,根据里程的高程,需要及时控制盾构的俯仰角,保证盾构按照设计轴线进行掘进。

(7)由于管片质量与施工质量直接影响盾构姿态的控制,因此,结合《盾构法隧道施工与验收规范》(GB 50446—2017)和轨道交通隧道工程施工质量验收技术导则(暂行版),制定管片施工质量的控制标准,见表4-1。

管片施工质量的控制标准 表 4-1

	施工质量验收标准的规定	
1	管片拼装	符合设计要求,无推顶贯穿裂缝和大于 0.2mm 宽的裂缝及混凝土剥落现象
2	连接螺栓	质量和拧紧度符合设计要求,全部穿进
3	管片衬砌环	中线平面和高程偏差:直线段和半径不小于 500m 的曲线段±50mm,半径小于 500m 的曲线段±80mm
		错台:每环相邻管片 5mm,纵向相邻环管片 5mm
		直径椭圆度<5‰D
		表面无缺棱、掉角,无贯穿和宽于 0.2mm 裂缝,无剥落

3) 盾构姿态控制原则

乌鲁木齐市轨道交通掘进施工采用的是中铁装备集团的 CREC205 和 CREC206 盾构机,该盾构机自带导向系统,在掘进过程中,盾构机操作人员根据激光自动导向系统在电脑屏幕上显示的数据,通过合理选择各分区千斤顶及刀盘转向等来调整盾构机上的滚动角、前进方向的俯仰角和横摆角。

然而,盾构在掘进过程中很难达到盾构轴线与设计首先一致,因此盾构掘进是一个不断调整姿态、纠偏的过程。根据乌鲁木齐市轨道交通盾构掘进姿态控制的要求,提出盾构姿态控制的原则:以隧道设计轴线为标准,遵循"频纠偏、小纠偏、不超限"的原则,避免"急纠偏、大纠偏、屡超限",以控制掘进姿态参数的偏差在姿态控制要求允许范围内,保证轨道交通隧道的工程质量。

4.1.3 盾构姿态的影响因素

盾构姿态控制主要受现场地质条件、盾构机的施工操作和隧道轴线型等诸多方面原因的影响。结合乌鲁木齐市轨道交通 1 号线 16 标段盾构掘进施工的实践经验,具体而言,影响盾构水平偏差和垂直偏差的主要因素有如下方面:

1) 无水砂卵石地层影响

轨道交通掘进施工的地层为中密～密实无水砂卵石层,在掘进施工过程中,常遇到软硬不均地层,如上软下硬、上硬下软、左硬右软、左软右硬地层以及盾构穿越回填区地层(图 4-3)时,盾构机轴线往往会偏向较软的一侧土层。另外,无水砂卵石地层渣土的摩擦阻力大,刀盘受偏心力矩的影响较大,容易导致盾构姿态发生改变。

无水砂卵石地层造成盾构刀盘上的土压力大小分布不均、盾构外围的土体摩擦力和与盾尾管片之间的摩擦力都将随着地层密实度而改变,由此一来,刀盘上的土压力

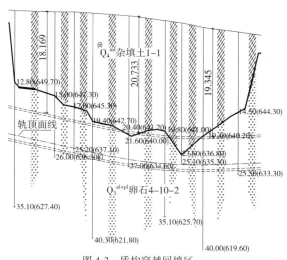

图 4-3 盾构穿越回填区

和各种摩擦力将会使得盾构推进系统中各区的千斤顶推力部分被抵消掉,造成各区千斤顶的实际推力大小不均(表4-2),使盾构机蛇形前进,偏离姿态的设计轴线。

千斤顶各区域的推力(作为例证)　　　　　表4-2

千斤顶作用区域	1区	2区	3区	4区
千斤顶设定推力(kN)	120	120	120	120
砂卵石对各区的阻力(kN)	20	35	40	32
实际推力大小(kN)	100	85	80	88

2)管片姿态影响

管片姿态是影响盾构姿态的重要因素,这是因为管片的拼装、成型都是在盾尾完成的,成型后的隧道影响盾尾的摆动,进而影响整个盾构机的姿态调整参数。拼装结束时如果管片椭圆度或平整度太差,则成型管片的姿态偏离设计轴线,若不及时对盾构走向纠偏的话,盾构机将越来越偏离隧道设计轴线。结合本工程,制定管片选型的基本原则为:

(1)管片选型要和隧道的设计线路轴线相一致。在隧道掘进之前,通常要根据线路线形,对管片拼装选型进行编排,设计出拼装点位图。再根据掘进过程中的实际情况,再优化管片选型,满足施工质量要求。

(2)管片选型要和盾构的姿态相一致。管片拼装是在盾尾内完成的,其拼装质量直接影响到盾构前行姿态,因此,须尽可能使管片环向平面垂直于盾构及设计的轴线,使盾构的顶推油缸垂直的作用在管片环面上,同时保持盾尾上、下、左、右4个方向的间隙应基本相同。这种情况下盾构掘进时管片的姿态最易控制,拼装的管片质量也最容易保证。

(3)主动适应盾构的千斤顶组的油缸行程,尽量减少千斤顶的行程差。隧道衬砌需要根据盾构行程差进行管片选型,当千斤顶顶推油缸行程差已达到通用楔形衬砌环最大行程差时,必须选择通用楔形衬砌环进行行程差调节,减少管片环面与千斤顶油缸接触面的折角,以便有利于下一环盾构推进及姿态的调整。否则,盾构千斤顶行程差越大,管片环面与顶推油缸接触面的折角越大,推力消耗就越大,纠偏就越困难,隧道就越容易侵限,同时接触面的折角越大,管片表面偏心受到的压力也越大,管片破坏的可能性就越大,成型隧道质量就更难保证。

基于以上因素和原则,1号线盾构左、右线分别采用单圆盾构隧道衬砌管片,隧道外径为ϕ6 200mm,内径5 500mm,环宽1 200mm。管片为钢筋混凝土结构,混凝土设计强度等级为C50,抗渗等级P12,采用错缝拼装,钢筋采用HPB300级、HRB400级钢材,盾构标准衬砌环(TR)由一个封顶块(KT),两个邻接块(B1T、B2T)和三个标准块(A1T、A2T、A3T)组成。为了满足曲线段施工要求,还专门设计了左转弯衬砌环(LR)、右转弯衬砌环(RR),转弯环为双面楔形环,每环超前量为25m。管片尺寸误差要求:宽度±1mm、弧弦长±1mm、厚度+3mm和厚度-1mm。

3)轨道交通线路走向影响

乌鲁木齐市轨道交通1号线16标段中,线路走向有直线段、曲线段。通常而言,盾构在直线段掘进时,一般发生蛇形行进,姿态控制相对容易。但是在曲线段掘进时,其姿态控制的难度要远远高于直线段的控制难度,尤其是小半径、大坡度的轨道交通线路掘进时,盾构姿态控制的难度较大。在大地窝堡—国际机场区间 YCK25+335.563~YCK25+910.000 处是一个小半径转弯线路,转弯半径 $R=400\text{m}$,线路坡度 28‰,如图 4-4 所示。小半径、大坡度的施工线路在一定程度上增加了施工难度,从而使盾构机在施工过程中容易出现偏差过大的现象。

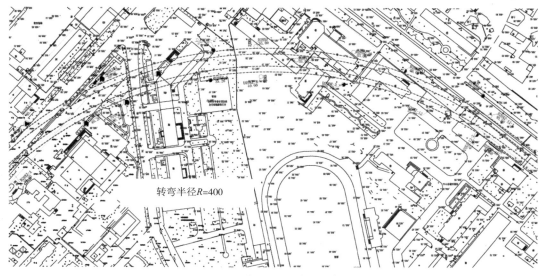

图 4-4 大国区间小半径线路

针对该处的盾构掘进纠偏,施工方严格控制盾构掘进参数,如渣土出量、正面土压平衡、降低掘进速度、推进油缸的伸缩长度与油压等,使掘进轨迹符合设计线路的曲线参数要求。

4) 盾构掘进机操作手的水平和经验影响

盾构司机操作水平的高低和操作经验的丰富有否直接会影响到盾构姿态的好坏,因为他们直接操纵着盾构机"方向盘"。通过导向系统,他们是第一个能够知道盾构姿态和盾构走势的人,所以要求盾构司机时刻要注意盾构姿态走势。盾构司机必须根据技术指令及现场测量的结果,合理选择各区千斤顶的使用数量、油压的大小以及推进速度大小进行盾构掘进。当发现盾构机有跑偏现象时应该及时进行纠偏,需要正确地选择盾构姿态控制参数、刀盘正反转模式、超挖刀等。在施工过程中,应严禁避免过大纠偏,这样不仅会造成管片碎裂,还容易造成盾尾刷的永久变形从而失去密封作用导致隧道漏浆、漏水等事故,更严重的还会造成盾构隧道因偏离过大而废弃。

5) 始发基座和反力架影响

盾构机在始发阶段是位于始发基座上的(图 4-5),因而始发基座的水平位置、高程等直接决定了盾构始发阶段的盾构姿态,所以在施工准备阶段对盾构始发基座准确定位,保证在始发时盾构机的中心线、高程与盾构钢环中心线、高程一致,确认无误后将始发基座与井壁四周用型钢撑紧焊牢,以保证始发基座的加固牢靠,防止盾构在始发推进过程中始发基座的变形。

盾构始发施工时,若始发基座和反力架的高程和轴向位置不满足设计要求,将导致盾构机在进洞始发阶段发生偏移。同时,反力架的垂直度及平面位置的控制,也将影响盾构始发的姿态控制。为了增强始发基座的刚度和稳定性,乌鲁木齐市轨道交通在宣仁墩车站的始发基座采用 M24 的高强度螺栓(性能等级为 8.8S)连接,为增强始发基座刚度,将始发托架整体在横向上一分为二,在纵向上分为 2 块,共计分为 4 个部分。

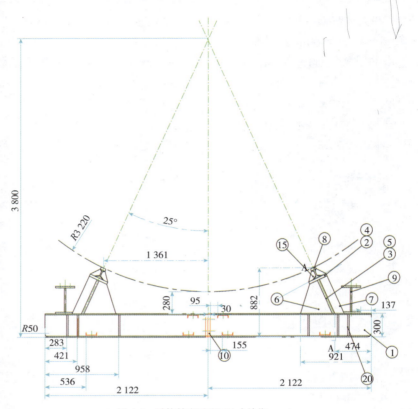

图 4-5　盾构始发基座(尺寸单位:mm)

6)同步注浆及压力影响

盾构在掘进过程中,在盾尾管片和周围土体间将会出现盾尾空隙,该空隙的填筑需要采用同步注浆进行填筑,当同步注浆液的填充量分布不均时,会使管片发生一定位移,间接造成盾构姿态改变。同步注浆即在盾构推进过程中(图4-6),注浆孔的注浆压力影响管片的受力状态,过大的注浆压力容易造成管片挤压、变形;过小的注浆压力将导致围岩得不到有效支护,造成管片偏压,因此,注浆压力直接影响盾构管片的姿态,进而间接影响到盾构姿态。施工时要根据监测结果选择合适的同步注浆压力,在同步注浆施工过程中,控制合适的注浆压力,对盾构姿态的调整有一定作用。

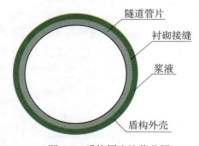

图 4-6　盾构同步注浆范围

二次注浆即在管片拼装施工完成后,为纠正在施工中造成的隧道偏差采用注浆设备进行的注浆施工。二次注浆对已成型的隧道纠偏有明显效果,但是监测工作要及时到位,否则会产生土体隆起、隧道变形等问题,影响盾构后续掘进中的导向系统。

7)盾构机自身的运动特性

CREC205 和 CREC206 号盾构机体积和质量都非常大,整机总长 80m,主机+后配套重 500T,主机总长(不含刀盘)8.4m。过大的质量在无水砂卵石地层中容易使地层产生过大变形,同时由于刀盘过大,在正反面切削砂卵石地层时,岩土体将给盾构主机一个反向的摩擦阻力,也容易使得盾构主机产生滚动转角,如图4-2所示,这也将直接影响盾构的姿态控制。

8) 刀盘上土压力的控制

一般而言,盾构刀盘上土压力大小的设定值依据土体埋置深度、土体重度以及土体抗剪强度参数等基本力学指标来确定。土体压力的设定可以用于盾构姿态控制,例如,将土压力的设定为较大值时,盾构机刀盘可以获得较大的反作用力,这样有利于土体将盾构机头托起或横移。

4.2 盾构姿态控制的组成

4.2.1 盾构姿态控制系统

乌鲁木齐市轨道交通1号线16标段采用的盾构机由中铁工程装备集团有限公司提供的编号为CREC205和CREC206的盾构机,该盾构机姿态控制系统主要由推进系统、导向系统、数据采集系统组成。

1) 推进系统

包括推进千斤顶和相应的液压泵站,主要实现主机的向前推进、掘进速度的调整和盾构方向的调整。CREC205和CREC206盾构机主要依靠千斤顶的推力向前推进,推进油缸共16组(32根),分布在盾构的上、下、左、右4个区(图4-7)总推力为4255T,驱动功率为945kW。各区千斤顶由主机控制,运动方式相对独立,且同一分区的千斤顶的动作是一致的,对盾构机的位置和姿态的线形管理是靠设定盾构机各区千斤顶的压力调节来实现的。

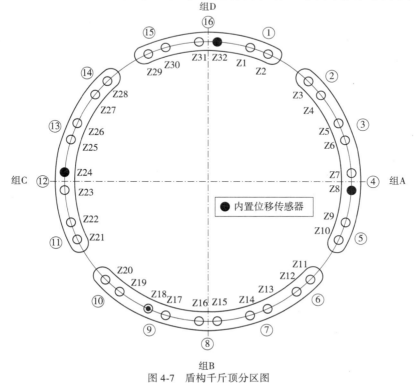

图4-7 盾构千斤顶分区图

通过调整每组油缸的行程来对盾构进行纠偏和调向,每组油缸均有单独的压力调整,这样可避免引起管片移位或产生损坏的压力过载。

盾构顶推油缸的行程差是控制盾构姿态的关键因素。掘进时要注意上下两端和左右两侧的千斤顶行程差不能相差太大。一般来说,在直线段范围盾构油缸之间的行程差可控制在±20mm以内;在曲线段掘进时,根据曲线半径的不同让盾构机向曲线内侧偏移一定量,偏移量一般取10~30mm;当盾构掘进线路中的地层出现软硬偏差较大的情况时,为适当调整水平偏角,将其控制值放宽到±10mm/m,来增加盾构的调向力度。当盾构掘进轴线偏离设计轴线时,必须进行纠偏。纠偏采用掘进油缸调整时,掘进油缸油压的调整不宜过快、过大,防止造成管片局部破损、开裂。蛇行的修正应以长距离逐步修正为原则,不宜过急。

当盾构处于水平线路掘进时,宜使盾构保持稍向上的掘进姿态,以防止盾构因自重而产生的栽头现象。应正确进行管片选型,控制拼装质量与精度,以使管片端面尽可能与计划的掘进方向垂直。在曲线段和变坡段,必要时利用盾构超挖刀进行局部超挖、在轴线允许偏差范围内提前进入曲线段掘进施工。

2)导向系统

盾构导向系统主要实现盾构方向的监控(水平、竖直)和盾体滚动角监控。乌鲁木齐市轨道交通1号线盾构机上的导向系统包括激光全站仪、电子激光接收靶、黄盒子、中央控制箱、计算机及掘进软件组成,如图4-8所示。整个系统的工作原理为:激光全站仪安装在位于盾构机的右上侧管片上的拖架上,后视基准点(后视棱镜)定位后,全站仪自动掉过方向来,收寻电子激光接收靶,激光靶接收入射的激光定向光束,即可获取激光站至电子激光接收靶间的方位角、竖直角,通过棱镜和激光全站仪就可以测量出激光站至激光靶间的距离。

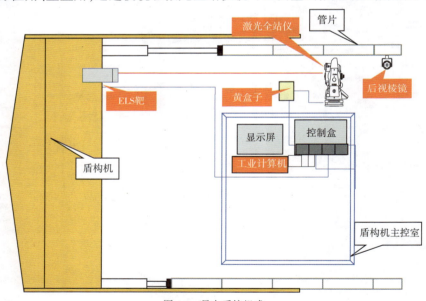

图4-8 导向系统组成

盾构隧道的仰俯角和滚动角通过激光靶内的倾斜计来测定。激光靶将各项测量数据传向主控计算机,计算机将所有测量数据汇总,就可以确定盾构隧道在全球坐标系统中的精确位置。将前后两个参考点的三维坐标与事先输入计算机的隧道设计轴线比较,可以实时显示盾构机的姿态。

(1) 激光全站仪

激光全站仪具有伺服马达、可以自动识别、精确锁定目标棱镜和可发射激光束的作用，主要用于后视定向，测量距离、水平角和竖直角的测量，并将测量结果传输到计算机，如图 4-9 所示。

(2) 电子激光接收靶

电子激光接收靶是一台智能型的传感器，用全站仪发射的激光束，测定水平和垂直方向的入射点。偏角由激光靶上激光的入射角确认，坡度由该系统内的倾斜仪测量。激光靶在盾构机体上的位置是确定的，即对盾构机坐标系的位置是确定的，如图 4-10 所示。

图 4-9　激光全站仪

图 4-10　电子激光接收靶

(3) 黄盒子

黄盒子是全站仪和电子激光接收靶的供电系统，也是全站仪与盾构计算机控制的连接系统，保证全站仪工作和与计算机之间的通信和数据传输，如图 4-11 所示。

(4) 中央控制箱

中央控制箱主要是一个接口箱，接受盾构各个部件的传感器数据，然后将其传输到盾构的控制电脑中，是盾构控制电脑和系统的各个传感器进行通讯的端口，如图 4-12 所示。

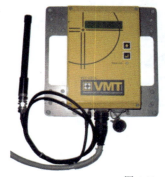

图 4-11　黄盒子

图 4-12　中央控制箱

(5) 计算机及掘进软件

计算机及掘进软件是自动导向系统数据处理和自动控制的核心，通过计算机分别与全站仪和激光靶通信接收数据，将测量数据通过软件计算得到盾构机的具体、实时姿态，以数字和图形在计算机上显示出来，如图 4-13 所示。

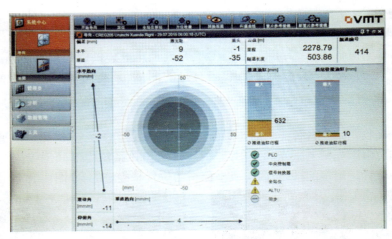

图 4-13 计算机及掘进软件

3)数据采集系统

数据采集系统通过盾构机各部件的传感器采集数据,记录盾构掘进全过程中所有参数,通过处理、存储方式将盾构所有数据采集处理和故障自动显示。所有必须记录的测量值都以图形的形式显示在数据采集系统的监测器上,如图 4-14 所示。

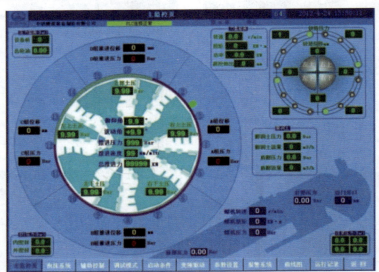

图 4-14 数据采集系统

4.2.2 盾构姿态控制的测量内容及要求

1)地下控制测量

地下控制测量,是利用直接从地面通过联系测量传递到地下的近井点,随着隧道掘进不断向内延伸,指导隧道沿设计线形施工。地下控制测量包括地下平面控制测量和地下高程控制测量。测量点标志根据施工方法和隧道结构形状确定,并宜埋设在隧道底板、顶板或两侧边墙上(盾构隧道一般设置在隧道管片上)。一般贯通面一侧的隧道长度大于 1 500m 时,应在适当位置,通过钻孔投测坐标点或加测陀螺方位角等方法提高控制导线精度。

需注意的是,地下平面和高程控制点使用前,必须进行检测。

(1) 地下平面控制测量

地下平面控制测量是采用支导线的形式往前延伸,由于支导线无法校核,所以在盾构施工中经常采用双支导线进行相互校核,校核无误后再进行激光靶和激光站坐标的测定,如图 4-15 所示。

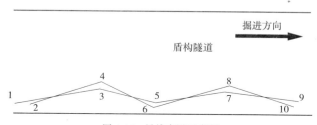

图 4-15 导线布设示意图

从隧道掘进起始点开始,直线隧道每掘进 200m 或曲线隧道每掘进 100m 时,布设地下平面控制点,并进行地下平面控制测量。隧道内控制点间平均边长为 150m。曲线隧道控制点间距不应小于 60m。并且控制点应避开强光源、热源、淋水等地方,控制点间视线距隧道壁应大于 0.5m。

导线测量应使用不低于 Ⅱ 级全站仪施测,左右角各观测两测回,左右角平均值之和与 360° 较差应小于 4″,边长往返观测各两测回,往返平均值较差应小于 4mm。测角中误差应为 ±2.5″,测距中误差应为 ±3mm。

控制点点位横向中误差宜符合下式要求:

$$m_u \leq m_\phi \times \left(0.8 \times \frac{d}{D}\right) \tag{4-1}$$

式中:m_u——导线点横向中误差(mm);

m_ϕ——贯通中误差(mm);

d——控制导线长度(m);

D——贯通距离(m)。

每次延伸控制导线前,应对已有的控制导线点进行检测,并从稳定的控制点进行延伸测量。控制导线点在隧道贯通前应至少测量三次,并应与竖井定向同步进行。重合点重复测量坐标值的较差应小于 $30 \times \frac{d}{D}$(mm)。满足要求时,应取逐次平均值作为控制点的最终成果指导隧道掘进。

当隧道长度超过 1 500m 时,还将控制导线布设成网或边角锁。相邻竖井间或相邻车站间隧道贯通后,地下平面控制点应构成附合导线(网)。

(2) 地下高程控制测量

高程控制测量应采用二等水准测量方法,并应起算于地下近井水准点。高程控制点可利用地下导线点,单独埋设时宜每 200m 埋设一个。地下高程控制测量的方法和精度,应符合二等水准测量要求。

水准测量应在隧道贯通前进行三次,并应与传递高程测量同步进行。重复测量的高程点间的高程较差应小于 5mm,满足要求时,应取逐次平均值作为控制点的最终成果指导隧道掘进。相邻竖井间或相邻车站间隧道贯通后,地下高程控制点应构成附合水准路线。

2) 始发测量

盾构能顺利始发决定盾构隧道施工的成败,所以始发测量也显得尤为重要。始发测量的主要内容是盾构初始姿态测量和始发架、反力架的放样等工作。

(1) 反力架托架定位

在盾构机托架反力架下井前,依据施工设计图纸,确定托架反力架位置。通过联系测量在井下测定的坐标及高程,对其定位。保证盾构机组装后的设定位置。

在此应当注意,盾构始发时,由于盾构及在托架上无法对自身的状态做出调整,所以,托架的定位工作尤为重要。

反力架安装固定时,保证反力架基准环面与隧道中心线、盾构机轴线垂直,保证盾构始发掘进时反力架受力均匀,同时也保证了施工安全。

(2) 盾构初始姿态测量

盾构初始姿态测量是指人工对盾构机本身配置的激光测站(伺服全站仪)和后视棱镜的位置进行测量,取得这两点的空间坐标,输入到导向系统中,人工将激光站照准后视棱镜,启动导向系统软件使激光站定向并测量 ELS 激光接收靶,激光靶是高精度的感应元件,把接收到的激光讯号传入导向系统可以显示出盾构机当前的状态。

(3) 掘进测量

掘进测量的主要测量工作是地下控制测量延伸传递和盾构机激光站的移站。盾构机的掘进时的姿态控制是通过全站仪的实时测设 ELS 的坐标,反算出盾构机盾首、盾尾的实际三维坐标,通过比较实测三维坐标与 DTA 三维坐标,从而得出盾构姿态参数。随着盾构机的往前推进,每隔规定的距离就必须进行激光站的移站。

4.3 盾构推进姿态调整运动特性及推进系统力学模型

4.3.1 盾构推进姿态调整运动特性分析

盾构推进系统主要由均匀分布在盾构周围的多个千斤顶组成,每个千斤顶实行分组控制,在同组内的千斤顶具有相同的工作压力,但可以有一定的行程差。每个千斤顶都布置的推进液压缸,如图 4-16 所示,盾构机 16 组推进液压缸按照 3-5-4-4 方式分为上下左右四组,在同组内采用同一套液压阀进行控制,因此同组内的液压缸具有相同的工作压力。在掘进过程中,盾构掘进推进系统协调液压油缸输出压力或位移,进而对盾构姿态进行调整。通过改变盾构上下分区液压油缸的输出压力大小和输出压力的差值,可以对盾构在竖直平面内的姿态进行调

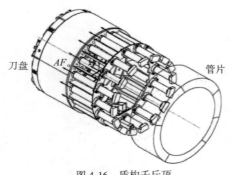

图 4-16 盾构千斤顶

整;通过改变盾构左右分区液压油缸的输出压力大小以及压力差值,可以在水平方向上对盾构姿态进行调整。

盾构姿态的改变是一个缓慢而平稳的过程,且是当设计轴线与盾构轴线存在偏差时,进行及时调整的一个动态过程。盾构推进过程的运动规律由输出推进力、无水砂卵石地层的约束力和盾构本身动力力学特性决定。根据牛顿第二定律,盾构沿轴线运动的动力学方程为:

$$\sum_{i=1}^{n} F_{ci} \times e_{xA} - F_{ra} = M \frac{\mathrm{d}v}{\mathrm{d}t} \tag{4-2}$$

式中:e_{xA}——盾构结体坐标系$\{A'\}$的x轴单位方向向量;

F_{ci}——第i个推进液压缸的推进力矢量;

F_{ra}——盾构受到的轴向阻力;

M——盾构总质量。

而盾构水平面内转角的控制是通过调整左右分区液压油缸的输出压力大小来实现,其转动微分方程为:

$$\sum_{i=1}^{n} {}_{A'}^{A}R^{\mathrm{TA}} F_{ci} \times {}^{A'}O_{A'} M_i e_{z_\lambda} - {}^{A'}T_{eh} = J_h \frac{\mathrm{d}^2 \gamma}{\mathrm{d}t^2} \tag{4-3}$$

式中:e_{z_λ}——盾构结体坐标系$\{A'\}$的z轴单位方向向量;

${}^{A'}T_{eh}$——地层约在盾构束力矩在e_{z_λ}方向分量;

J_h——盾构在水平面内绕其转动中心的转动惯量。

4.3.2 盾构推进系统力学模型

盾构向前推进时,第i个推进液压缸的动力学方程为:

$$P_{ci_1} A_{c_1} - P_{ci_2} A_{c_2} - F_i - m_c \frac{\mathrm{d}^2 l_i}{\mathrm{d}t^2} - B_c \frac{\mathrm{d}l_i}{\mathrm{d}t} = 0 \tag{4-4}$$

式中:A_{c_1}——推进液缸无杆压腔作用面积;

A_{c_2}——推进液压缸有杆腔作用面积;

F_i——第i个液压缸所受的外载荷;

m_c——液压缸活塞和活塞杆等效质量;

B_c——活塞黏性阻尼系数。

在调速阀系统和减压阀系统中推进液压缸无杆腔的工作压力分别为:

$$P_{ci_1} = P_5 - P_{hl_1} \tag{4-5}$$

$$P_{ci_1} = P_3 - P_{cv} - P_{hl_1} \tag{4-6}$$

式中:P_{hl_1}——液压缸无杆腔管路的沿程损失和管接头局部损失之和。

在盾构向前推进过程中,推进液压缸有杆腔的工作压力为:

$$P_{ci_2} = P_{hl_2} \tag{4-7}$$

式中:P_{hl_2}——液压缸有杆腔管路的沿程损失和管接头局部损失之和。

根据所建立的坐标系及盾构推进液压缸安装位置关系,第i个推进液压缸对盾构的驱动力为：

$$^A F_{ci} = (P_{ci_1}A_{c_1} - P_{ci_2}A_{c_2})^A\tau_i \tag{4-8}$$

液压缸驱动力作用点的坐标为：

$$^A r_{M_i} = {^A O_A O_{A'}} + {^A_{A'}R}{^{A'}O_{A'}M_i} \tag{4-9}$$

各盾构推进液压缸推进力对盾构结体坐标系中心产生的驱动力矩为：

$$^A T_{ci} = (P_{ci_1}A_{c_1} - P_{ci_2}A_{c_2})^A\tau_{iA}^{\cap}{^{A'}_{A}R}{^{A'}O_{A'}M_i} \tag{4-10}$$

建立围岩对盾构的约束方程(约束力和约束力矩)，最终实现推进系统力学模型的解析解求法。

4.4 盾构姿态控制内容

盾构姿态控制包括盾构行程全过程的位置和姿态控制，从行程和技术角度上来说，主要包括盾构在始发井内的姿态控制、隧道直线段盾构施工的姿态控制、隧道曲线段盾构施工的姿态控制、盾构达到段的施工姿态控制以及常用的盾构姿态控制技术。盾构姿态的影响因素很多，在实际姿态控制过程中，需要根据地质条件、盾构机和管片的情况，采取相应的措施，同时把握好姿态调整的时间和调整量，将起到事半功倍的效果。结合乌鲁木齐市轨道交通1号线16标段某区间盾构隧道，探索该无水砂卵石地层中盾构掘进姿态控制技术与方法，为乌鲁木齐市后续轨道交通建设积累技术经验。

4.4.1 盾构始发前姿态控制方法

盾构机在始发推进时，盾构的姿态是由始发架轴线水平偏差和垂直偏差决定的，因此始发架的测量精度非常重要，只有严格按照设计轴线的坐标和定位安装始发架，并保证始发架的稳定，才能保证盾构机精准进洞，使盾构机沿着设计轴线精准推进。盾构姿态控制应遵循"频纠偏、小纠偏、不超限"和避免"急纠偏、大纠偏、屡超限"的原则。

始发台基座和反力架基座定位方法如下。

在盾构始发时，始发基座和反力架基座的定位决定了盾构始发空间姿态，即盾构始发架偏离隧道设计轴线的水平和垂直偏差决定了盾构进洞的原始姿态。安装始发架和反力架时，应该是盾构机中心与隧道设计轴线重合，反力架水平左右偏差控制在±10mm，垂直高程偏差控制在±5mm。由于盾构自重因素，应将盾构中心轴线比设计轴线抬高10~15mm。

盾构始发台为满足中铁装备主机总重约300T及盾体长度要求，同时要便于拆装和吊运，因此，始发台分三段安装，总长度为10.9m，具体尺寸见图4-17。现场始发台见图4-18。

始发台受力复杂，主要包括盾构旋转的扭矩、纵向和横向的推力，因此在始发前需要将始发台基座牢牢固定，如图4-19所示。通常，在基座导轨外侧的盾壳上焊接钢板，防止盾构机在基座上产生旋转，并在始发台基座两侧焊接H型钢进行加固，防止基座产生横向位移，如图4-20所示。

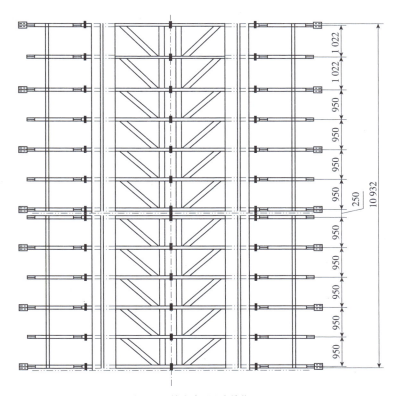

图 4-17 始发台(尺寸单位:mm)

图 4-18 现场始发台

选取宣大区间右线盾构始发段的前 30 环的掘进参数进行分析,如图 4-21 所示,由于在始发井内盾构逐渐进入隧道,此时盾构推力较大,导致盾构切口水平偏差和盾尾水平偏差均较大。同时,随着盾构的进入,盾尾垂直偏差逐渐增大,这主要是由于随着盾构的推进,隧道逐渐承受盾构机及其后面附属设备的自重引起,因此,在盾构始发段时,要根据乌鲁木齐市无水砂卵石地层的承载力情况适当将盾构中心轴线比设计轴线抬高 20~35mm。

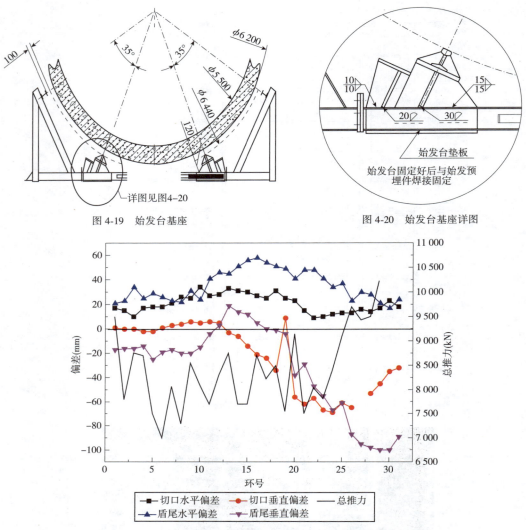

图 4-19 始发台基座

图 4-20 始发台基座详图

图 4-21 盾构右线始发段姿态参数

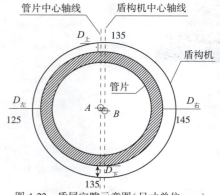

图 4-22 盾尾空隙示意图(尺寸单位:mm)

4.4.2 直线段施工盾构姿态控制方法

1) 直线段管片姿态控制

盾构管片作为掘进系统中千斤顶的反力支撑，其拼装质量的好坏直接影响到盾构姿态的控制。如管片轴线偏离设计轴线，将导致下一环掘进时盾构轴线偏离设计轴线。一般来说，盾构管片中心偏离设计轴线的趋势与盾构机偏离隧道设计轴线的趋势是一致的，假设盾构机中心与管片中心的位置关系如图4-22所示，A是盾构管片的中心，B是盾构机的中心，$D_上$、$D_右$、$D_下$、$D_左$分别为盾尾上、右、下和左的盾尾空隙。

在盾构掘进过程中,应实时根据$D_上$、$D_右$、$D_下$、$D_左$的大小判断盾构机与管片的相对位置。若$D_上$、$D_右$、$D_下$、$D_左$均为135mm时,盾构机轴线与管片轴线完全重合,此时盾构机按照设计轴线掘进;若$D_上$、$D_右$、$D_下$、$D_左$其一非常小,则表明盾构已经偏离隧道设计轴线,如果不及时调整,将导致盾构姿态调整的难度增大,甚至导致盾尾与管片碰撞、管片破损和隧道渗水漏浆。

直线段衬砌均采用标准环进行支护,其构造图见图4-23。理论上,直线段施工最理想的状态是管片轴线与盾构机轴线重合,但是在实际施工过程中由于乌鲁木齐市无水砂卵石地层不均匀、盾构司机操作和其他因素,导致盾构机轴线与管片的轴线并不重合,而是存在一定的夹角α。当偏离管片的累积长度为L,则最后一环的累积偏移量H为:

$$H = L\cos\alpha \tag{4-11}$$

在图4-24情况下,如果盾构姿态在规范要求的范围内,而管片姿态有向左变大的趋势,则需要调整管片姿态,使管片轴线和盾构轴线保持一致。具体的纠偏措施是在左侧壁后注浆或者在左侧贴软木楔子,结合使用右转弯环,使管片有向右转的趋势;如果盾构姿态偏大,而管片姿态在规范要求的范围内,则需要调整右侧千斤顶的行程和右侧油缸的油压,使盾构机有左转的趋势。

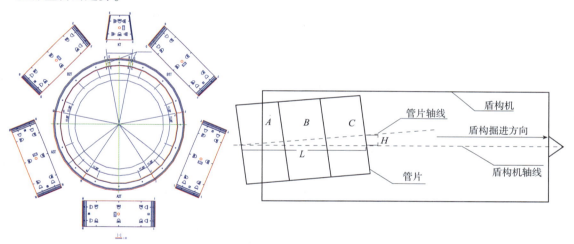

图4-23 标准衬砌环构造图　　　　　图4-24 夹角状态

当上下盾尾空隙和千斤顶长度合适,但盾构管片左边缝逐渐变小时,若盾构管片右侧千斤顶的长度比左侧长,此时无须进行姿态调整,保持该状态继续向前推进后左侧缝隙将变大;若盾构左侧千斤顶长度比右侧千斤顶长度长,且不小于转弯环管片楔形量的一半时,结合右转弯环对左偏的盾构管片进行调整;若左右千斤顶长度合适,可先用右转弯环,再用左转弯环,使管片轴线向右平移,左侧缝隙将变大。

同样道理,当上下盾尾间隙和千斤顶长度合适,右侧盾尾间隙小时,采用与上面相反的方法进行调整。

2)超挖控制盾构姿态

当盾构轴线与隧道设计轴线偏差过大时,通过分区千斤顶的行程已经不能满足姿态控制要求时,宜采用盾构机超挖刀和铰接联合技术进行姿态调控,如图4-25所示。首先增大

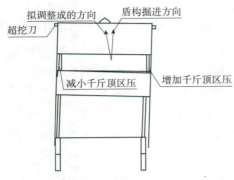

图 4-25　超挖刀调整盾构姿态示意图

偏移方向一侧千斤顶压力或者减小与盾构前进偏移方向相反一侧的千斤顶压力，其次打开盾构超挖刀，根据实际地层参数调整超挖刀的伸出量以及铰接角度，及时调整盾构姿态。

选取宣大区间盾构右线直线上坡段的掘进参数进行分析，如图 4-26 所示。从该图可以看出，直线上坡段盾构推力维持较大，平均推力约为 10 165kN，较水平段和进洞段的推力大。同时，直线上坡段的姿态参与要好于进洞段的参数，其中，盾尾水平偏差和切口水平偏差都比较小，但是盾尾垂直偏差缺口较大，而且盾尾垂直偏差差异性还较大，其原因有可能是无水砂卵石地层结构的不稳定性，其地基承载力随密实度而变化，或者盾构同步注浆不够饱满。导致在较大盾构自重作用下地层出现不同程度的沉降。

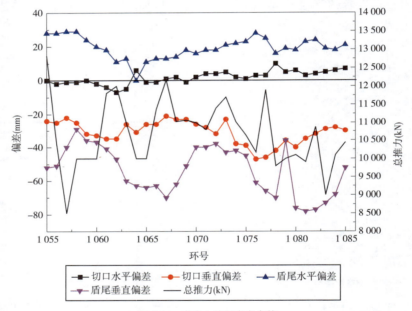

图 4-26　直线上坡段姿态参数

4.4.3　曲线段施工盾构姿态控制方法

1）曲线始发段盾构姿态控制

盾构机始发时，若隧道设计轴线是曲线，此时不能立即调整盾构姿态。因为在始发时需要基座提供足够的推力并保证反力架的稳定，盾构机必须沿直线掘进。同时，由于在始发阶段，围岩均被加固了，盾构姿态改变相当困难。因此，先沿着直线段掘进一段距离后，通过 CAD 拟合技术对可能存在的始发点和始发方向进行优化，确定最优的始发点以及始发方向。

2）圆弧曲线段盾构管片姿态控制

盾构机由前盾、中盾、尾盾和后补的辅助系统组成，整体结构是直线形刚体，在施工圆弧曲线段时,不能很好地拟合出设计曲线,因此,圆弧曲线段的姿态控制难度要远大于直线段的姿态控制。隧道设计曲线半径越小,每环的纠偏量就越大,盾构姿态就越难控制。在施工中仅仅调整盾构机轴线和管片轴线重合,而没有调整管片姿态的话,就会造成盾构机和管片轴线越来越偏离设计轴线。

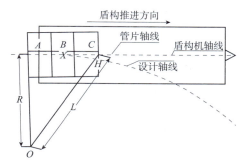

图4-27 圆弧曲线段管片偏移距离

圆弧曲线段若采用直线形标准盾构管片,其偏离隧道设计轴线的距离为 H,如图4-27所示,若 A 环的轴线为圆弧隧道设计轴线的切线,圆弧隧道的转弯半径为 R,A 环到 C 环的长度为 X,AC 段的距离为 L,则管片的偏移距离 H 为:

$$H = L - R \tag{4-12}$$

$$L = \sqrt{X^2 - R^2} \tag{4-13}$$

然而,轨道交通1号线16标段在大国区间存在圆弧曲线段,曲线半径 R = 400m,隧道纵坡最大坡度为28‰,隧道顶部埋深为11.6~24m,隧道外径为 ϕ6 200mm,隧道内径为 ϕ5 500mm。项目针对曲线段隧道,根据实际情况选择左转弯环或者右转弯环管片,左转弯环结构构造和右转弯环结构构造的构造分别见图4-28和图4-29。

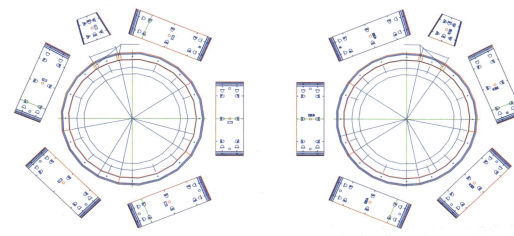

图4-28 左转衬砌环(LR)构造图   图4-29 右转衬砌环(LR)构造图

左右转弯环管片拼装位置的选择,除应遵循直线段标准管片的安装原则外,还应考虑曲线本身引起的管片纠偏量。理论上,每环管片宽度的曲线外侧管片厚度中心处比曲线内侧管片厚度中心处超前 ΔL = 17.6mm;与其相对应,在掘进中,每环管片宽度的曲线外侧管片厚度中心处千斤顶的长度比曲线内侧管片厚度中心处千斤顶长度也需超前 ΔL = 17.6mm。

$$\Delta L = \frac{(D-t)L}{R} = \frac{(6.2-0.35) \times 1.2}{400} = 17.6 \text{(mm)} \tag{4-14}$$

式中:D——转弯环管片直径;
　　　t——管片厚度;

L——管片宽度;

R——曲线半径。

在圆弧曲线段施工中,通过直线形标准管片和转换环管片的不同组合来实现所设计的曲线半径,圆曲线上直线形标准环数 y 和转弯环数 x 的比例计算式为:

$$\frac{y}{x} = \frac{(D-2t)L}{2R\Delta L - (D-2t)L} \tag{4-15}$$

同时,在盾构在圆弧曲线段时,若盾尾间隙太小,容易导致直线形标准管片被挤压破坏,严重时会错台。通常,将最大楔形量的转弯环放在盾尾间隙小的一侧来调节盾尾间隙。则转弯环的偏转角 θ 为

$$\theta = 2\arctan\left(\frac{\delta}{D}\right) = 0.162\,6° \tag{4-16}$$

式中:D——6 200mm;

δ——转弯环超前量的一半。

3)曲线段分区千斤顶控制技术

当各区千斤顶的行程有差异,就会导致管片端面不垂直于盾构机轴线,当差值过大时,千斤顶的推力就会在管片径向产生较大的分力,从而影响已拼好的隧道管片以及盾构推进姿态。此时常常把最大楔形量放在行程最大的一侧,以达到抵消千斤顶的行程差和调整盾构姿态的目的。

为防止盾构推进过程中,姿态偏离设计轴线,本项目采用如下措施:

(1)在保证盾构正常掘进的前提下,通过调节盾构驱动千斤顶油缸压力(图 4-30),同时根据油缸装的位移传感器观察各区油缸行程显示,让盾构轴线向较硬土层进行偏移,使得盾构轴线逐渐回归设计轴线。一般情况下,在直线段范围盾构油缸之间的行程差可控制在 ±20mm 以内,当线路中的地层出现软硬偏差较大的情况时,可将油缸之间的行程差控制到 ±10mm/m,来增加盾构的调向力度。

(2)降低盾构掘进速度,合理调节上、下、左、右各分区的千斤顶推力,必要时在硬围岩区使用超挖刀进行超挖,先行切割开挖面土质较硬侧的土体,让盾构与硬围岩之间产生空隙,然后在另一侧千斤顶的推进作用下,产生向硬围岩一侧行走的趋势,达到控制水平偏转的目的。

(3)利用铰接千斤顶转动特点,在掘进过程中推进较硬土层的千斤顶的同时,将较软土层的铰接千斤顶推出,减小盾构向较软土层偏移的趋势。

选取大国区间曲线下坡段的盾构姿态参数进行分析,如图 4-31 所示。从图中可见,曲线段下坡时,盾构推力都进洞和水平段以及上坡段的推力小,平均推力约为 9 575kN。切口水平位移和盾尾水平位移均为正,偏移值不大,说明盾构在曲线段的姿态控制较好。另外,切口垂直位移和盾尾垂直位移均为负,且盾尾垂直位移远大于切口的垂直位移,说明盾尾同步注浆还有待于加强。

图 4-30 千斤顶推进

图 4-31 曲线段姿态参数

4.4.4 到达段施工盾构姿态控制

乌鲁木齐市轨道交通 1 号线 16 标段某区间盾构隧道,区间共设 4 个联络通道、一个区间风井,以及区间终点的轨道交通车站。由于到达段的基坑进行了支护,一旦快进入到达段,盾构机的姿态调控难度就增加。因此,盾构机在距离到达位置 50~100m 开始,采用一切可以采用的盾构姿态控制技术,将盾构姿态与隧道设计轴线的偏差调整至 15mm 以内,并保持此状态向前掘进,保证盾构机按照设计要求达预定位。图 4-32 为盾构穿越通风井处的基坑支护。

4.4.5 壁后注浆控制技术

盾构施工的壁后注浆技术包括盾构同步注浆、二次补强注浆,通过同步注浆和二次补强注浆,辅助调整盾构姿态。

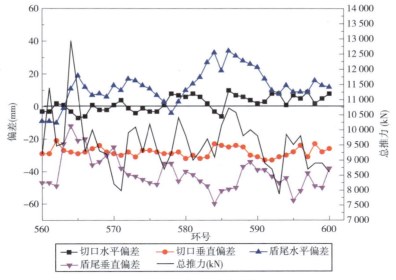

图 4-32 盾构过区间通风井

1) 直线施工段的壁后注浆控制

盾构在隧道直线段施工时,通过对称同步注浆调整盾构姿态,先下部同步注浆、再左右同步注浆、最后上部同步注浆。不同方位同步注浆时应使浆液的注入速度、压力、流量和填充密实度对称,并与盾尾间隙、土层性质及推进速度相匹配,以保证盾尾间隙得到充分填筑,减少周围土体的松动,增强管片的稳定性,以减小下一环的掘进对盾构姿态的影响。

由于同步注浆浆液早期强度低,在盾构千斤顶的作用下管片受力较大,易造成盾尾间隙浆液凝固受损,在管片出盾尾5~6环处,通过管片注浆孔向管片外周注入瞬凝性且早期强度较高的浆液,填补由于同步注浆收缩、流失等原因造成的空隙,以抵抗盾构隧道围岩压力。

2）曲线施工段的壁后注浆控制

盾构在隧道曲线段施工时,曲线外侧施工空隙比内侧大,必须加强对曲线段外侧的同步注浆,保证同步注浆量、注浆压力以及注浆质量,以填补施工空隙,加固外侧土体,保证盾构以正常姿态掘进。在推进时根据地层变形监测情况,随时调整注浆参数,并注意保证浆液质量,维持较好的盾构姿态。

在曲线段的施工中,尤其应该加强二次注浆效果,以辅助调整盾构姿态。根据试验确定浆液初凝时间,并保证注入速度、压力、流量与盾尾间隙的残余空隙,土层性质及管片承载情况相匹配,避免产生负面效应,影响盾构姿态。

4.5 本章小结

本章结合乌鲁木齐市轨道交通1号线16标段盾构掘进施工的工程实践,分析乌鲁木齐市无水砂卵石地层中盾构姿态的影响因素。结合地质情况和轨道交通线路走向,提出乌鲁木齐市轨道交通盾构掘进施工时姿态控制的原则,并针对编号为CREC205和CREC206的盾构机,研究盾构姿态控制的组成要素,提出测量控制内容和要求。最后,对16标段始发姿态控制、直线段姿态控制、曲线段姿态控制提出具体而有效的控制方法。

第5章

卵石地层盾构转场、始发与到达施工技术

根据盾构隧道的施工特点,盾构施工过程可分成四大部分:盾构始发、盾构到达、正常掘进施工及盾构机转场。其中,盾构始发与到达施工作业和盾构机转场是最容易产生事故的工序。

盾构机转场,是指将盾构机拆除、吊装、装车、运输等工作。

盾构始发,是指在盾构始发工作竖井内利用反力架和临时组装的负管片等设备或设施,将处于始发基座上的盾构推入加固土体,然后进入地层原状土区域,并沿着设计线路掘进的一系列作业过程。

盾构到达,是指盾构在掘进过程中由原状土进入到达竖井端头加固土体区域,然后将盾构推进至到达竖井的围护结构处后,从竖井外侧破除井壁进入竖井内接收台架上的一系列作业过程。

5.1 盾构始发与到达施工技术分类

盾构始发与到达施工是盾构工法建造隧道的关键工序,该工序施工直接关系到施工安全和周边建筑物、构筑物的安全。盾构始发与到达施工阶段边界不同于盾构正常掘进,开挖面平衡条件差,盾构施工对开挖面稳定产生不同程度的不利影响。国内外施工实例证明盾构法施工中盾构始发与到达掘进段容易发生地表变形过大,甚至坍塌、地表冒浆等事故,是盾构施工最易出问题的地方。

5.1.1 盾构始发施工技术分类

盾构始发过程中需主要解决两个问题:一是始发过程中开挖面自稳;二是防止地层涌砂涌水。根据破除洞门围护结构和防止开挖面地层坍塌的方法不同,盾构始发施工主要有:掘削面自稳法、拔桩法、直接掘削井壁法。

1)掘削面自稳法

掘削面自稳法是采取加固措施对盾构始发端头地层进行加固处理,使开挖面地层自稳,随后将盾构推进到加固过的自稳地层中掘进。端头加固方法主要有旋喷加固法、注浆加固法、冻结法、降水地层自稳法等,选择加固方法时主要考虑地质条件、加固地层的深度,同时严格控制施工工艺,确保加固地层的强度、稳定性和渗透性等满足设计要求。目前我国在盾构始发与到达施工时主要采用这种方法。

2)拔桩法

拔桩法主要是解决破除洞门时开挖面的稳定。拔桩法根据具体的工艺材料不同,可分

为双重钢板桩法、开挖回填法、SMW拔芯法三种。

双重钢板桩法是把始发竖井的钢板挡土墙做成两层,拔除内层钢板桩后盾构掘进。由于外层钢板桩的挡土作用,可以确保外侧土体不会坍塌,确保盾构稳定掘进。当盾构推进到外层钢板桩前面时,停机拔出外侧钢板桩。由于内、外钢板桩间加固土体的自稳作用,完全可以维持到外侧钢板桩拔除后盾构继续推进。

开挖回填法是把始发井做成长方形(长度大于2倍盾构的长度),井中间设置隔墙(或构筑两个并列竖井),一半作为盾构的组装始发用,当盾构推进到另一半井内时回填。由于回填土的隔离作用,可以确保拔除终边井壁钢板桩时地层不坍塌,为盾构安全贯入地层提供了可靠的保障。

SMW拔芯法,是用SMW法挡土墙作为竖井始发墙体,盾构始发拔出工字钢。

3)直接掘削井壁法

直接掘削井壁法主要有MOMST工法和EW工法两种,是可以用盾构刀盘直接掘削始发的工法。MOMST工法特点是始发井洞门墙体材料特殊,可用盾构刀盘直接开挖,但不损坏刀具,无需辅助工法,安全性可靠性好;EW工法的原理是盾构始发前,通过电蚀手段,把挡土墙中的芯材工字钢腐蚀掉,便于盾构直接开挖。这类工法遇到的主要问题是洞门密封处发生涌水涌砂,同时应考虑盾构刀具的切削能力。这两种工法造价较高,因此在国内盾构法施工中使用较少。

5.1.2 盾构到达施工技术分类

盾构的到达施工通常有两种:一种是盾构到达后拆除到达竖井的围护结构(刀盘顶上围护结构),或者是围护结构可以由盾构刀盘直接破除,然后将盾构推进至指定位置;另一种是事先拆除围护结构,再盾构推进到指定位置。

1)盾构到达后拆除围护结构再推进的盾构到达施工

这种方法是盾构刀盘顶在到达竖井端头处的围护结构后,利用地层加固措施使得土体自稳,同时拆除围护结构,再将盾构推进到指定位置。

该方法破除洞门围护结构时,盾构刀盘与到达竖井间的间隙小,因此端头土体稳定性好,工序少,施工难度小,多用于地层稳定性较好的中小型断面盾构工程。当端头土体自稳性较好,地层中无地下水,使用该工法时,可以不对地层进行预先加固,但是必须控制盾构到达掘进参数,掌握好洞门破除时间。若地层中存有地下水管线(如雨污水管、上水管、热力管等)时,无水地层也应按照有水地层对待处理。

2)先拆围护结构再盾构到达的施工

盾构刀盘顶上围护结构前,预先拆除洞门处的围护结构,端头土体将直接暴露出来,如果地层条件差或加固效果不好,很容易发生端头土体失稳,因而采用此工法进行盾构到达施工时,必须采用相应的土体加固措施提前对盾构达到竖井附近的端头地层进行加固处理,使端头加固土体满足强度、稳定性和渗透性的要求。

5.2 无水砂卵石地层盾构始发与到达关键技术

乌鲁木齐轨道交通1号线盾构施工区域,主要是分布填土和无水砂卵石地层,地下水位较低。以下着重以乌鲁木齐市轨道交通 1 号线 16 标段,一站两区间(大地窝堡站、宣仁墩—大地窝堡站区间和大地窝堡站—国际机场站区间)盾构工程为背景,分析无水砂卵石地层盾构始发与到达关键控制技术。

5.2.1 无水砂卵石地层盾构始发与到达设计、施工控制概况

乌鲁木齐市轨道交通 1 号线 16 标段从宣仁墩站西端头始发,经过区间风井,到达大地窝堡站东端头,然后在大地窝堡站实施转场施工后从车站东端头再次始发,最终到达大国区间风井。整个标段左右线路共 6 次始发、6 次到达。盾构推进规划进度图如图 5-1 所示。

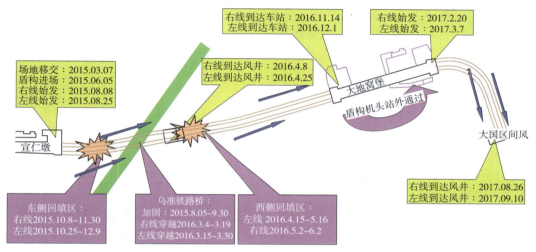

图 5-1 乌鲁木齐轨道交通 1 号线 16 标段盾构推进规划进度图

5.2.2 无水砂卵石地层盾构始发与到达关键技术及控制要点

1)盾构始发关键技术及控制要点
(1)端头加固控制
盾构法隧道施工中,端头土体加固是盾构始发、到达技术的一个重要组成部分,端头失稳、坍塌是盾构始发、到达施工中常见事故,端头土体加固成功与否直接关系到盾构能否安全始发、到达。

洞门破除后,端头土体暴露,端头地层受力平衡被打破,端头土体的结构、作用荷载和应力将发生变化,端头土体有可能发生潜在滑移破坏。端头地层加固目的是防止拆除临时围护结构时的振动影响,在盾构刀盘顶到掌子面建立土压之前,能使围岩自稳及防止地下水流失,防止开挖面塌陷,避免出现地表沉降过大、塌方等。

端头加固的目的主要有:①满足强度要求;②满足整体稳定性要求,包含施工稳定和长期稳定性等静态稳定和破除洞门时振动对加固土体振动作用下的稳定;③满足堵水和渗透性的要求,特别是富水砂土地层;④满足变形特征的要求,通常指盾构土舱内土压建立前。

端头加固与一般地基加固的不同之处在于端头土体加固后不仅仅有强度与稳定性的要求,还要满足渗透(止水)的要求。

盾构在始发与到达过程中,为了保证端头加固土体在水土侧压力作用下不被破坏,端头

土体加固后应同时满足拉应力理论和剪应力理论的要求。无水砂卵石土层端头土体的纵向加固范围与加固强度之间的关系式可参考文献[3]中的式(7-22)、式(7-34)。

(2)洞门破除控制

当盾构始发端头地层条件较差时,破除洞门围护结构时容易造成端头地层塌陷、地下水涌入盾构工作井等工程事故,因此破除洞门前要根据端头土体的自稳能力、地下水状况等因素制订相应的洞门破除施工方案,提前对端头土体进行加固,洞门破除时应注意减小对端头土体的扰动。

洞门壁混凝土采取人工用高压风镐凿除,凿除工作通常分为两步进行:

第一步,先凿除内层混凝土并割除钢筋及预埋件,保留最外层钢筋;内层凿除工作先上部后下部,钢筋预埋件割除需彻底,保证预留洞门的直径。

第二步,当盾构组装调试完成,并推进至距离洞门外 $1.0\sim1.5\mathrm{m}$ 时,凿除外层围护结构,外层凿除方法根据断面大小的不同将其分割成 $9\sim20$ 块不等,分块凿除。

(3)洞门密封设置控制

为了防止盾构始发时土、砂及地下水从端头透过盾壳和土体之间的间隙涌入盾构工作竖井,以及注浆浆液通过盾尾流失,盾构始发时均需安装洞门密封。盾构密封的施工分两步进行:

第一步,洞门结构(包括临时结构和永久结构)施工时,做好洞门预埋件预埋工作,预埋件必须与结构的钢筋连接在一起。

第二步,盾构正式始发前,应先清理洞门处的渣土,然后进行洞门密封装置的安装。

(4)负管片的拼装控制

当完成洞门破除、洞门密封装置安装及盾构组装调试等工作后,组装相关人员对盾构设备、反力架、始发基座等进行全面检查与验收。验收合格后,开始将盾构向隧道方向推进,并开始安装负环管片,同时应注意以下几点:

①在盾尾处盾壳内安装管片支撑垫块,为管片在盾尾内的定位做好准备;

②从下至上一次安装一环管片,注意管片的转动角度一定要符合设计要求;

③安装拱部的管片时,由于管片支撑不足,一定要及时稳固管片;

④第一环负环管片拼装完成后,用推进油缸把管片推出盾尾,并施加一定的推力把管片压紧在反力架上;

⑤管片在被推出盾尾时,要及时支撑加固,防止管片下沉或失圆。同时也要考虑到盾构推进时可能产生的偏心力,因而支撑应该尽可能的稳固。

2)盾构到达关键技术及控制要点

(1)准备工作

①制订盾构接收方案,包括盾构到达施工参数、管片拼装、壁后注浆、洞门外端头土体加固、洞门围护结构拆除、洞门钢圈密封等工作的安排;

②对盾构接收井进行验收,做好盾构接收的准备工作;

③检查盾构接收井周围端头土体的加固效果,确保加固质量满足要求;

④盾构到达 $100\mathrm{m}$、$50\mathrm{m}$ 时,必须对隧道轴线进行测量,必要时进行调整;

⑤按预定的方法与步骤破除洞门;

⑥当盾构全部进入接收井内基座上后,应及时做好管片与洞门间隙的密封,做好洞门封堵工作。

(2)盾构到达施工关键技术

①详细了解盾构到达端头地层条件,确定端头土体是否需要加固及加固方法,同时确定洞门部位是否需要设置密封装置。若地层中水砂压力并存时,必须对到达端头土体进行加固处理;若地层中无地下水,而且土层的自稳能力较强时,可不对端头土体进行加固,但是盾构刀盘必须顶上围护结构后才能破除洞门围护结构,而且应该严格控制好洞门凿除的时间和顺序。

②为了确保盾构按规定设计路线顺利到达预定位置,需要认真测定盾构位置,确认隧道内外的联络方法。

③确认盾构慢速推进的起始位置和具体范围。

④确认盾构掘进参数调整的起始位置。

⑤由于推力的影响,确认在盾构推进到位时,是否需要在竖井内侧井壁到达处采取相应的加固支护措施。

⑥制订防止盾壳与地层之间间隙突然涌水、涌砂的紧急处理措施。

⑦确定盾构到达部位周围壁后注浆等的封门工作。

5.2.3 盾构始发案例分析

乌鲁木齐市轨道交通1号线16标段宣仁墩站盾构始发及推进流程如图5-2所示。盾构始发主要包含的工作有:端头加固、洞门破除、洞门密封设置、负环管片拼装、盾构始发掘进。

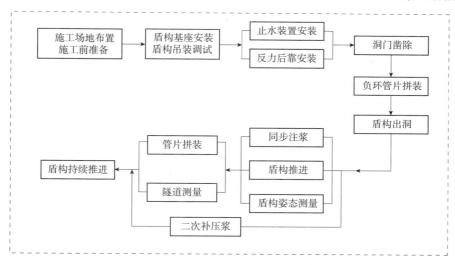

图5-2 宣仁墩站盾构始发及推进流程图

1)端头加固

盾构在出洞时,为了确保盾构出洞施工的安全和更好地保护附近的管线和建筑物,盾构出洞前需对洞口土体进行加固。

宣仁墩站西端头井出洞地基加固土层为1-1杂填土、4-10卵石地层,且无地下水影响。

区间隧道出洞处加固形式为钻孔灌注素桩。靠近车站端头采用单排 φ1000@1000 素桩(强度等级 C20)。素桩设置在车站基坑围护桩外侧,每个洞门范围内 13 根,素桩长度为隧道洞门底下 3m 至围护结构顶,单根桩长度约为 19.5m,如图 5-3 所示。

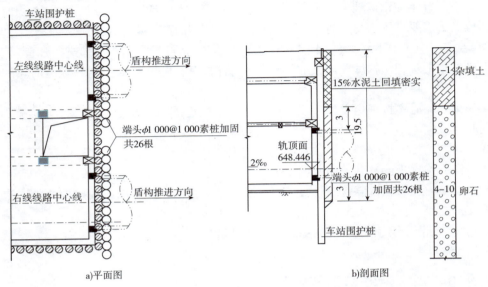

图 5-3 宣仁墩站盾构始发地基加固示意图

2)洞门破除

盾构调试完成,在确保盾构运转状态良好的情况下开始凿除洞门。为保证出洞安全,在凿除洞门前需对加固土体进行验收,在验收良好的情况下开始凿除洞门。

在洞圈内搭设钢制脚手架,凿除工具采用人工高压风镐,凿除顺序:凿除围护桩外侧保护层混凝土至露出钢筋→切除非迎土侧钢筋→凿除钢筋笼中间的混凝土→切除迎土侧钢筋→凿除迎土侧保护层,洞门凿除工作按照先上部后下部的顺序。凿除工作需注意:钻孔灌注桩钢筋割除须彻底,以保证出入口洞门的净空尺寸。从下至上、先两边后中间的顺序凿除所有预留洞内混凝土,割除所有钢筋,并清理底部钢筋混凝土碎块,施工过程应及时清理凿除出的混凝土,及时装入袋中,并堆积在指定的空置位置,最后再集中从预留洞口吊出,不得随意丢弃,凿除施工完毕后拆除脚手架及清除施工引起的残渣。

洞门凿除要连续施工,尽量缩短作业时间,以减少正面土体的流失量。整个作业过程中,由专职安全员进行全过程监督,杜绝安全事故隐患,确保人身安全,同时安排专人对洞口上的密封装置做跟踪检查,起到保护作用。

3)洞门密封设置

由于工作井洞圈直径与盾构外径存有一定的间隙,为了防止盾构出洞时及施工期间土体从该间隙中流失,在洞圈周围安装帘布橡胶板、环板、单向铰链板等组成的密封装置,作为洞口防水的预防措施,如图 5-4 所示。

4)负环管片的拼装

正常段隧道衬砌由六块预制钢筋混凝土管片拼装而成,呈环形式,为小封顶纵向全插入式。在管片拼装过程中严格把握好衬砌环面的平整度、环面的超前量以及椭圆度等的控制。

根据高程和平面的测量报表和管片间隙,及时调整管片拼装的姿态。管片拼装控制要点如下:

(1) 严格控制环面平整度。自负环做起,且逐环检查,相邻块管片的踏步符合设计要求及相关规范,每块管片不能凸出相邻管片的环面,以免邻接块接缝处管片碎裂。

(2) 环面超前量控制。施工中经常检测管片圆环环面与隧道设计轴线的垂直度,当管片超前量超过控制量时,通过调整管片类型及封顶块的位置,保证管片环面与隧道设计轴线的垂直。

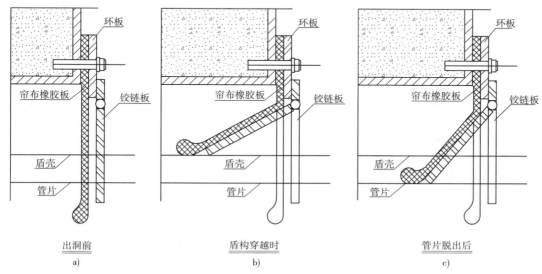

图 5-4 洞口密封装置示意图

(3) 相邻环高差控制。相邻环高差量的大小直接影响到建成隧道轴线的质量及隧道有效断面,因此必须严格控制环高差不超出允许范围内。

(4) 隧道椭圆度控制。每环拼装时,及时测量隧道椭圆度,不合格的及时纠正,直到椭圆度达到要求后再进行下一环的推进。

(5) 在拼装之前清除盾尾拼装部位的垃圾,并检查管片的型号、外观及密封材料的粘贴情况,如有损坏,必须修复才可拼装。第一块定位管片的拼装质量将直接会影响整环管片拼装质量及其与盾构的相对位置,除保证其与前环管片无踏步、居中拼装等一般要求外,还应保证其与隧道轴线的垂直度。

(6) 千斤顶按拼装管片的顺序相应缩回,拼装好后及时靠拢千斤顶,防止盾构后退。拼装结束后,伸出全部千斤顶并控制所需的顶力,再进行下一管片的拼装,这样逐块进行完成每环的拼装,防止盾构姿态发生突变。

(7) 纵向、环向螺栓连接。成环管片均有纵向、环向螺栓连接,其连接的紧密度将直接影响到隧道的整体性能和质量。因此在每环衬砌拼装结束后及时拧紧连接衬砌的纵向、环向螺栓;在推进下一环时,应在千斤顶顶力的作用下,复紧纵向螺栓;当成环管片推出车架后,再次复紧纵向、环向螺栓。

5) 盾构始发掘进

盾构始发阶段掘进可分为如图 5-5 所示的几个步骤。

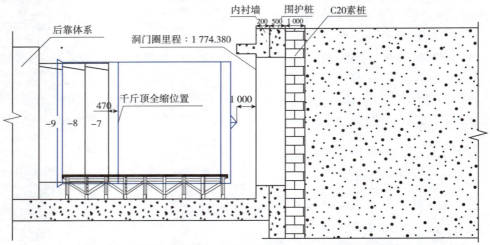

第一阶段:盾构机距离内衬1 000mm(切口里程K1+773.380m)处等待围护桩凿除
a)

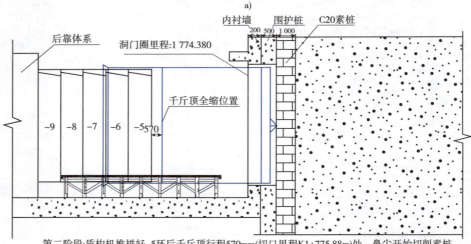

第二阶段:盾构机推拼好−5环后千斤顶行程570mm(切口里程K1+775.88m)处，鼻尖开始切削素桩
b)

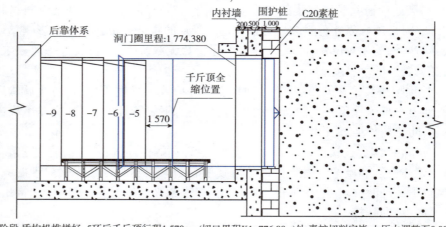

第三阶段:盾构机推拼好−5环后千斤顶行程1 570mm(切口里程K1+776.88m)处,素桩切削完毕,土压力调整至0.08MPa
c)

图 5-5

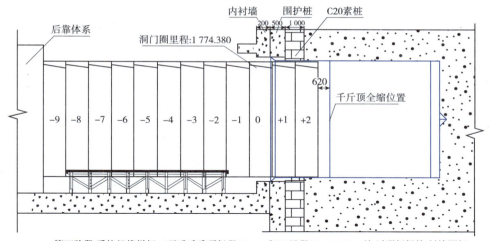

第四阶段:盾构机推拼好+2环后千斤顶行程620mm(切口里程K1+784.33m)处,弧形板焊接,封堵洞门
d)

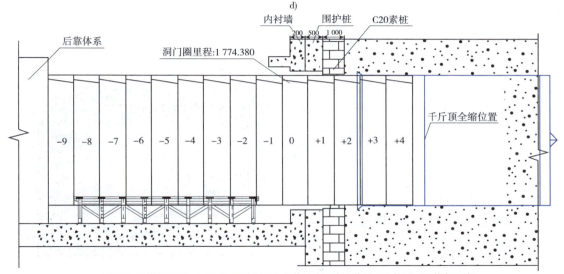

第五阶段:盾构推进+4环时,开始同步注浆,注浆量为正常注浆量60%,推进+5环恢复正常
e)

图5-5 盾构始发阶段划分图

(1)盾构切削加固桩

①土压力设定

正面平衡压力:

$$p = k_0 \gamma h$$

式中:p——平衡压力(包括地下水);

γ——土体的平均重度,综合地层计算得23kN/m³(岩土工程详细勘查报告);

h——隧道中心埋深(m),左线13.446m,右线13.13m;

k_0——土的侧向静止平衡压力系数,取0.26(岩土工程详细勘察报告)。

代入公式得左线$p=0.08$MPa,右线$p=0.08$MPa。

盾构切削加固素桩时,素桩自立性较好,为控制推进轴线、保护刀盘,在这段区域施工时,开始保持 0 土压推进,当推进 50cm 后,盾构推进土压力设定逐渐增加到 0.08MPa。具体设定值根据实际地面监测成果进行调整。

②加固区内推进速度

出洞加固区域内盾构推进速度不宜过快(1.0cm/min 以内),须耐心磨削加固桩,使加固桩得到充分切削。

(2)出加固区后的推进

①加固区后土压力设定

盾构出加固区后,为防止正面土质变化而造成盾构突然"磕头",将平衡压力值设定略高于理论值,实际推进过程中盾构土压力设定值以中部的土压为准,出加固区的土压力控制在 0.08MPa 左右,具体设定值根据工况条件及时调整平衡压力的值,同时根据地层变形量等信息反馈对平衡压力设定值、推进速度等施工参数作及时调整,以利盾构顺利出洞。

②加固区后推进速度

加固区穿越后推进速度控制在 2~4cm/min 之间。穿越建(构)筑物和沉降要求较高的地下管线时推进速度控制在 1cm/min 以内。

宣仁墩站盾构始发各阶段现场施工图如图 5-6 所示。

a)盾构始发基座安装

b)盾构机吊装下井

c)反力后靠架安装

d)洞门拆除

图 5-6

e)盾构始发

图 5-6　盾构始发各阶段现场施工图

5.2.4　盾构到达案例分析

乌鲁木齐市轨道交通 1 号线 16 标段大国区间风井盾构到达主要包含的工作有:盾构进洞地基处理、盾构接收井准备、盾构姿态的复核测量、盾构进洞。

1)盾构进洞地基处理

盾构在到达时,为了确保盾构到达施工的安全和更好地保护附近的管线和建筑物,需对洞口土体进行加固。区间隧道进洞处加固形式为钻孔灌注素桩。靠近风井端头采用单排 $\phi 1000@1000$ 素桩(强度等级 C20)。素桩设置在风井基坑围护桩外侧,共计 23 根,素桩长度为隧道洞门底下 3m 至围护结构顶,单根桩长度约为 26.2m,如图 5-7 所示。

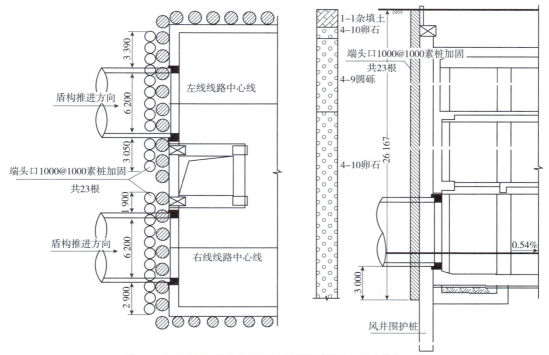

图 5-7　大国区间风井盾构达到地基加固平剖面图(尺寸单位:mm)

盾构到达前对地基加固进行验收,加固强度达到设计要求后,再进行盾构到达施工。如果地基加固效果没有达到预定要求,则采取补加固措施直至合格。

2)盾构接收井准备

盾构接收井施工完成后,接收井内封堵材料等各项工作全部准备就绪。对洞门位置进行方位测量确认,安装盾构接收基座,进行盾构进洞。

(1)盾构基座安放

根据洞门的确切方位,对盾构基座安放位置进行准确放样。基座安装时按照测量放样的基线,吊入井下就位拼装、焊接。基座按设计坡度安放,基座就位后,进行支撑加固加强其整体稳定性。

(2)洞圈止水装置安装

预先在洞圈上安装洞圈止水装置,确保其牢固。

(3)导向轨放置

为了使盾构进洞时有良好的导向,在洞圈上安放导向轨。导向轨在洞圈底部放置2根,延伸至盾构基座上并与基座上的两根导向轨联成一体。

(4)洞圈注浆球阀的布设

为了防止盾构进洞时漏泥浆,及时在渗漏点压注双液浆,在洞圈周围布设6个注浆球阀,如图5-8所示。为了使得注浆效果更佳,注浆球阀后端连接一定长度的1.5寸钢管深入至内道花纹钢板。另外,盾构进洞封门后,接着隧道内管片壁后注浆,此时注浆球阀还将起到泄压检验洞圈注浆效果的作用。

(5)洞圈清理

由于在洞圈内外侧需焊接洞门止水装置及封洞门的弧形插板等,因此洞圈必须清理干净,确保钢洞圈能与其他铁质装置牢固焊接。

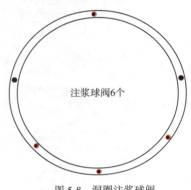

图5-8 洞圈注浆球阀

3)盾构姿态的复核测量

盾构贯通前的测量是复核盾构所处的方位、确认盾构姿态、评估盾构进洞时的姿态和拟定盾构进洞段的施工轴线、推进坡度的控制值和施工方案等的重要依据,以使盾构在此阶段的施工中始终按预定的方案实施,以良好的姿态进洞,准确就位在盾构接收基座上。

4)盾构进洞

在盾构机刀盘破除洞门混凝土后,盾构应尽快推进并拼装管片,尽量缩短盾构进洞时间。视洞圈渗漏情况采取不同的施工措施。

(1)若最后一环进洞环管片留在洞圈内,当特殊管片脱出盾尾后,用预先加工的弧形钢板将特殊管片的端面钢板和钢洞圈焊接并注浆。

(2)若最后一环进洞环管片部分伸出洞圈,特殊环管片脱出盾尾后,先将扇形插板插下,紧贴管片外弧面,并焊接牢固,再用双快水泥封闭管片与钢板间的空隙。洞圈注浆采用单液浆(水泥浆)压注。

进洞时,如发现渗漏,应以封闭管片与洞圈的间隙为主,并根据实际情况制订相应的措施。在渗漏的过程中,必要时可以压注聚氨酯防水。洞门封闭完成后,再进行注浆加固稳定隧道。

盾构进洞针对性技术措施:

(1)管片连接。

最后 10 环管片的纵向螺栓用槽钢连接,以防盾尾在脱出管片后,管片环与环之间间隙被拉大,造成渗水或漏泥。

(2)洞圈超前导向轨道安装。

洞圈内安装一圈弧形钢板以减小盾构与洞圈周边的空隙。在洞圈内根据盾构基座的位置布置两根超前导向轨道,以防止盾构进入洞圈后产生"磕头"现象。超前导向轨道面应略微高于弧形止水钢板。

(3)进洞 10m 的注浆施工。

当盾构切口位置离结构约 8m 时,开始通过盾构机切口环周边的 6 个注浆孔对外部土体进行注浆,以提高此范围内的土体强度。

5.3 盾构机转场关键技术

盾构机转场是盾构机在施工过程中变换工作位置的一道工序,盾构机转场方式主要取决于盾构机自身状况和井口布置。盾构转场工序复杂,主要由盾构到达、盾构拆解、盾构主要部件的维修、盾构主要部件的运输、盾构主要部件的下井组装、盾构后配套台车的过站、盾构的调试、盾构的再次始发等工序组成。

5.3.1 盾构机拆解

1)拆机前的准备工作

拆机前需拟订合理可行的拆机方案,按拆机顺序制订拆机进度计划表,准备拆机工具如液压扳手,不同型号的活动、开口、梅花扳手,管钳,链条扳手,倒链,不同型号需用钢丝绳,卡环,一字或十字螺丝刀,胶布,标记牌,铁丝,老虎钳,扎带,焊机,盾构吊装吊耳,钢板,零配件集装箱等。

2)拆机顺序

拆机时总体按从小到大从辅到主的顺序及工序互不冲突的原则进行。具体步骤:停机(确定推进油缸、管片拼装机、螺旋输送机轴及闸门位置),固定设备桥架(与一平板车固定),断开盾体与设备桥(台车后移),拆刀盘及回转接头,拆除螺旋输送机,拆盾尾,拆管片拼装机,拆中前盾连接螺栓,分离中前盾(装翻转吊耳),视现场情况吊装中前盾。

3)拆机流程

(1)停机

停机前确定推进油缸、管片拼装机、螺旋输送机轴及闸门的位置,便于后期拆除及吊装,避免停机位置不当造成吊装时损坏零部件。

(2)管线拆除

管线拆除按照先水气、油脂后液压的总体原则进行,拆除过程中重点考虑盾体两连接部分管线,拆除时考虑拆装的方便性及管线固定端的选择,防止固定端选择不当带来的管线压坏及安装困难。拆除过程中一定要注意做好接头标记及保护好标记,并用堵头或洁净的塑料薄膜包好接头,将管线固定好,方便吊装。

(3)固定设备桥架

停机后将设备桥架固定在一平板拖车上,保持其与后配套拖车的相对位置不变,便于后期后配套的后移及前进。

(4)拆刀盘及回转接头

选择将回转接头与刀盘一起拆除,减轻因空间不足带来的拆装工作量,松动所有与前盾连接螺栓并用吊车吊住刀盘,拆除所有螺栓后用千斤顶使刀盘与盾体分离(定位销被拔出)。若经验不足,在拆螺栓前未采取措施将刀盘与盾体用钢筋焊接,则拆除最后一颗螺栓时可能会费时费力。

(5)拆除螺旋输送机

拆除螺旋输送机时充分利用螺机上的多个吊耳,在盾体上找到两个固定吊点,用倒链和吊机配合及三点定两点倒一点的方法吊出螺机并放至平板车上固定。实际操作中可考虑将螺机中心后移,用吊机直接将其吊出。

(6)拆盾尾

拆除中盾与盾尾连接铰接油缸销子,在中盾与盾尾壳体上各焊接两块钢板,用液压千斤顶使中盾与盾尾分离,在顶进过程中观察销子及油缸靴撑与盾尾的相对位置,预防相关部件损坏。

(7)管片拼装机

管片拼装机拆除前用吊车吊住管片拼装机后拆除螺栓。需将管片拼装机平衡起吊,防止螺栓受力难拆除。

(8)中前盾拆除及吊装

使用液压扳手拆除中前盾连接螺栓,借助液压千斤顶分离中前盾,连接前盾及中盾翻转吊耳,分别将前中盾吊上地面后借助另一吊机翻转前中盾。

5.3.2 盾构机吊装出井

1)焊接

本体平移至吊装井后,搭设脚手架焊接刀盘、切口环、支撑环、盾尾的吊环,焊接完后进行探伤,焊缝质量达到标准要求。

2)拆卸刀盘

(1)拆除刀盘盘体与切口环间的连接螺栓;

(2)拆除刀盘盘体与中心回转接头间的螺栓及连接管路;

(3)按图5-9所示将刀盘吊上地面。

3)拆除、起吊盾尾及拼装机

(1)焊接盾尾内部支撑;

(2)拆除拼装机与H形支架间的连接销轴;

(3)将拼装机吊上地面;

(4)将盾尾起吊至地面。

第5章 卵石地层盾构转场、始发与到达施工技术

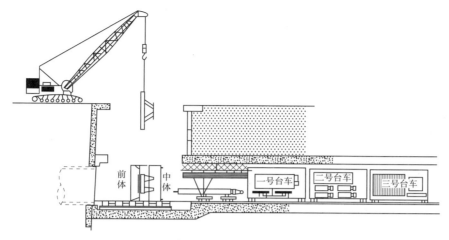

图5-9 刀盘上井示意图

4）拆切口环

（1）拆除切口环与支撑环的连接螺栓；

（2）按图5-10所示将切口环吊上地面；

（3）切口环吊上地面翻身后直接装车运至指定位置。

5）支撑环吊上井

支撑环吊上地面翻身后直接装车,如图5-11所示。

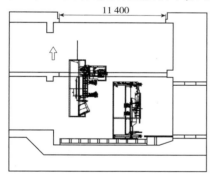

图5-10 切口环上井示意图（尺寸单位:mm）

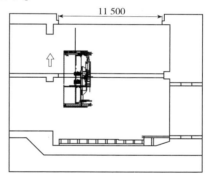

图5-11 支撑环上井示意图（尺寸单位:mm）

6）起吊螺旋机

待本体起吊完毕后,将螺旋机吊装上井,如图5-12所示。

支撑环、切口环、盾尾及刀盘采用履带吊装上井后,用汽车吊配合翻身,缓慢放在平板车上,直接运输到指定的存放场地。

5.3.3 盾构吊装入井

1）设备桥下井

设备桥下井后,后部与1号拖车连接,前部放在

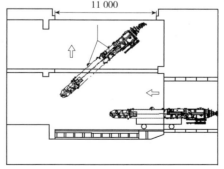

图5-12 螺旋机上井示意图（尺寸单位:mm）

管片小车上已固定好的支架上。设备桥放在支架上后,要保证设备桥前部连接位置的高度与管片机实际连接高度一样,以便后续安装方便,如图5-13所示。

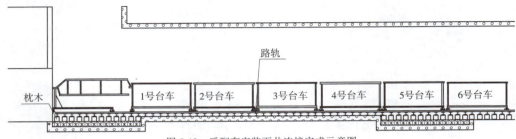

图5-13 后配套安装下井连接完成示意图

2)螺旋输送机下井

螺旋输送机下井前先在井底轨道按照螺旋机支座距离定位两节平板小车,然后将螺旋机下井,固定在平板小车上,移至车站内待下一步安装,如图5-14所示。

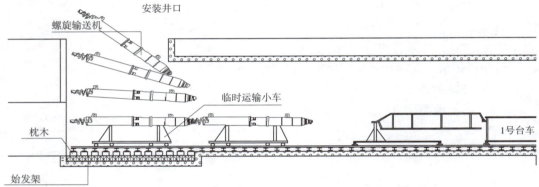

图5-14 螺旋输送机吊装示意图

3)主机组装

主机组装前将井内临时支架、轨道拆除,做好始发架的安装定位加固工作。盾体下井前清洁结合面,涂抹润滑油脂。在地面上完成盾尾止浆板和铰接密封的安装,并割除盾尾临时支撑。

(1)中盾组装(含人舱)

采用两台起重机配合地面翻转,翻转后吊装下井。中盾下井后采用分体式液压千斤顶对中盾进行后移,保证前盾体有足够的吊装空间,如图5-15所示。

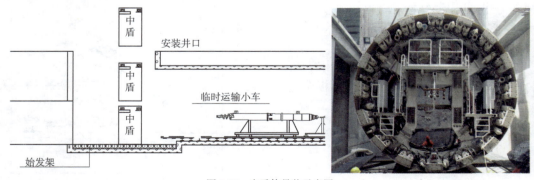

图5-15 中盾体吊装示意图

(2) 前盾安装

采用两台起重机配合地面翻转,翻转后吊装下井,如图5-16所示。前盾与中盾贴近前安装人舱密封和中前盾密封,并涂抹黄油以防止密封脱落。在吊装状态对准销子孔后安装中盾与前盾连接螺栓。人舱安装螺栓和中前盾连接螺栓必须先全部穿进连接孔内后,再用风动扳手紧固4个角的螺栓,然后吊车才能松钩。注意:螺栓涂抹螺纹紧固剂。螺栓按规定力拒紧固。

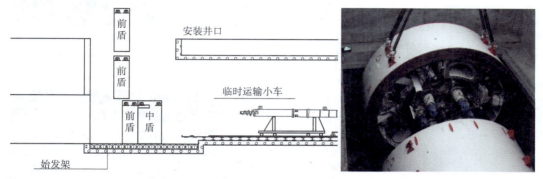

图5-16 前盾体吊装示意图

(3) 刀盘安装

采用两台起重机配合地面翻转,翻转后吊装下井,如图5-17所示。刀盘连接销子要在地面安装完成。安装刀盘与主驱动时先对好销子孔,再连接螺栓。紧固4个角后,吊车松钩。用辅助泵站驱动盾构底部两个油缸将盾体整体前移至掌子面。

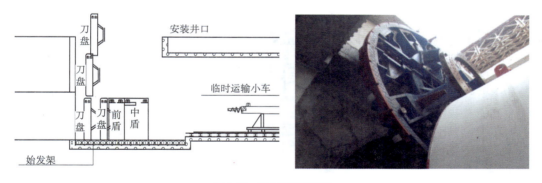

图5-17 刀盘吊装示意图

4) 管片拼装机下井

管片拼装机吊装下井如图5-18所示。

5) 盾尾下井前需要安装盾尾密封

盾尾下井后盾尾与中盾间留有0.5m的距离。以便后续安装螺旋输送机。尾盾吊装示意图如图5-19所示。

6) 螺旋输送机安装

将螺旋输送机平推至盾壳内,用两辆吊车分别吊起螺旋输送机前后两端,移走管片小车,然后前端用10t倒链后端用吊车多次调整,将螺旋输送机安装到位,如图5-20所示。

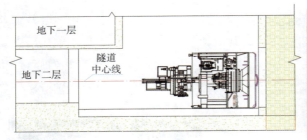 

图 5-18 管片拼装机吊装示意图

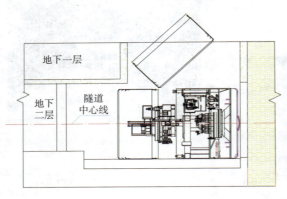 

图 5-19 尾盾吊装示意图

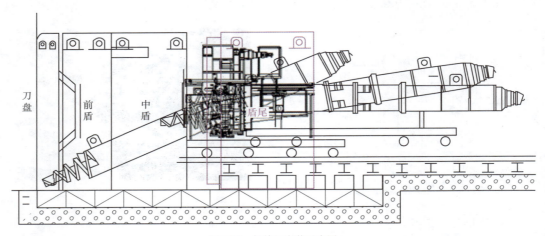

图 5-20 螺旋机安装示意图

7) 盾尾安装

用液压泵站前移盾尾,前移过程中注意保护铰接密封及压板,避免刮伤。最后安装铰接油缸。

8) 完成主机连接

先安装反力架下部,然后进行拖车轨道铺设,再将后配套前移并与主机连接。后配套与主机管线连接,上部反力架安装,如图 5-21 所示。

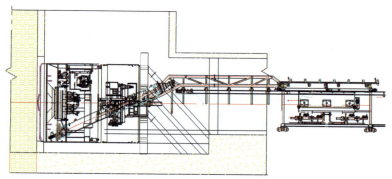

图 5-21　主机连接完成示意图

5.4　盾构机吊装对隧道及车站结构的影响

由于施工流程的需要,盾构法施工时需在区间风井或轨道交通车站处将盾构机吊装入井和出井。盾构机自重大、吊装难度高,在场地受限的情况下,吊装盾构机的起重机位可能会布置在隧道的上方并靠近轨道交通车站端头井。盾构机吊装对隧道和轨道交通车站的变形与受力影响不容忽视[4-5]。以下着重以乌鲁木齐轨道交通 1 号线 16 标段大地窝堡站盾构出入井吊装工程为背景,采用 ABAQUS 分析软件建立三维数值模型,分析实际地层条件下,盾构吊装对隧道及车站结构变形和受力的影响。

5.4.1　工程概况

1) 工程背景

因轨道交通线路施工流程的需要,需将盾构机从车站结构端头井吊入和吊出。宣仁墩—大地窝堡站区间左右线隧道采用盾构法同时施工。盾构隧道右线先到达大地窝堡站的东端头,之后进行盾构机出井吊装,再在大地窝堡站西端头右线吊装入井。左线晚于右线到达大地窝堡站,左线到达时,右线隧道的盾构机已完成出入井吊装。左线到达大地窝堡站东端头后进行盾构机出井吊装,再在大地窝堡站西端头左线吊装入井。大地窝堡站盾构机吊装涉及的工况列于表 5-1。

盾构机出入井吊装工况　　　　表 5-1

工况名	工况 1	工况 2	工况 3	工况 4
吊装内容	东端头右线出井吊装	西端头右线入井吊装	东端头左线出井吊装	西端头左线入井吊装
隧道左线	尚未到达	尚未始发	已到达	尚未施工
隧道右线	已到达	尚未始发	已到达	已始发

2) 车站基坑支护方案及隧道材料信息

车站附近隧道埋深约为 17m,盾构隧道开挖外径 6.2m,管片厚度 0.35m,隧道内径 5.5m,隧道衬砌管片采用 C50 混凝土。车站埋深约为 3m,车站基坑支护结构采用钻孔灌注桩加内支撑方案,桩直径为 0.8m,端头井处桩距为 1.2m,标准段处桩距为 1.4m,桩间采用厚 100mm C25 挂网喷射混凝土。钻孔灌注桩和冠梁的混凝土强度等级为 C30,冠梁尺寸为

1.0m×1.0m。车站结构的侧墙、顶板、底板、顶板梁、底板梁、壁柱、暗柱采用C45高性能防水混凝土,中板、中板梁采用C35混凝土。混凝土材料信息见表5-2。

车站主体结构材料参数   表5-2

材料名称	重度(kN/m³)	弹性模量(kN/m²)	泊松比	抗压强度标准值(kN/m²)	抗拉强度标准值(kN/m²)
C30	25.00	30 000 000	0.200	20 100	2 010
C35	25.00	31 500 000	0.200	23 400	2 200
C45	25.00	33 500 000	0.200	29 600	2 510
C50	25.00	34 500 000	0.200	32 400	2 640

3)地层结构

建设场地内主要地层为杂填土和卵石,各地层的计算参数见表5-3。地下水位较深,可不考虑地下水对工程的影响。

地 层 参 数   表5-3

地层	土体名称	土层厚度	重度(kN/m³)	黏聚力(kN/m²)	内摩擦角(°)	弹性模量(kN/m²)	泊松比
1-1	杂填土	1~3m	18.9	0	17	20 000	0.290
4-10	4-10-1卵石(中密)	1~7m	23.0	0	42	73 000	0.230
4-10	4-10-2卵石(密实)	7m以下	23.0	6	44	75 000	0.210

4)盾构机吊装说明

隧道施工使用的土压平衡盾构机,整体质量约为470t,全长约为80m,难以实行整体吊装,为此将盾构机拆分为刀盘、前盾、中盾等几个独立的构件分别进行吊装[6-7],各构件尺寸、质量以及吊装质量见表5-4。采用QUY400履带式起重机进行吊装[8],该起重机使用基本臂时自重为352t。因起重机作业地面处有约3m厚承载力较低的杂填土,吊装时在起重机的两条履带下分别铺设20mm厚3m×10m的钢板。结合待吊装构件的质量、尺寸和起重机的工作半径以及场地限制条件等因素,起重机的布置位置如图5-22所示,车站结构端头井结构平面图如图5-23所示。

盾构机各构件基本参数表   表5-4

编号	名称	轮廓尺寸(mm)	单体质量(t)	吊装质量(t)
1	刀盘	6 470×1 600	57.9	82.9
2	前盾	6 430×2 078	115.0	155.0
3	中盾	6 430×2 820	95.0	129.9
4	盾尾	6 420×3 890	32.0	50.2
5	瓦片安装机	5 280×5 048×3 600	20.0	35.0

前盾质量最大为115.0t,吊装质量为155.0t(1.35的动荷载系数),吊装前盾时为最不利工况。表5-1中工况2盾构机吊装时,隧道还未开始施工,仅需考虑其对车站结构的影响;工况3吊装盾构机时,起重机位需布置在隧道的上方,需考虑其对隧道和车站结构的影响。下面以这两个工况为例,分析盾构机的前盾吊装对隧道和车站结构的影响。

第5章 卵石地层盾构转场、始发与到达施工技术

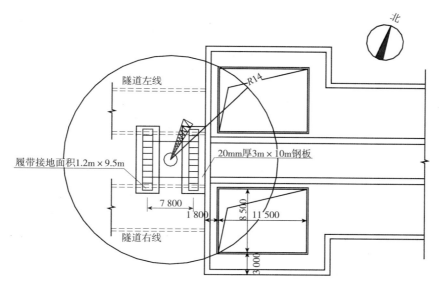

图 5-22 起重机与隧道、车站位置关系(尺寸单位:mm)

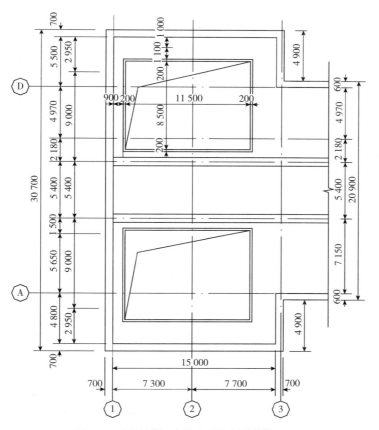

图 5-23 车站结构端头井平面图(尺寸单位:mm)

5.4.2 模型建立

数值模拟分析的可靠性首先依赖于模型建立的合理程度。合理的模型应以一定的原则为基础，模型建立遵循总体原则如下：

① 选取合理的本构模型；
② 材料参数取值要合理；
③ 选取合适的结构单元；
④ 选择合适的网格尺寸和单元形状；
⑤ 模拟边界条件和初始条件应尽量符合实际。

1) 分析软件简介

分析采用 ABAQUS 软件，ABAQUS 是由总部位于美国罗得岛州的达索 SIMULIA 公司开发的大型商业有限元计算软件。该软件具有强大的工程模拟仿真功能，应用范围广泛，可处理相对简单的线性分析问题，也可处理许多复杂的动力非线性、接触问题。ABAQUS 包含两个求解器模块：显式求解器 Explicit 模块和隐式求解器 Standard 模块。ABAQUS 包括一个丰富的、可模拟任意几何形状的单元库，一共有 8 个单元组共 433 种单元，并拥有各种类型的材料模型库，可以模拟典型工程材料的性能，其中包括金属、橡胶、高分子材料、复合材料、钢筋混凝土、可压缩超弹性泡沫材料以及土壤和岩石等地质材料。

2) 本构模型的选择

岩土是各向异性材料，不但应力水平影响它的性能，其受力过程亦即所谓的应力路线，也影响它的应力-应变关系，因此，要选择一种数学模型来全面、正确地反映这些复杂关系的所有特点是非常困难的。

ABAQUS 提供了多种弹塑性本构模型，可对弹性模型、Mohr-Coulomb 模型、砌体节理模型、应变软化和强化等多种材料进行模拟。实际中，岩土体具有非常复杂的力学特性，如非线性与硬(软)化、压硬性、剪胀(缩)性和流变性等，要在一个模型中全部反映这些特性是不可能的，关键是依据所研究的问题，抓住影响变形的主要特性来选择本构模型。同时，亦要考虑本构模型的多功能要求与简便性之间的矛盾，要选用一个既能反映基坑附近岩土的一些主要变形特性，同时模型本身不过于复杂，计算参数容易确定的本构模型。基于上述特点，土体采用弹塑性的 Mohr-Coulomb 模型。

Mohr-Coulomb 模型表述岩土体的强度特征，整体适用于基坑岩土体的剪切破坏。它将岩土体的受压、受拉、受剪应力状态与强度条件紧密结合起来，不仅能以简洁的判据判别岩土体在某种应力状态下的破坏情况，并近似确定破坏面的方向，而且也能反映岩土体抗拉强度小于抗压强度这一特性，并能解释岩土体三向拉伸会破坏而三向等压时不会破坏的现象。因而该准则原理简单，便于应用，且比较全面地反映了岩土体的强度特性。

隧道结构、车站基坑支护结构、车站结构的墙体、楼板、梁柱等构件都按弹性考虑。

3) 结构单元

ABAQUS 的单元库包括实体单元、壳单元、膜单元、梁单元、桁架单元、刚体单元、连接单元、无限单元，如图 5-24 所示。

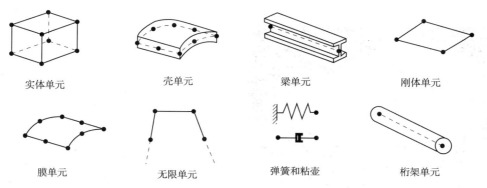

图 5-24 ABAQUS 单元族

选用实体单元族中的 C3D8R 实体单元模拟土体,结构楼板、结构墙以及隧道管片衬砌选用壳单元族中的 S4R 来模拟,采用线单元族中的 B31 单元来模拟结构梁以及柱。

4)边界条件

边界条件的设置需要考虑到模型的边界与实际情况尽可能地一致,具体设置为:在模型的底部约束 X、Y、Z 三个方向的位移,在模型的四个侧面约束该面的法向位移(水平方向位移固定,垂直方向位移可自由变化),模型顶面为自由边界。

5)建立分析模型

车站结构和隧道受力具有典型的空间特性[9],采用三维分析模型进行分析。车站主体结构端头井部位的尺寸为 30.7m×16.4m×17.02m(长×宽×深),为消除边界效应,模型的平面尺寸取 120m×64m,深度方向取 42m,如图 5-25 所示为模型的示意图。

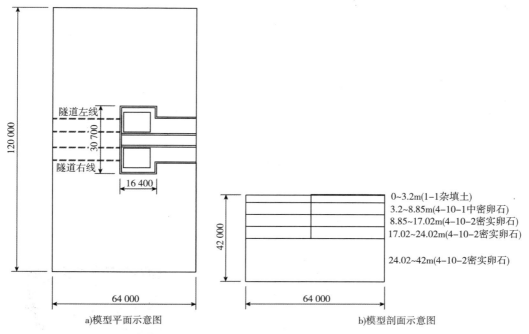

图 5-25 模型示意图(尺寸单位:mm)

建模时，将基坑支护结构的灌注桩按抗弯刚度等效的原则折算成一定厚度的地下连续墙，并与车站结构外墙形成一个整体。

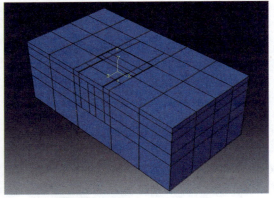

图5-26 几何模型的分割

隧道结构与土体直接采用共节点的方式连接，认为它们始终是协调变形的[4]。土体与基坑支护结构、车站结构之间接触的部位采用ABAQUS中的交互连接，土体与基坑支护结构、车站结构之间的法线方向可以传递压应力，切线方向可传递摩擦力，摩擦系数根据工程经验取0.25。

先将几何模型分割为几个规则的部分，如图5-26所示，然后对各分割部分进行网格划分，从而达到控制网格形状和质量的目的，实现对复杂模型的网格划分。网格划分如图5-27所示。

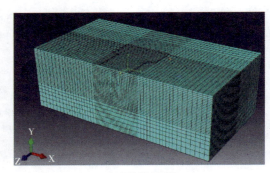

a)整体模型网格

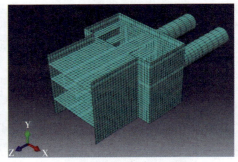

b)车站结构和隧道部分的网格

图5-27 模型网格划分

在ABAQUS软件中通过生死单元法实现隧道开挖、基坑开挖、支护以及车站主体结构的建立[10]。分析过程可分为：①施加初始地应力；②施加车站主体结构自重和基坑周围地面超载；③施加隧道结构自重；④施加吊装荷载。分析流程为：建立土体、基坑支护结构、车站主体结构、隧道结构的几何模型，并进行网格划分，定义好隧道与土体、车站主体结构与土体之间的接触关系和相关边界条件。根据分析工况停用或激活相关单元以及相关接触和边界条件。以工况3为例，建模和分析流程见表5-5。

分析工况与单元生死　　　　表5-5

分析工况	车站结构单元	隧道结构单元	车站内土体单元	隧道内土体单元	模型示意图
(1)施加初始地应力	停用	停用	—	—	

续上表

分析工况	车站结构单元	隧道结构单元	车站内土体单元	隧道内土体单元	模型示意图
(2)施加车站主体结构自重和基坑周围地面超载	激活	停用	停用	—	
(3)施加隧道结构自重	激活	激活	停用	停用	
(4)施加吊装荷载	激活	激活	停用	停用	

6)初始应力状态

初始地应力场的存在和影响不容忽略,它既是影响岩土体力学性质的重要控制因素,也是岩土体所处环境条件下发生改变时引起变形和破坏的重要力源之一。

实际工程中,车站基坑开挖之前可以认为土体固结已经完成,土体中的初始应力是土体在自重应力作用下产生的,此初始状态中,土体的位移和速度为零,但应力状态与自重作用下的一致。采用 ABAQUS 中自带的 GEOSTATIC 分析步产生初始地应力,图 5-28 为自重作用下土体中的应力(初始应力)。吊装前土体的应力如图 5-29 所示,盾构机吊装则是在此基础上进行的。

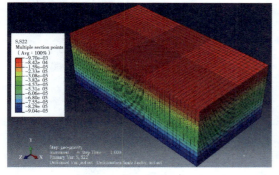
图 5-28 自重作用下土体中的应力(S22,单位:N/m²)

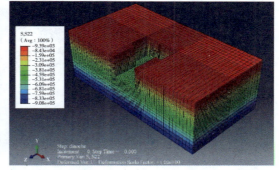
图 5-29 吊装前土体的应力(S22,单位:N/m²)

5.4.3 吊装对隧道和车站主体结构的影响分析

分析时需要考虑地面超载作用,标准段地面超载取 20kPa、车站端头井处地面超载取 30kPa。在车站基坑支护结构周围 0~5m 范围内布置超载作用。吊装时,车站顶部的回填土没有回填,未考虑基坑范围内的回填土。

起重机自重为 352t,前盾质量为 115t,考虑动载系数 1.35 后,总质量为 630.5t,该荷载作用在两块 20mm 厚的 3m×10m 的钢板上,按均布荷载考虑,大小为 103.0kN/m²,计算过程见式(5-1)。

$$q=\frac{(352+115)\times 9.8\times 1.35}{2\times 3\times 10}=103.0(kN/m^2) \qquad (5-1)$$

1) 起重机位下无隧道时吊装对车站主体结构的影响分析

表 5-1 中工况 2 盾构机吊装时,隧道还未开始施工,仅需考虑其对车站结构的影响。

(1) 车站结构

吊装引起的车站结构的位移、应力变化如图 5-30、图 5-31 所示。车站结构 X、Y、Z 三个方向增加的最大位移分别为 0.068mm、0.63mm、1.19mm,车站结构所有构件主应力变化 σ_1 位于 0~0.98MPa 之间,σ_3 位于 -1.03MPa~0 之间。

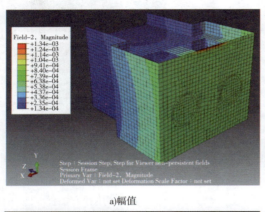
a) 幅值

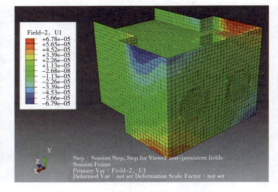
b) X 方向

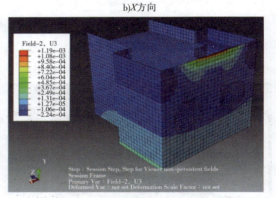
c) Y 方向 d) Z 方向

图 5-30 吊装引起的车站结构的变形图(单位:m)

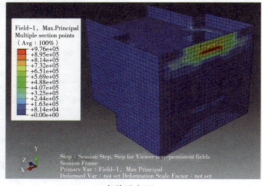
壳单元底面

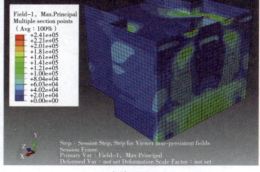
壳单元顶面

a) σ_1

图 5-31

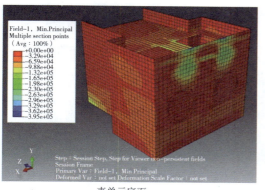

b) σ_3

图 5-31 吊装引起的车站结构的应力分布（单位：Pa）

（2）车站结构端头井的端墙

吊装引起的车站结构端头井的端墙的应力云图如图 5-32 所示。主应力变化 σ_1 位于 0~0.98MPa 之间，σ_3 位于 -1.03MPa~0 之间。

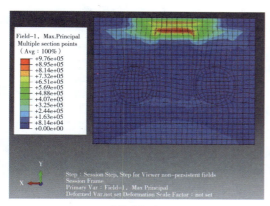
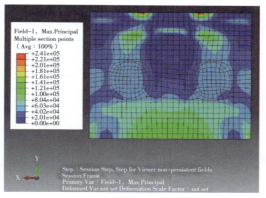

a) σ_1

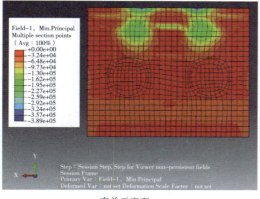
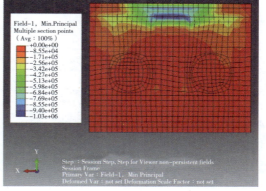

b) σ_3

图 5-32 吊装引起的车站结构端头井的端墙的应力分布（单位：Pa）

经分析车站端头井处受盾构机吊装的影响最大,将车站结构端头井的端墙沿垂直于墙体方向(Z方向)的位移变化最大部位结果提取出来。提取部位对应的节点位置如图5-33所示。吊装工况引起的节点水平位移变化(Z向)沿基坑深度方向的分布如图5-34所示。

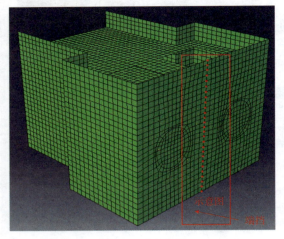

图5-33 节点位置

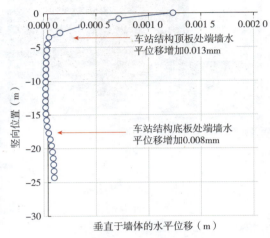

图5-34 吊装引起的节点水平位移变化(Z向)沿基坑深度方向的分布图

(3)其他部位

吊装引起的车站结构响应变化见表5-6。

吊装引起结构响应变化最大值　　　　　　　　　　表5-6

部 位	响应类型	吊装引起的响应变化最大值
结构(所有构件)	X向位移(mm)	0.063
	Y向位移(mm)	0.63
	Z向位移(mm)	1.19
	应力 σ_1(MPa)	0~0.98
	应力 σ_3(MPa)	-1.03~0
车站结构端头井的端墙	应力 σ_1(MPa)	0~0.98
	应力 σ_3(MPa)	-1.03~0
车站结构端头井的扶壁柱	应力 σ_1(MPa)	0~0.54
	应力 σ_2(MPa)	-0.61~0
基坑支护结构的冠梁	应力 σ_1(MPa)	0~0.66
	应力 σ_2(MPa)	-0.73~0

吊装引起的车站结构所有构件中主应力位于-1.03~0.98MPa之间,最大应力变化发生在车站结构端头井的端墙处。吊装引起的车站结构所有构件中 X、Y、Z 方向的位移变化为0.063mm、0.63mm、1.19mm。车站结构端头井的端墙,在车站结构顶板处的水平位移为0.013mm,在车站结构底板处的水平位移为0.008mm。吊装引起的车站结构应力和变形的变化较小,结构仍处于安全的范围内。

2)起重机位下由已建隧道时吊装对隧道和车站主体结构的影响分析

表5-1中工况3吊装盾构机时,起重机位需布置在隧道的上方,需考虑其对隧道和车站

结构的影响。

(1) 车站结构

图 5-35、图 5-36 为吊装工况引起的车站结构的位移变化、应力变化。车站结构由吊装工况引起的 X、Y、Z 三个方向的最大位移变化分别为 0.06mm、0.61mm、1.16mm，引起的车站结构所有构件中主应力变化 σ_1 位于 0~0.93MPa 之间，σ_3 位于 -0.98~0MPa 之间。

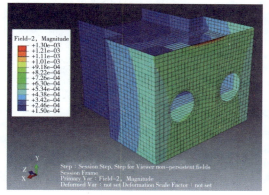

a) 幅值

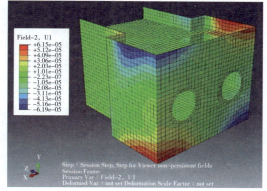

b) X 方向

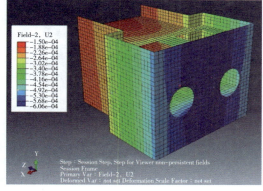

c) Y 方向

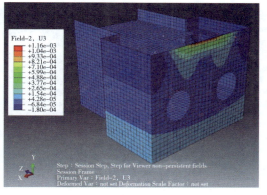

d) Z 方向

图 5-35　吊装引起的车站结构位移变化图（单位：m）

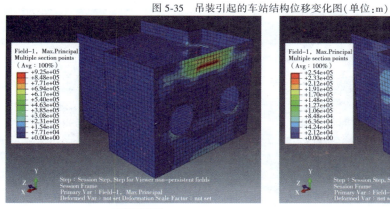

壳单元底面

壳单元顶面

a) σ_1

图 5-36

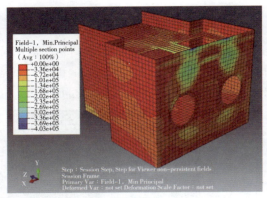
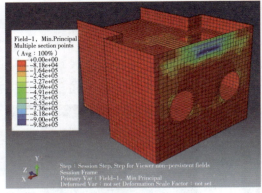

壳单元底面   壳单元顶面

b) σ_3

图 5-36 吊装引起的车站结构的应力变化分布(单位:Pa)

(2) 车站结构端头井的端墙

图 5-37 为仅由吊装工况引起的车站结构端头井的端墙的应力变化。其主应力变化 σ_1 位于 0~0.93MPa 之间，σ_3 位于 -0.98MPa~0 之间。

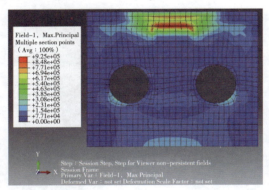

壳单元底面   壳单元顶面

a) σ_1

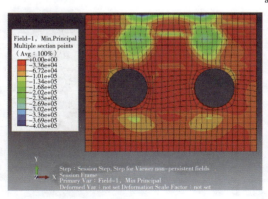
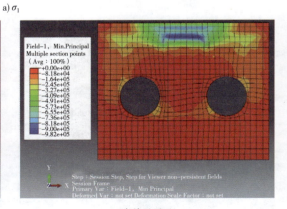

壳单元底面   壳单元顶面

b) σ_3

图 5-37 吊装引起的车站结构端头井的端墙的应力变化分布(单位:Pa)

(3) 隧道变形与应力

图 5-38、图 5-39 为仅由吊装工况引起的东端头左线隧道的位移变化、应力变化。由吊装工况引起的 X、Y、Z 三个方向的最大位移变化分别为 0.79mm、1.90mm、0.07mm，引起的主应力变化 σ_1 位于 0~0.53MPa 之间，σ_3 位于 -0.53MPa~0 之间。

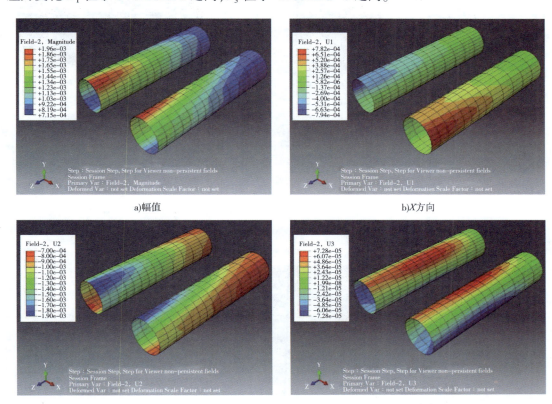

a) 幅值　　　　　　　　　　　　　　b) X 方向

c) Y 方向　　　　　　　　　　　　　d) Z 方向

图 5-38　吊装引起的隧道位移变化图（单位：m）

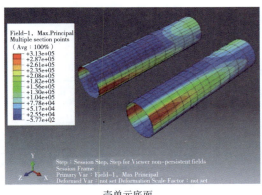
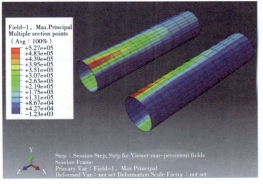

壳单元底面　　　　　　　　　　　　壳单元顶面

a) σ_1

图 5-39

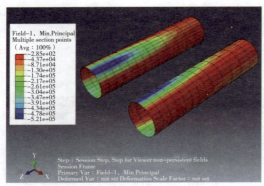 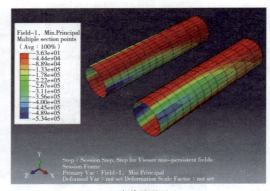

壳单元底面　　　　　　　　　　　　　壳单元顶面

b) σ_3

图 5-39　吊装引起的隧道应力变化分布（单位：Pa）

提取隧道顶部和底部的节点位移（节点位置见图 5-40），得到吊装引起的隧道顶部位移、底部位移以及顶部与底部的位移差如图 5-41 所示。由图 5-41 可知，吊装引起的隧道顶部最大位移为 -1.90mm，底部最大位移为 -1.00mm，顶部与底部的位移差约为 1.00mm。位移差沿着远离车站的方向逐渐减小。同时，隧道顶部和底部节点沿 X 方向（垂直于隧道长度方向）的最大位移为 0.45mm。

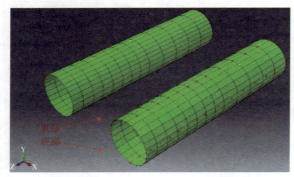 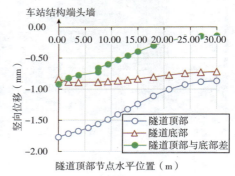

图 5-40　节点位置示意图　　　　　图 5-41　吊装引起的隧道位移变化图

（4）其他部位

吊装引起的车站结构和隧道的响应变化见表 5-7。

吊装引起结构和隧道响应变化最大值　　　　表 5-7

部　位	响应类型	吊装引起的响应变化最大值
结构 （所有构件）	X 向位移（mm）	0.06
	Y 向位移（mm）	0.61
	Z 向位移（mm）	1.16
	应力 σ_1（MPa）	0~0.93
	应力 σ_3（MPa）	-0.98~0
车站结构端头井的端墙	应力 σ_1（MPa）	0~0.93
	应力 σ_3（MPa）	-0.98~0

续上表

部　位	响 应 类 型	吊装引起的响应变化最大值
车站结构端头井的扶壁柱	应力 σ_1(MPa)	0~0.52
	应力 σ_2(MPa)	−0.60~0
基坑支护结构的冠梁	应力 σ_1(MPa)	0~0.63
	应力 σ_2(MPa)	−0.70~0
隧道结构	X 向位移(mm)	0.79
	Y 向位移(mm)	1.90
	Z 向位移(mm)	0.07
	应力 σ_1(MPa)	0~0.53
	应力 σ_3(MPa)	−0.53~0

吊装引起的车站结构所有构件中主应力位于 −0.98~0.93MPa 之间,最大应力变化发生在车站结构端头井的端墙处。吊装引起的车站结构所有构件中 X、Y、Z 方向的位移变化为 0.06mm、0.61mm、1.16mm。隧道结构 X、Y、Z 方向的位移变化为 0.79mm、1.90mm、0.07mm,隧道底部竖向沉降最大值约为 1.0mm,主应力变化位于 −0.53~0.53MPa 之间。吊装引起的隧道和车站结构应力和变形的变化较小,结构仍处于安全的范围内。

5.4.4　实际吊装过程变形监测

考虑到数值模拟过程中对模型进行了适当的简化处理(如将钻孔灌注桩支护结构折算成一定厚度的地下连续墙;土体与基坑支护结构、车站结构之间接触、隧道与土体接触等),数值模型与实际情况之间存在一定的差异,为确保车站结构和隧道在吊装过程中的安全性,需对其变形进行密切的监测。参考数值模拟计算结果,监测点布置和需要监测的内容如图 5-42 所示。

实际吊装过程中需关注车站结构端头井的端墙同一水平位置或同一竖向位置,相邻两个监测点间的相对位移 θ 见式(5-2)。

$$\theta = \frac{|\Delta_i - \Delta_j|}{d_{ij}} \tag{5-2}$$

式中:Δ_i——i 监测点的位移;
　　　Δ_j——j 监测点的位移;
　　　d_{ij}——i、j 两点的距离。

在实际吊装过程中,应重点监测车站结构端头井端墙的各相邻监测点间相对位移 θ 以及吊装引起的基坑支护结构顶部以及冠梁的水平位移差,车站结构顶板处的竖向位移差,隧道侧移以及沉降。

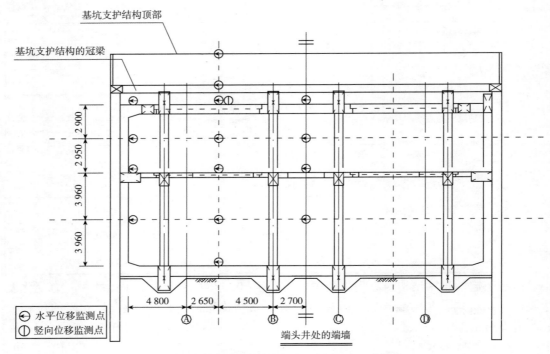

图 5-42 车站结构端头井的端墙变形监测布置图(尺寸单位:mm)

5.5 本章小结

(1)对盾构始发与到达施工技术进行了分类,结合乌鲁木齐轨道交通 1 号线地层特性,罗列了无水砂卵石地层盾构始发与到达关键技术及控制要点。

(2)提出盾构转场主要工序及其关键技术控制措施。

(3)采用 ABAQUS 分析软件建立三维模型,模拟分析盾构机吊装对隧道和车站结构的影响,为类似盾构工程提供参考,具体结论如下:

①起重机履带接地面积小,对地面承载力要求高,实际工程中可通过加大起重机履带接触面积或通过加强地面承载力以满足吊装的要求;

②吊装导致隧道和车站主体结构最大拉应力和最大压应力增大,车站结构应力变化最大发生在车站结构端头井的端墙处,本章工程实例吊装对隧道和车站结构受力影响较小;

③吊装导致车站主体结构产生位移,使隧道产生侧移和沉降,本工程实例吊装隧道和车站结构位移变化幅度较小;

④吊装时应实时对车站结构、基坑支护结构和隧道进行监测,根据监测情况采取相应的有效措施,并做好突发事件应急预案,确保吊装过程中隧道和车站主体结构的安全性。

第6章

砂石料坑回填区膏体注浆加固及盾构掘进

土压平衡盾构掘进机具有土层适用范围广、掘进速度快、工程质量好等优点,在国内外地下工程,尤其是城市地下工程建设中得到越来越广泛的应用。在使用盾构法进行城市轨道交通隧道修建中,不可避免的要对线路沿线地面建(构)筑物造成一定程度的影响,尤其是盾构穿越回填区等特殊地层时,由于回填区土体组成复杂,地层结构软弱,特别需要加强盾构施工技术参数的防控,以减小由于盾构隧道施工引起的地层移动和沉降,避免地表及周边既有建(构)筑物发生过量变形与破坏。乌鲁木齐轨道交通1号线土建16标宣仁墩站—大地窝堡站盾构区间局部下穿砂石料坑回填区,区间回填区卵石空隙率>40%,粒径大于60mm的粒料占73.9%以上,小于2mm的粒料仅占0.7%,级配单一,无任何胶结,自稳能力极差。在此地层中采用土压平衡盾构掘进时,防止隧道施工过程中引起的地表下沉、周边既有管线发生过量变形与破坏是关键的技术难题,而如何解决盾构设备配套、刀盘刀具配制、渣土改良以及同步注浆等技术问题,成为此类地层盾构隧道施工成败的关键。

6.1 乌鲁木齐轨道交通1号线16标回填区工程特性

6.1.1 回填区盾构掘进概况

宣大区间自宣仁墩站西端头井始发,至大地窝堡站东端头井接收,区间沿线地貌单元为山前倾斜冲、洪积砾质平原区,地形平坦,地势南高北低,地面高程一般在653.7~664.9m之间,局部相对高差1~2m,宣大区间盾构推进示意图如图6-1所示,宣大区间回填区盾构推进规划进度图如图6-2所示。场区内无褶皱及断裂通过,勘察场区内构造不发育,区间地下水类型为第四系孔隙潜水,埋深大于40m。线路在YJDK2+056附近穿越和平渠,仅在防洪排洪时渠内有水流通过,水量受市政水利部门调节,其余地段仅在绿化地中有浇灌用水渠。

图6-1 宣大区间盾构推进示意图

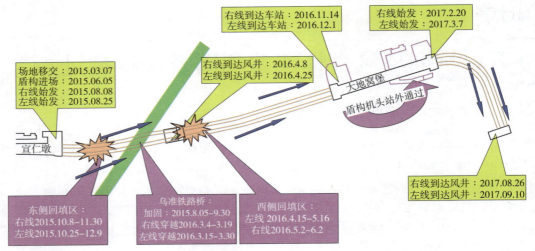

图 6-2　宣大区间回填区盾构推进规划进度图

6.1.2　回填区土层特性

1）回填区土层勘察

根据乌鲁木齐轨道交通 1 号线 02 合同段宣仁墩站—大地窝堡站区间岩土工程勘察报告（详细勘察阶段），1 号线土建 16 标宣仁墩站—大地窝堡站盾构区间内主要地层为由冲积、洪积河床堆积形成的第四系上更新统粉土、卵石，地表广泛分布杂填土。其土层划分如下：

（1）1-1 杂填土（Q_4）

分布于地表，分布不均匀，层厚 0.5~21m，其中道路表层 0.5m 为沥青混凝土硬化路面。灰黄~灰色，松散~中密，稍湿~潮湿，以卵砾石为主组成，含少量砖瓦碎屑、生活垃圾及植物根系等，土质不均匀，级配较差。岩土施工工程分级为 Ⅱ 级普通土。

（2）4-4 粉土（Q_3^{al+pl}）

分布于局部地表或以透镜体形式夹于卵石中，浅黄色，具少量孔隙，土质不均，含卵砾石为 25%，厚 0.5~1.5m，稍湿~潮湿，中密，岩土施工工程分级为 Ⅱ 级普通土。

（3）4-10 卵石（Q_3^{al+pl}）

下伏于人工填土层，灰黄色、灰色、深灰色，厚度 20~35m，成分以砂岩、灰岩为主，浑圆状，磨圆度较好，粒径组成 2~20mm 约占 10%，20~60mm 约占 40%，大于 60mm 约占 20%，余为杂砂砾砂与粉黏粒充填，局部含漂石，最大粒径约 450mm，稍湿~潮湿。

（4）特殊岩土

宣大区间隧道乌准铁路桥两侧存在两个卵石及杂填土回填的砂石料坑，其中东侧 270m（图 6-3），西侧 130m（图 6-4）。采坑平均深度为 5~6m，最大深度约 21m，面积约 95 000m²。回填成分主要为砂石料分选后大粒径卵石（粒径大于 60mm）和粉黏粒、建筑垃圾（主要为碎砖、混凝土碎块）和生活垃圾，回填无组织性，为随意倾倒后进行推填平整。通过钻探揭示杂填土的主要成分为卵石约 85%、建筑垃圾 10%、生活垃圾约 5%，磨圆度较好，颗粒级配较差，粒径大于 60mm 约占 90%，最大粒径约 500mm，呈稍密~中密状，稍湿。

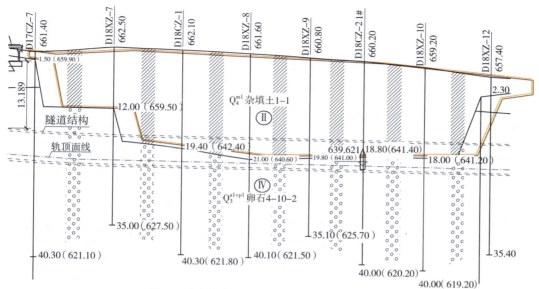

图 6-3 乌准铁路桥东侧卵石及杂填土回填砂石料坑

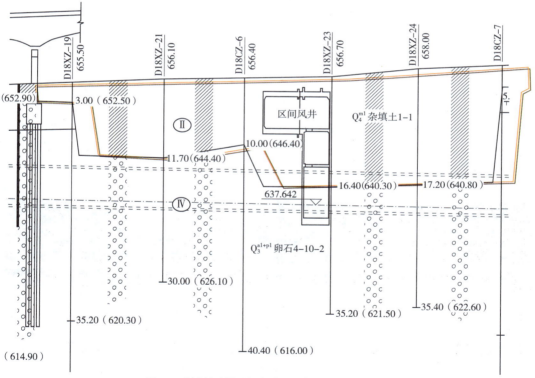

图 6-4 乌准铁路桥西侧卵石及杂填土回填砂石料坑

2) 回填区土层揭露及补充勘察

为保障盾构顺利穿越乌准铁路桥,2014 年 9 月采用旋挖钻干成孔工艺施工位于回填区的宣大风井围护桩,结果显示该部位实际地层情况与详勘描述存在差异,具体情况如下:

(1) 地表以下 0~7.0m 为路基表层、基层以及下面的杂填土层,土体自立性较好,旋挖钻干挖能够成孔；

(2)地表以下 7.0~13.5m(局部 16m)以无黏结卵石为主,空隙率大,稳定性差,旋挖钻干挖无法成孔,必须用钢护筒护壁；

(3)地表以下 13.5m(局部 16m)以下为戈壁料层,土体自立性好,旋挖钻干挖能成孔。

钻孔揭露卵石地层如图 6-5 所示。

a)

b)

图 6-5　钻孔揭露卵石地层

根据宣大区间风井施工过程中揭露的地质情况,为查明卵石回填层等不良地质条件的分布范围、深度,明确其与区间隧道的空间位置关系,2015 年初勘察单位对宣大区间回填区组织了地质补勘,2015 年 1 月 3 日进场,1 月 22 日完成外业钻探,总计钻探 492.1m/19 孔,并完成 2 条瞬变电磁物探剖面,2015 年 3 月提交了正式的岩土工程勘察报告。

依据乌鲁木齐轨道交通 1 号线宣人墩站—大地窝堡站区间填土岩土工程勘察报告(补充勘察阶段),由于本段的杂填土为采坑回填土,填土成分基本与天然土层的成分相同,只在局部地段有生活垃圾和建筑垃圾,因此判断填土的分布范围较为困难。为了验证补勘成果,本次采用了瞬变电磁物探方法(图 6-6)联合钻孔相互验证,钻孔采用旋挖钻进,开挖直径

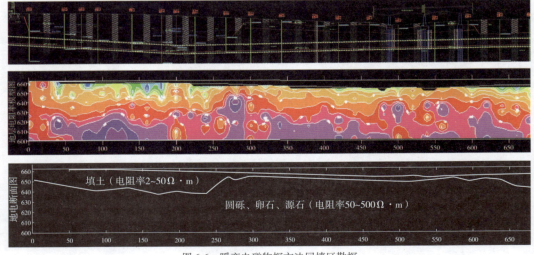

图 6-6　瞬变电磁物探方法回填区勘探

1m,钢护筒跟进开挖。

根据补勘报告,道路表层 0.5m 为沥青混凝土硬化路面,以下为 1~7m 的公路路基处理换填垫层,以级配砂砾石为主,呈稍密~中密状。垫层之下为采砂坑回填土,主要成分为建筑弃土约占 70%,筛砂石约占 15%,建筑垃圾约占 10%,生活垃圾约 5%,分布杂乱无规律,呈松散状,稍湿、潮湿。其中建筑弃土为 2002 年以后周围工程建设时开挖原始地层产生的弃土,未经分选直接倾倒至砂坑中,其成分主要为卵砾石土,颗粒级配较好,与周围原始地层土质相差不大,呈松散~稍密状。筛砂石为筛砂后的废料,其成分主要以卵石颗粒为主,粒径大于 60mm 的约占 90%,缺少细颗粒充填,颗粒级配差,无黏结性,呈松散状。

回填区平面和深度范围分布如图 6-7、图 6-8 所示。

图 6-7 回填区平面分布范围

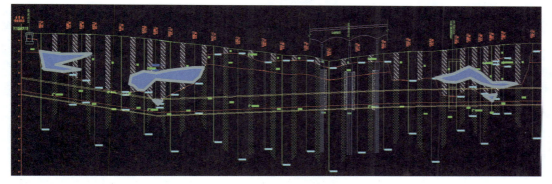

图 6-8 回填区深度分布情况

6.2 回填区注浆加固试验

杂填土物理力学性质差异较大,当采取盾构法施工时对工程的影响主要表现为由于颗粒粒径和土质均匀性差异较大,易形成断刀、卡刀盘等现象,在遇到松散的筛砂石时难以控制推进压力,压力过小容易发生上层土体坍塌。在遇到松散筛砂石和卵石界面时,会造成盾构正面阻力分布不均,影响盾构姿态,导致盾构方向偏离,因此须在盾构掘进前对回填区土体进行加固。

根据 1 号线土建 16 标宣仁墩站—大地窝堡站盾构区间局部松散卵石回填区土体组成及地层特性,加固选用袖阀管黄土水泥膏体注浆法。袖阀管注浆加固地基土的基本原理是将具有一定压力的加固浆液,通过袖阀管对需要加固的地层进行劈裂、渗透、挤压密实等作用,与土体充分结合形成一定强度的加固土固结体和树枝状网脉体。注浆管中设有上下栓塞,可以根据需要在加固区域内某一段反复注浆,施工中能够定深、定量,进行分序、分段、间隙和重复注浆加固。加固后通过渗透、充填和挤密,填充卵石回填层空隙,黄土水泥浆液胶结后与卵石结合紧密,在卵石层中形成硬皮和脉状结石体,使地层稳定性大幅提高,满足盾构机在稳定密实地层中掘进的要求,从而减小地表变形,确保盾构机顺利穿越。

6.2.1 试验装置和试验材料

试验孔采用的钻孔设备是履带式潜孔,钢套管跟进工艺成孔(图6-9),钻头直径168mm,套管直径160mm。跟管钻进到达设计孔深后下入 $\Phi 85PVC$ 塑料花管,然后取出套管。

图 6-9 潜孔钻钢套管跟进钻孔

注浆材料水泥选用 32.5R 复合硅酸盐水泥;黄土选用乌鲁木齐卡子湾至红光山一带的黄土,不得结块,不得含有杂质;试验用水按照《水工混凝土施工规范》(DL/T 5144—2015)规定,采用符合国家标准的饮用水作为拌和用水。

注浆试验采用的浆液配比(质量比)为黏土∶水泥∶水 = 4∶1∶1,坍落度控制在 140~160mm,由于是小规模的试验,浆液拌和未使用大型设备[图6-10a)]。现场采用 1 台滚筒式搅拌机进行浆液拌和,1 个带电动搅拌臂的储浆桶储存浆液。拌制浆液的材料在拌和前用台秤进行称量,误差均小于 5%。拌制浆液时,先水后水泥,基本搅拌均匀后再加入黄土,浆液充分搅拌、混合均匀后放入才能进行注浆施工[图6-10b)]。

a) b)

图 6-10 浆液拌和设备和黏土水泥膏体浆液

注浆设备是一台根据膏体注浆工艺要求改制的往复式活塞泵[图6-11a)],具备较大的工作压力,能够方便的调节泵的排浆量。注浆管采用 $\phi 85mm$ 的 PVC 管[图6-11b)],管壁上钻 15mm 的孔,间距 10cm 梅花形布置。管内用胶囊式膨胀塞止浆,构造为单塞形式,只封闭孔段的一端。

第6章 砂石料坑回填区膏体注浆加固及盾构掘进

a)

b)

图 6-11 往复式活塞泵和 φ85PVC 注浆花管

6.2.2 注浆孔空间布置

试验部位选择在右线里程 YJDK2+374 处(东侧回填区的大里程边缘),3 个注浆孔呈边长 3m 的等边三角形布置,孔深 20m,试验布置简图如图 6-12 所示。

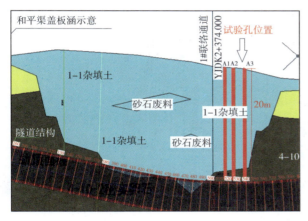
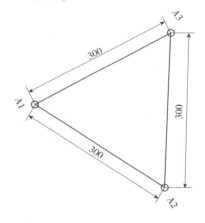

图 6-12 注浆孔平剖面位置示意图(尺寸单位:mm)

试验注浆步骤具体如下:

(1)实际注浆时采用间歇注浆的方法,射浆管采用 φ50PVC 管,下入 16m,每次起拔 4m。

(2)首先灌注 3 号孔,在注入到 5.2m³ 时,测 1 号孔发现 9.5m 处已有黄土水泥浆液,说明 3 号孔的浆液已通到了 1 号孔。在灌注到 6.4m³ 时,压力达到 0.1MPa 开始冒浆,终止注浆。

(3)因 1 号孔和 3 号孔串浆,随即注 1 号孔。注浆量达 1.2m³ 时,压力达到 0.1MPa 时,终止注浆。

(4)3 号孔、1 号孔注入完毕后,根据前面试验情况对注浆管路的密封工艺进行改进,提高注浆压力。最后进行 2 号孔注浆,当注浆量达到 8m³ 时,压力达到 1.0MPa,后回落到 0.4MPa,继续注入 0.4m³ 时又回落到 0.1MPa,终止注浆,注浆管路及压力表如图 6-13 所示。

图 6-13 注浆管路及压力表

6.2.3 注浆结果分析

考虑到1号孔注入浆液量较少且与3号孔串浆,钻孔位置选择在2号孔、3号孔中心连线偏向1号孔方向20cm的位置,钻孔取芯(图6-14)取得了地表以下0~17m的芯样(图6-15)。

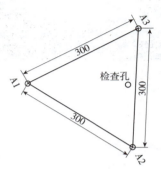

图6-14 检查孔布置和钻孔取芯(尺寸单位:mm)

图6-15 检查孔0~17m芯样

试验部位的地层情况为:0~5m为路基回填杂填土,5~15.5m为松散卵石回填层,15.5m以下为4-10-2密实的原状土卵石层。从芯样可知,6~15m松散卵石层中黏土水泥浆填充效果较好,黏土水泥浆包裹卵石并且固结良好,具有一定强度,说明2.5~3m的注浆间距和140~160mm的浆液坍落度选择是合适的,达到了试验目的。11m处出现漏浆是因为射浆管过早拔出和注浆不连续、停待时间过长造成的,在大规模群孔注浆时可以避免出现此问题。

6.2.4 试验成本分析及改进

试验孔成本具体见表6-1。

成孔注浆成本分析　　　　　　　　　　　　表6-1

项目名称	成孔费(元)	材料费(元)	管理费(元)	税金(元)	合计(元)
成孔注浆	267.5	655	46.2	51.6	1 020.3
检测孔			145.6		145.6

从试验过程来看,用黏土水泥膏体浆液进行回填区加固是可行的,但建议在实际施工时

水泥用量增加到黄土量的30%以上,以改善固结效果和适当增加固结体强度,必要时可以增加2%~3%的水玻璃加快凝固速度。此外,在试验加固施工中还应进一步改进注浆管结构,优化出浆孔设置的位置,改进射浆管、止浆塞、密封装置的设计,确保注浆过程可控。同时,注浆要保证连续性,必须以孔为单元,间歇注浆间隔时间不宜过长,不得超过浆液的初凝时间,要求采用能够满足正式施工生产要求的拌和设备和工艺。

6.3 回填区注浆参数设计

6.3.1 注浆浆液选择

注浆的目的是固结和充填鹅卵石之间的空隙,增加鹅卵石地层的完整性和整体结构强度,膏体注浆相对于流体注浆来说,可以大大减少浆料的流失和浪费,同时大大节约各种人工和材料费用及工期,降低投资成本。但膏体浆液选择应满足:

(1)功能性原则。针对工程目的和要求,注浆方案应满足可用性和可靠性等功能要求。

(2)适用性原则。注浆工艺应适应工程性质、条件、外部环境及其变化,以及注浆的工程规模、有关参数和技术指标,在目前的技术水平条件下具备可行性。

(3)经济性原则。注浆方案在满足功能性要求的前提下,要求通过技术经济比较,投资能够承受,在确定采用后,尚能采用先进技术,优化注浆方案,合理使用材料。

(4)环境原则。避免污染环境或最大限度减少污染,包括避免或减少材料的毒性、粉尘、有害气体及析出物、固化物,降低施工过程中的噪声。

(5)安全性原则。注浆方案能够保障拟建建(构)筑物和相邻建筑物的安全,保证施工人员的安全。

根据上述设计原则,结合本工程的重要性、注浆加固目的、地质条件、结构的性质与类型、荷载及变形特性、时效性、进度等,以使注浆加固能满足上述各方面的要求和条件,充分发挥其功能,注浆材料采用水泥黄土加适量外加剂,具体要求如下:

水泥选用32.5R复合硅酸盐水泥或矿渣水泥,须符合国家规定的质量标准,水泥不应存放过久,出厂期超过3个月的水泥严禁使用,不得使用受潮结块的水泥。同时,在注浆施工过程中,应对水泥的强度、安定性、凝结时间等进行每批次和每500t抽样检查。黄土选用乌鲁木齐卡子湾至红光山一带的黄土粉,黄土粉不得结块,不得含有杂质,含水率不能过高。注浆用水根据《水工混凝土施工规范》(SL 677—2014)规定,凡符合国家标准的饮用水均可使用。

外加剂根据相似工程注浆试验成果,选用模数为2.4~3.4的水玻璃溶液作为注浆材料外加剂,浓度宜为30~45波美度,掺量占水泥质量的3.0%,水玻璃性能指标(表6-2)按每批次或每30t抽样检查。

水玻璃性能指标 表6-2

密度(g/cm^3)	Na_2O(%)	SiO_2(%)	模数	铁(%)	水不溶物(%)
1.318~1.599	9.4	27.8	3.1	0.05	0.8
结论	符合《工业硅酸钠》(GB/T 4209—2008)液-2优等品指标要求				

材料的抽检频率及控制指标见表6-3。

注浆材料的抽检频率及控制指标　　　　表6-3

名称	检测项目	检测频率	合格标准
材料	水泥强度、安定性、凝结时间	1组/500t或按1组/1批次	符合《通用硅酸盐水泥》(GB 175—2007)要求
	黄土粉	1组/400t或按1组/1批次	符合注浆材料要求
	水玻璃模数	1组/100t	满足国标《工业硅酸钠》(GB/T 4209—2008)液-2指标要求

6.3.2 注浆参数设计

注浆设计参数为推荐参考值,具体设计参数可根据现场试验情况进行优化调整。

1) 注浆压力设计

有效注浆压力按式(6-1)计算。

$$p = p_1 + p_2 - p_3 - p_4 \tag{6-1}$$

式中:p——注浆压力(MPa);

p_1——孔口压力表指示压力(MPa);

p_2——孔口压力表中心至注浆段中心的浆液柱自重压力(MPa);

p_3——地下水对注浆段的压力(MPa);

p_4——浆液在注浆管和钻孔中流动的压力损失(MPa)。

其中p_2、p_3可用式(6-2)、式(6-3)计算。

$$p_2 = h \times \gamma_g \tag{6-2}$$

$$p_3 = h_w \times \gamma_w \tag{6-3}$$

式中:h——孔口压力表中心至注浆段中心的高度(m);

h_w——地下水位至注浆段中心的高度(m);

γ_g——浆液的重度(N/cm^3);

γ_w——水的重度(N/cm^3)。

注浆压力以安装在进浆管路孔口处的注浆压力表的中值控制,串浆孔(组)或多孔并联注浆时,应分别控制注浆压力,同时应加强抬动监测,防止发生抬动破坏。

注浆孔各深度段孔口注浆压力设计值见表6-4。

2) 钻孔施工设计

为保持孔壁的平整稳定,宜采用空气潜孔锤跟管钻进工艺,成孔后下塑料花管,然后才能取出套管。检测孔可采用泥浆单动双管或半合管钻进工艺,塑料套管实管段不得隔离拟加固注浆段地层。

钻孔开孔直径不小于110mm,穿透卵石层进入基岩或原状土砂层2.0~3.5m后下入套管,套管内径以能够确保下入的塑料花管顺利到底为原则。注浆段长度设计推荐7m左右,但应通过现场钻孔情况再次确定是否适宜,如遇绕塞返浆致使注浆塞在规定位置卡塞不住或卡住不动等特殊情况时,可合并注浆段,直至最后一段注浆采用孔口封闭纯压式注浆。

注浆孔各深度段孔口注浆压力设计值 表 6-4

注浆深度 (m)	岩体自重应力 (MPa)	孔口进浆管控制压力 p_1		浆柱压力 p_2 (MPa)	注浆压力 p	
		帷幕孔 (MPa)	充填、固结孔 (MPa)		帷幕孔 (MPa)	充填、固结孔 (MPa)
5.0	0.0	0.3	0.4	0.1	0.3	0.3
10.0	0.3	0.4	0.5	0.2	0.6	0.4
15.0	0.4	0.5	0.7	0.3	0.8	0.6
20.0	0.5	0.6	0.8	0.4	1.0	0.8

备注:(1)注浆压力 p——设计压力值,在施工过程中,按孔口进浆管控制压力 p_1 控制。(2) p_3——地下水对注浆段的压力,取 0MPa。(3) p_4——浆液在注浆管和钻孔中流动的压力损失,取 0.2MPa。(4)岩石重度 $\gamma = 25.0 kN/m^3$;水泥黄土浆液重度 $\gamma = 15.25 kN/m^3$;使岩体抬动的临界压力 $p_c = 1.8 \times \gamma h$。

工程注浆流量(注入速度)推荐按 50~80L/min 控制。注浆结束的标准帷幕注浆孔,注入率大于理论注入量 0.3 倍,且各注浆段的孔口注浆压力达到表 6-4 设计压力并维持 10min;充填、固结注浆孔,①注入率大于理论注入量,各注浆段的孔口注浆压力达到表 6-4 设计压力并维持 10min;②距注浆孔口 3.0m 范围冒浆;③各类注浆孔注入速度小于 50L/min,且注浆段孔口注浆压力陡升超过表 6-4 设计压力值后,难以维持稳定继续上升。

3)注浆材料检测

注浆浆液需满足有一定的流动性、稳定性、结石抗压强度、凝结时间等性能要求。浆液的坍落度使用坍落度测定仪测量。结石率通过将新配制的浆液注入量筒中静置,记录 2h 浆体析水体积,浆液结石体积与浆液总体积的百分比即为结石率。浆体密度即浆体的质量与其体积的比值,积液密度可采用泥浆比重计或混凝土密度测定仪测定。凝结时间是指一定温度下,从参加反应的组分全部混合时起直到凝结发生而浆液不再流动为止的时间,水泥浆的初凝和终凝时间可采用试锥稠度仪测定。结石抗压强度采用 70.7mm×70.7mm×70.7mm 的成型试模,在 20±5℃ 水中养护或标准养护,测定 28d 龄期的结石抗压强度,每组取 3 块测其平均值。

注浆浆液为水泥黄土浆,固水比根据地层情况分别采用 1:0.35;1:0.4;1:0.45;1:0.5,水泥占固相 15%~20%,黄土粉占固相 80%~85%。

帷幕孔注浆施工时,应在浆液中掺加水泥质量 3% 的速凝剂,使灌入卵石空隙的浆液尽快凝固形成帷幕,减少流出治理区的浆液损失。当注浆孔注浆量较大,除采用坍落度较大的浆液外,还可在浆液中掺加水泥质量 3% 的速凝剂,使灌入的浆液尽快凝固,控制浆液的流动。

具体施工前,还应按施工时使用的水泥、黄土粉,在试验室做浆液配比试验,试验内容应包括每立方米浆液干料含量、浆液密度、初凝和终凝时间、结石率、试块结石体无侧限抗压强度,试块结石体最终强度应大于 0.3MPa。

4)浆液拌制

拌制浆液的材料应当进行称量,水泥、黄土等干料采用质量称量法,水、外加剂溶液可采用体积称量法,称量误差均应小于5%。拌制浆液时,应根据拌制材料的成分和形态,确定向搅拌机内加料的次序。配制浆液时,应先加水,而后加入水泥,基本搅拌均匀后再加入黄土,外加剂等最后加入。浆液需用的搅拌时间,应根据浆液的种类和搅拌机性能而定,其基本原则是在达到充分搅拌、混合均匀和高度分散的前提下时间最短,并便于施工。

灌注浆液指标参数见表6-5。

灌注浆液指标参数 表6-5

名称	检测项目	检测频率	合格标准
浆液	结石体28d抗压强度	1组/500m³或每注浆台班1组	大于0.5MPa
	流动度	1组/500m³或每注浆台班1组	20.0~30.0
	密度	1组/500m³或每注浆台班1组	1.5~1.7g/cm³
	结石率	1组/500m³或每注浆台班1组	大于90%

6.4 回填区注浆加固施工

6.4.1 回填区盾构掘进线路调整

根据乌鲁木齐轨道交通1号线02合同段宣仁墩站—大地窝堡站区间岩土工程勘察报告(详细勘察阶段)成果,考虑回填区土层实际分布情况,盾构掘进保持与车站相接两侧线路28‰坡度不变,调整东侧28‰坡长和中间线路纵坡,调整后东侧砂坑区域洞身基本避开杂填土区范围,西侧由于风井已施工,纵坡不做调整,调整后的宣仁墩—大地窝堡区间左右线隧道剖面图如图6-16所示。

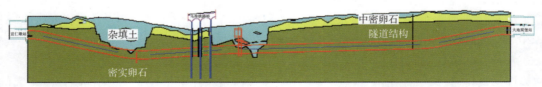

图6-16 调整后的宣仁墩—大地窝堡区间左右线隧道剖面图

6.4.2 钻孔注浆设备和机具

1)钻孔设备和机具

注浆工程的钻孔机具包括钻机和钻进工具。钻机性能应满足注浆对钻孔的技术要求,应保证孔壁光滑、顺直,并可钻孔冲洗,使用的钻孔冲洗设备应保证在所有压力下都有足够的供水量。钻具应适合于在本工程硬度、破碎的卵石中钻孔,有较高的钻进效率,钻进时钻机平稳,成本低,孔壁圆整,能满足注浆孔的技术要求。

根据施工环境、岩石性质、钻孔深度、钻孔方向、钻孔直径和注浆方法等因素,钻机类型选择回转式钻机和潜孔锤钻机。回转式钻机是目前使用最多的一种钻孔设备,其中,立轴式液压钻机由于分档较多,转速高,机体较轻,操作简便,能耗较低,是进行检测钻孔的主要设备。潜孔锤钻机是以回转式钻机为基础,在钻头上部连接一个专门的冲击器,与回转钻进相比,它钻孔速度快,机动灵活,最主要的是它可以很方便地进行跟管钻进,有利于突破杂填土和没有胶结的卵石层。

2)注浆设备和机具

搅拌机使用常见的建筑砂浆搅拌机,搅拌后的浆液均匀,符合设计要求,每次搅拌的浆量应满足注浆泵压浆的要求。搅拌机的拌和能力应分别与所搅拌浆液的类型和注浆泵的排量相适应,保证能均匀、连续地拌制浆液。

注浆泵每个泵站应不少于2台,宜采用往复加压泵,其额定排量不小于100L/min,注浆泵压力应大于注浆最大设计压力的1.5倍,压力波动范围宜小于注浆压力的20%,注浆量能满足最大灌注率的要求。压力表在注浆泵和注浆孔口处均应安设,使用压力宜在压力表最大标值的1/4~3/4之间,压力表与管路之间应有隔浆装置。注浆塞应与采用的注浆方法、注浆压力及地质条件相适应,胶塞应具有良好的膨胀性和耐压性能,能在最大注浆压力下可靠地封闭注浆孔段,并易于安装和卸除。注浆管路应保证浆液流动畅通,并应能承受1.5倍的最大注浆压力。

集中制浆站的制浆能力应满足注浆高峰期所有机组用浆需要,并应配备防尘、除尘设施。当浆液中加入外加剂时,应增设相应的设备。注浆的计量器具,如压力表、流量计、密度计、黏度仪、流动度测定仪、坍落度测定仪等,应定期进行校验或检定,保持量值准确。

注浆机具主要包括注浆泵、制浆和储浆设备、漏斗、注浆塞等,其中注浆泵是水泥注浆施工中的主要设备,要求有较大的工作压力和排浆量,能方便地调节泵的排量,易损配件有较高的耐磨性和耐蚀性,结构简单易于维修,优先选用往复式活塞泵。黄土水泥浆搅拌机是重要的注浆设备,它对浆液质量、注浆施工的工效和质量影响很大,搅拌机按其用途应分为制浆搅拌机(图6-17)和储浆搅拌机,一般选用叶桨式或转筒式搅拌机。注浆塞的形式很多,本工程推荐采用胶囊式膨胀塞体材料和构造,

图6-17 制浆搅拌机浆液制备

为单塞形式,即只封闭孔段的一端。胶囊式注浆塞的技术性能见表6-6。

胶囊式注浆塞的技术性能 表6-6

型号	注浆塞外径(mm)	适用孔径(mm)	膨胀范围(mm)	工作压力(MPa)
DYS-91	φ75	φ91	φ75~φ110	3~6
DYS-110	φ86	φ110	φ86~φ120	3~6

6.4.3 回填区注浆钻孔设计

对于回填区范围袖阀管地面注浆(图6-18)加固,应先注浆施工加固体周边外围,形成一道封闭的止浆墙(约1m厚),待止浆墙达到设计要求后,再注浆施工内部的加固体。止浆墙

采用水泥—水玻璃双液注浆,内部加固体采用单液水泥浆,回填区左、右线注浆剖面布置示意图如图 6-19、图 6-20 所示。乌准铁路桥东侧回填区侵入隧道断面较浅,采用分段加固,沿线路方向每隔 40m 加固 1 处长度 10m 的加固体,作为刀盘刀具检修点。竖向加固高度为隧道顶向上 3m,向下 2m;铁路桥东侧回填区侵入隧道断面较深,采用全长加固,竖向加固高度为隧道顶向上 3m,向下至回填区底部。不同加固断面大样图如图 6-21 所示。

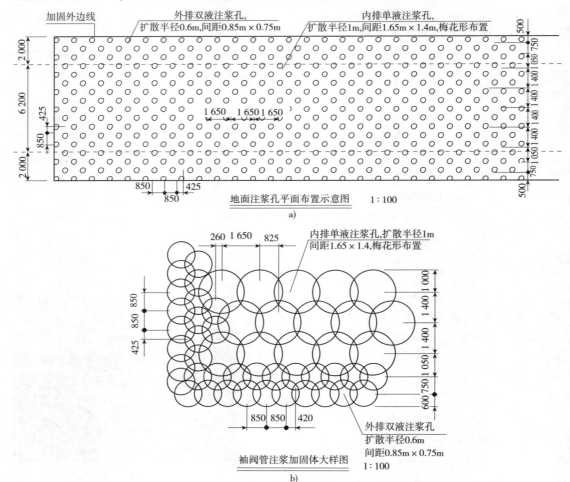

图 6-18 回填区地面注浆平面布置示意图(尺寸单位:mm)

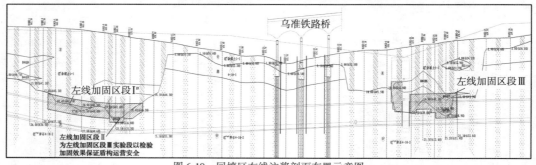

图 6-19 回填区左线注浆剖面布置示意图

第6章 砂石料坑回填区膏体注浆加固及盾构掘进

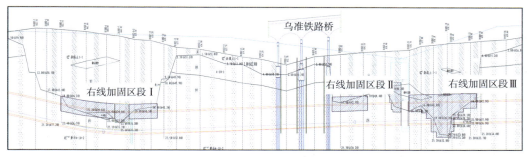

图 6-20 回填区右线注浆剖面布置示意图

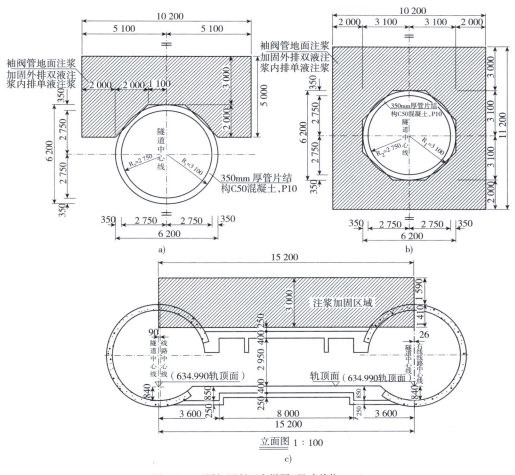

图 6-21 不同加固断面大样图(尺寸单位:mm)

钻孔施工(图 6-22)前应做好施工场地的平整,平整场地的范围应符合图纸的要求,并能使钻机设备在施工场地上施工和搬迁。钻孔过程中如遇岩性变化,发生掉钻、坍孔、钻速变化,回水变色,失水等异常情况,应进行详细记录。当各类钻孔施工作业暂时终止时,孔口应妥加保护,防止流进污水和落入异物。钻孔进尺达到设计深度时,应报验,经检查合格后,方可进行下一步施工。

— 165 —

图 6-22　现场钻孔布置图

1）先导孔

进行钻孔施工时,应有 3% 的钻孔作为先导孔,先导孔按均匀分布、深浅结合、代表性强的原则布设,目的是进行地层核实,物探测试等工程地质条件的验证。先导孔(兼作波速测试孔)钻孔,应予钻取岩芯,按取芯次序统一编号,并对钻孔冲洗、钻孔压力、芯样长度及其他能充分反映岩石特性的因素进行监测和记录,最后绘制钻孔柱状图和进行岩芯描述。如果实在无法取芯,则必须有地质技术人员在现场根据排出的岩屑立即记录并判层。在钻孔过程中,钻进回次进尺的最大长度应限制在 3m 范围内,一旦发现芯样卡钻或被磨损,应立即取出,先导孔岩芯采取率不得小于 65%,检查孔岩芯采取率不得小于 75%,地质资料的验证情况应及时通知工程师,当与原地质资料明显不符时,应提出变更建议。

2）施工孔

钻孔的孔位、深度、孔径、钻孔顺序等应按施工图纸要求执行,钻孔实际位置原则上不应偏离设计位置 30cm,确因地形影响,钻孔不能放在设计位置时,应先施工其周围可以就位的孔位,再根据其周围钻孔揭露的地质资料予以适当调整。钻孔遇有洞穴、塌孔或掉块难以钻进时,可进行注浆处理,再行钻进。如发现集中漏水或涌水,应查明情况、分析原因,经处理后再行钻进。注浆孔(段)在钻进结束后,应进行钻孔冲洗,孔底沉积厚度不得超过设计孔深的 2.0%。

钻孔应进行孔斜测量,孔底允许偏差不得超过 2°。

3）钻孔冲洗

在注浆前为确保浆液颗粒顺利通过注浆通道,应对所有注浆孔(段)进行裂隙和空隙冲洗。当邻近有孔正在注浆,或邻近注浆孔结束时间短于初凝时间,不得进行裂隙冲洗。注浆孔(段)裂隙冲洗后,该孔(段)应立即连续进行注浆作业,因故中断时间间隔超过 24h 者,应在注浆前重新进行裂隙冲洗。在泥质充填物和遇水后性能易软化的岩层中进行注浆时,可不进行裂隙冲洗和简易压水。

4）注浆钻孔的验收

钻孔距预计终孔深度 2m 时,钻孔负责人应提前通知组织验收,实测孔深,注浆钻孔施工验收后,钻孔单位应及时提交钻探原始班报表、钻孔柱状图、孔口装置记录表等原始记录。

6.4.4　浆液配制及注浆施工

1）浆液配制

制浆材料必须按规定的浆液配比计量,水泥等固相材料应采用质量称量法计算,计量误差应小于 5%。各类浆液必须搅拌均匀,测定浆液密度和流动度等参数,并做好记录。

制浆站必须按设计要求的水灰比制备黄土水泥浆液,拌和好的浆液进入储浆池后,为防止浆液离析沉淀,必须进行二次搅拌。浆液搅拌时间控制以分散、拌匀注浆材料,获得流动性与稳定性合格的稳定浆液为原则。根据注浆试验,当转速为 60~90r/min 时,搅拌时间不小于 5min。浆液从开始制备至用完的时间宜小于 2h,浆液温度应保持在 5~40℃,低于或超过此标准的应视为废浆。当采用集中制浆站制浆时,注浆前应进行二次搅拌。

2）注浆施工

要求注浆必须采用(压力、流量、水灰比)三个参数控制。

施工次序:帷幕Ⅰ序孔钻孔、注浆→帷幕Ⅱ序孔钻孔、注浆→先导孔(物探孔)钻孔、注浆充填、固结Ⅰ序孔钻孔、注浆→充填、固结Ⅱ序孔钻孔、注浆→充填、固结Ⅲ序孔钻孔、注浆→充填、固结Ⅳ序孔钻孔、注浆→检查孔钻孔→物探测试→注浆→封孔。

注浆方法按照浆液流动的方式分纯压式注浆和循环式注浆,按照注浆段施工的顺序分有自上而下注浆和自下而上注浆等,而膏体注浆多采用纯压式自下而上注浆。

（1）自下而上分段纯压式注浆

施工步骤:钻机成孔→冲洗→采用栓塞设备自孔口封闭→注浆→逐段往上循环作业→注浆效果检查→竣工。

注浆按"分序加密、隔孔灌注"原则实施,10m 范围内不得有两个以上的孔同时注浆,注浆塞放置位置在注浆段段顶以上 0.5m,防止漏罐。各注浆段第一段注浆后,一般可待凝 2h,进行下一段的注浆施工。注浆孔相互串浆时,可采用互串孔并联灌注,但并灌孔不宜多于 3 个,并应注意控制注浆压力,防止岩体抬动。

（2）孔口封闭纯压式注浆法

孔口应镶铸套管对注浆孔进行孔口封闭,并待凝 24h。套管埋入岩土体的深度应根据最大注浆压力和岩体特性确定,段长不宜小于 1m,孔口封闭器应具有良好的耐压和密封性能,在注浆过程中,注浆管应能灵活转动和升降。

注浆管(图 6-23)的内径不小于 25mm,若用钻杆作为注浆管,应采用平接头连接。注浆时,注浆管必须深入注浆段底部,管口距孔底的距离不得大于 200cm。注浆过程中,应经常转动和上下活动栓塞及注浆管,防止栓塞及注浆管在孔内被水泥浆液凝住,注浆压力和注入率必须相适应,注入率宜为 50L/min。

注浆压力按设计要求确定,在施工过程中,按孔口进浆管压力 p_1 的中值控制,串浆孔或多孔并联注浆时,应分别控制注浆压力,同时应加强抬动监测,防止发生抬动破坏。同时,受卵石层空隙影响,帷幕孔是本次工程的难点,为形成有效帷幕,帷幕孔原则按"小间距、低压力、间歇式、限流、限量"布设,具体可根据现场试验施工实际情况进行优化调整。

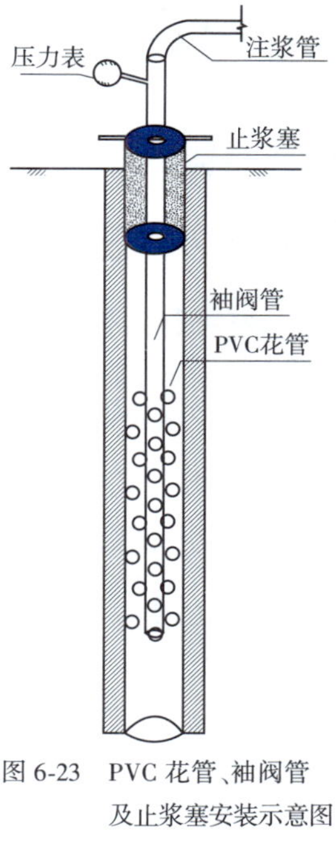

图 6-23 PVC 花管、袖阀管及止浆塞安装示意图

注浆施工结束后应进行注浆效果检测,按以下顺序进行:检查孔钻孔→物探测试→注浆→封孔。

3）特殊情况处理

注浆过程中,距注浆孔孔口 3m 以内,如地表发生冒浆现象时,一般可采用低压、限流、限量、间歇灌注等方法处理,必要时应采取嵌缝、地表封堵办法处理。在钻孔过程中,如无法进行钻探作业时,为保证注浆质量,应停钻,将此段作为独立注浆段,先行注浆处理,然后清孔,再钻至设计深度,采用自下而上纯压式注浆法,逐段处理至孔口。

注浆发生串浆时,如串浆孔具备注浆条件时,应一泵一孔同时注浆。否则,应塞住串浆孔,待注浆孔注浆结束后,再对串浆孔进行扫孔、冲洗至设计深度,而后进行注浆作业。注浆必须连续进行,若因故中断,应尽快恢复注浆,否则应立即冲洗钻孔,再恢复注浆;若无法冲洗,则应进行扫孔,再恢复注浆。如遇注入率大、注浆难以正常结束的孔段时,可采用低压、限流、限量、间歇注浆法灌注(帷幕注浆孔每持续注浆 4h,间歇 2h 充填;固结注浆孔每持续注浆 8h,间歇 4h),达到设计终止注浆标准后,结束该段注浆。

采用自下而上分段纯压式注浆过程中,如发生连续逐段绕塞时,经现场监理工程师核实后,为避免浆液将栓塞凝固而使栓塞无法拔出,可采用孔口封闭式注浆,完成注浆作业。为避免注浆塞及注浆管被浆液凝固,注浆过程中,应结合现场实际情况,经常活动栓塞,即将栓塞上提 0.5~2.0m,然后再下放至原来的位置。如果下放时由于浆液面上升无法就位,可放置在能下放的最大深度,继续进行注浆作业。

4)封孔

每个注浆孔全孔注浆结束后,应及时进行验收,验收合格才能进行封孔(图 6-24)。注浆结束后,通常全孔已经充满浆体,可直接在孔口段进行封孔注浆处理。

图 6-24 注浆完成钻孔封孔

6.4.5 注浆工程质量检测

注浆工程是隐蔽工程,注浆施工过程是特殊过程,其工程质量不能进行直观的和完全的检查,质量缺陷常常要在运行中方能真正暴露出来。保证注浆工程质量最好的办法就是做好施工过程质量管理,严格控制工艺过程,加强对工序质量的检验,因此在注浆过程中,施工、监理和设计人员应当密切配合,掌握情况、及时发现问题、及时调整设计、改进工艺,确保设计方案和施工工艺的针对性和有效性,取得注浆工程的预期效果。

注浆质量检测方法常用物探法、钻孔检查法和浆液检查法。

1)物探法

也称弹性波法,即在注浆前后采用超声波或大功率声波仪进行综合测试,检查孔数量为注浆总孔数的 3%,测试密度均要满足《水利水电工程物探规程》(DL/T 5010—2005)的要求,检查时间在注浆结束 28d 以后进行。

地震勘探法或高密度电法:在注浆区进行地震勘探或高密度电法测试时,测试密度均要满足《水利水电工程物探规程》的要求,检查时间在注浆结束 28d 以后进行。

2)钻孔检查法

检查孔位置应选在岩体破碎、塌孔、掉钻等地质条件复杂的部位,注入量大的孔段附近,注浆情况不正常以及分析认为注浆质量有问题的部位。检查孔布设数量为钻孔总数的 3%,

并且每一个场地不少于2孔,检查时间在注浆结束28d以后进行,通过钻孔取芯进行固结体强度试验。

3)浆液检查法

在注浆过程中,采取浆液试样,按70.7mm×70.7mm×70.7mm成型试模,在(20±5)℃水中养护或标准养护,测定28d龄期的结石体无侧限抗压强度。检查频率首先考虑每孔各配合比都应有控制,利于质量评定,为便于施工,当单孔注浆量较大时,每500m或每个注浆工作日制作一组试件,同时不定时进行浆液的流动度和密度检验。

注浆质量评价应结合钻孔、注浆施工记录,注浆成果资料和检验测试资料(物探测试、检查孔取芯和固结体强度等)进行综合评定,具体见表6-7。

注浆质量评价表 表6-7

检测方法	参数要求	综合评价
弹性波法	灌后波速值应满足:强风化基岩~弱风化基岩提高10%~20%;中风化基岩~弱风化基岩提高5%~15%	(1)根据勘探、注浆资料并结合检测数据,比对分析后,对注浆质量进行综合评定; (2)弹性波法和地震勘探法要达到两项要求:①85%的测试值达到质量评价标准;②小于质量评价标准85%的测试值不超过5%,且不集中,可认为注浆质量合格; (3)参照建筑抗震设计规范,按平均剪切波速为160m/s作为评价具有空隙或空洞的工程质量标准
地震勘探	通过注浆前后地震波速的变化,判断注浆治理效果	
高密度电法	高密度电法测量结果为地层二维视电阻率断面。根据电阻率的差别,推断注浆范围及加固效果	
钻孔检查	通过钻探取芯检查结石充填裂隙的情况。好的注浆效果应是在透浆裂隙中都充填有水泥结石或团块。注浆检查孔岩芯采取率为75%。固结体无侧限抗压强度大于0.3MPa	

注:表中检测各项指标为设计参考值,具体检测指标应根据现场试验段试验情况进行优化调整。

6.5 回填区盾构刀盘刀具优化

6.5.1 盾构刀盘布置

为适应卵石地层盾构掘进,盾构机刀盘采用准面板结构设计,主要结构为辐条+面板,开口率40%,在整个盘面均匀分布,特别是中心部位都设有面积足够的开口。面板镶焊耐磨复合钢板,外圈梁表面镶焊合金刀具,设计有刀具保护块及刀箱保护块,可降低刀盘在掘进时渣土对刀面板的磨损,提高刀盘的耐磨性能。刀盘如图6-25所示。

(1)刀盘结构形式

刀盘为焊接结构,采用双向旋转,刀盘和主驱动通过法兰盘连接,用于传递扭矩和推力。刀盘和承压隔板的相对运动以及搅拌棒的安装可以很好地搅拌渣土,刀盘的中央敞开设计可以避

图6-25 中铁205、中铁206土压力平衡盾构刀盘图

免渣土在该处堵塞,也可以限制刀盘结构的磨损。

刀盘的中心部位采用整体铸钢铸造,周边和中心部件采用先栓接后焊接的方式连接,以保证刀盘整体结构强度和刚度均满足回填区施工的要求。

刀具在刀盘背后换装,并配备开口挡板,从而保证安全、高效地更换刀具。

(2)刀盘开口形式及渣土改良注入口设计

刀盘采用四牛腿、四主梁+四副梁结构形式,开口在整个盘面均匀分布,中心部位设有面积足够的开口,以利于中心部位渣土的流动,掘进中正面含有小粒径砂卵石的土体能够顺畅进入土舱,确保土舱内的压力计能够及时、真实的显示。

刀盘系统共有6个泡沫注入口(其中2个注入口与膨润土共用)和刀盘搅拌棒和泡沫注入口,结构形式设计为整体背装式,便于更换和清洗管路。

泡沫注入口也可以用来加注水及添加剂。

(3)耐磨设计

面板镶焊耐磨复合钢板,外圈梁切口环处为整圈耐磨合金块,其余为HARDOX500耐磨钢板加每道8把耐磨合金保护刀,可降低刀盘在掘进时渣土对刀面板的磨损,提高刀盘的耐磨性能。同时,刀盘设置有2处磨损检测装置,可有效检测刀盘刀具磨损情况。

(4)刀盘驱动和支撑形式

刀盘采用液压驱动,由8个液压马达通过8个减速箱来驱动刀盘(同时预留1组液压驱动安装位置),整个液压驱动系统采用闭式。

刀盘采用中间支撑方式,盾构刀盘主轴承外径 $\phi3\,061$ mm,密封保护通过3种注射实现,主密封的设计寿命为5 000h,主轴承的设计寿命为10 000h。

6.5.2 回填区盾构刀具优化

1)刀具类型

刀具是根据标段地层的地质特点,根据刀具在卵石地层中不同的破岩机理进行选择和设计,刀盘可以安装不同类型的刀具以适应不同地层的开挖,主要刀具类型有滚刀、撕裂刀、刮刀、方齿刀,其中滚刀和撕裂刀的刀座形式相同,可以互换,刀具形式见表6-8。

根据前期卵石地层盾构掘进实践来看,区间中心滚刀的磨损主要是滚刀支架磨损造成刀具的漏油、进砂、弦磨。正滚刀作为盾构的主要刀具,其失效形式主要有刀圈磨损、刀圈断裂、浮动密封损坏及漏油和轴承损坏。目前刮刀和齿刀以国产刀具为主,从使用效果来看,国产的刮刀和齿刀已经达到甚至超过进口刀具的使用寿命;同时,刮刀、齿刀的修复价值不高,用完后通常报废处理。考虑全断面卵石土层掘进时对滚刀的保护,通过不同类型的刀具设计,如采用撕裂刀距离刀盘面板比滚刀距离刀盘面板高20mm,滚刀距离刀盘面板比刮刀距离刀盘面板高50mm,从而达到保护刀具的目的。

2)卵石地层盾构刀具配制

不同粒径的卵石盾构掘进时其处理方式不同,粒径小于300mm的卵石可通过刀盘开口直接进入土舱并通过螺旋输送机输出。粒径大于300mm的卵石则需进行破碎,对较小的卵石,滚刀破碎过程是以其通过线为起点,逐渐产生拉伸力,最终实现卵石破碎;对大直径卵石则从表面出现细小的剥落开始,然后逐渐累积,根据切割连带效果和滚刀的连续运转带来的冲击,以刀尖为起点开始出现裂痕,最后实现破碎。因此卵石地层和回填区盾构掘进时刀具配置应存在差异,卵石地层正常推进刀具配置见表6-9,卵石地层正常推进刀具配置图如图6-26所示。

盾 构 刀 具 形 式　　　　　表6-8

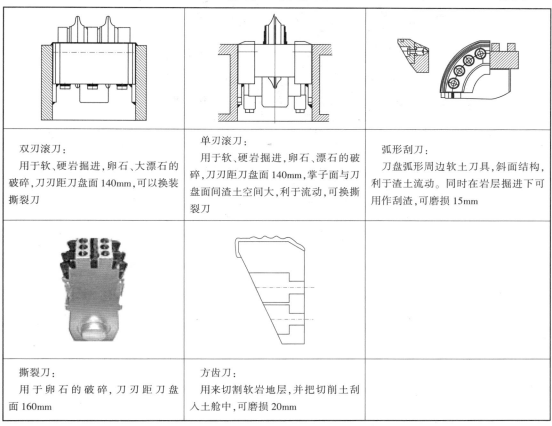

双刃滚刀: 用于软、硬岩掘进,卵石、大漂石的破碎,刀刃距刀盘面140mm,可以换装撕裂刀	单刃滚刀: 用于软、硬岩掘进,卵石、漂石的破碎,刀刃距刀盘面140mm,掌子面与刀盘面间渣土空间大,利于流动,可换撕裂刀	弧形刮刀: 刀盘弧形周边软土刀具,斜面结构,利于渣土流动。同时在岩层掘进下可用作刮渣,可磨损15mm
撕裂刀: 用于卵石的破碎,刀刃距刀盘面160mm	方齿刀: 用来切割软岩地层,并把切削土刮入土舱中,可磨损20mm	

卵石地层正常推进刀具配置表　　　　　表6-9

序号	刀 具 名 称	数量	刀高(mm)
1	17寸中心双联滚刀	2	175
2	中心可更换式双刃撕裂刀	2	175
3	18寸单刃滚刀	10	187.7
4	可更换撕裂刀	19	187.7
5	18寸双刃滚刀	3	187.7
6	边刮刀	8	130
7	切刀	40	130
8	保径刀	8	70
9	焊接撕裂刀	23	150
10	外圈梁保护刀	16把保护刀+1环合金保护刀	
11	超挖刀	2	20(超挖量)

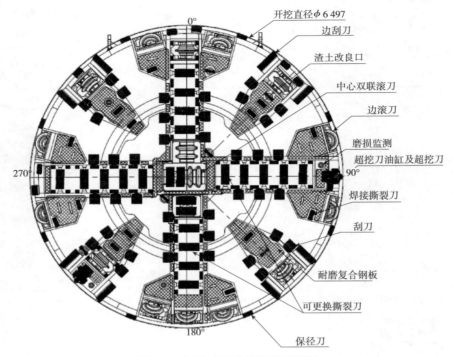

图 6-26 卵石地层正常推进刀具配置图

3) 回填区盾构刀具配制

合理的刀具布局是保证盾构穿越砂石料回填区的关键，回填区推进面卵石颗粒大、含量高，为适应回填区推进面大颗粒卵石急剧增多的情况，盾构穿越砂石料回填区时对前期刀具布置进行调整优化，2 把中心可更换式双刃撕裂刀更换为 2 把中心双联滚刀，刀盘主梁上的可更换撕裂刀为 18 寸单刃滚刀，回填区地层推进刀具配置见表 6-10，回填区推进刀具配置图如图 6-27 所示。

回填区地层推进刀具配置表　　　　表 6-10

序号	刀具名称	数量	刀高(mm)
1	17 寸中心双联滚刀	4	175
2	18 寸单刃滚刀	29	187.7
3	18 寸双刃滚刀	3	187.7
4	边刮刀	8	130
5	切刀	40	130
6	保径刀	8	70
7	焊接撕裂刀	40	130
8	外圈梁保护刀	16 把保护刀+1 环合金保护刀	
9	超挖刀	2	20(超挖量)

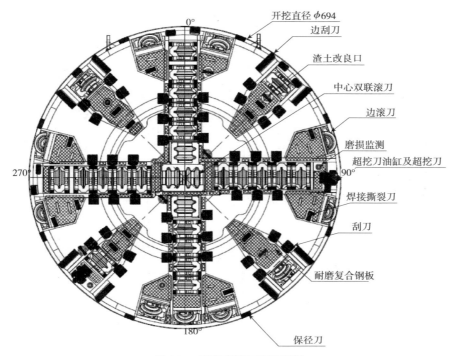

图 6-27 回填区推进刀具配置图

在回填区掘进过程中要密切注意扭矩变化,及时发现刀具、刀盘的异常情况,适当调整刀盘的扭矩上限设定值,有效地保护刀盘和刀具不受异常损耗。当遇到刀盘的扭矩比较大时,可以通过向掌子面和土舱内加注泡沫、膨润土等添加剂来降低刀盘的扭矩,以实现刀盘的较高转速。

6.5.3 回填区开仓检查及换刀作业

1) 开仓检查

考虑到回填区地层情况,正常情况下,盾构每推进 40m 停机检修 1 次,开仓检查刀具状况,测量其磨损量,并以此为根据调整刀具配置,改善对地层的适应性,避免刀盘损伤,特别需要注意的是回填区内开仓检查地点均应处于已完成的注浆加固范围区间内。第一处砂石料回填层拟进行 3 次开仓刀具检查,分别为 400 环、440 环、480 环处;第二处砂石料回填层拟进行 2 次开仓刀具检查,分别为 1 020 环、1 060 环处。回填区注浆加固后掌子面土体一般稳定性较好,首选常压开仓换刀,具体作业要求如下:

人员进舱前,应对舱内进行充分的通风换气,并经气体测试仪探测确认安全后,人员才能进入舱内。其中氧气容许最高浓度 19.5%~23%,CH_4 不超过 1%,CO 不超过 0.002 4%,H_2S 不超过 0.000 66%。

开仓前,做好出土工作,确保土仓内土体降到舱门以下,舱门开启时,除开舱门人员外,其余人员严禁站在舱门正前方,并由专人锁住舱门并清除舱门口泥土。开仓前压风排气利用盾构机原有人仓保压系统为排气管路,必要时可利用泡沫系统管路,通过刀盘上的泡沫孔,向土仓内送风,同时打开原保压系统管路阀门,将压出气体排至预定区域,气体通过洞内压入新鲜空气的稀释,随洞内空气排出洞外,如图6-28所示。

仓门打开后,先进行活物试验,等活物试验完成合格后,气体检测人员携带气体检测仪器和防爆手电,首先对土仓顶部以及人仓附近左下和右下方空气进行检测,同时现场值班负责人判断地层情况,确认安全后,方可进入土仓进行下一步检测,全面检测完毕且判断地层稳定,空气质量合格,经现场负责人复核确认,判断安全后,维保人员进仓,安设安全灯具和打开通风口处仓内盖板,引入风管进行通风,开始空气循环,如图6-29所示。

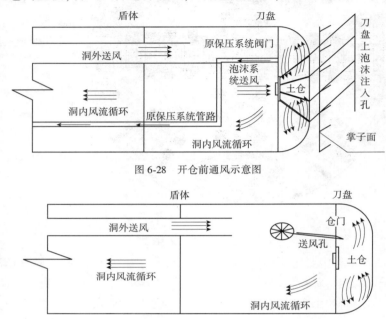

图6-28 开仓前通风示意图

图6-29 开仓后通风示意图

换刀作业人员应身体健康,有进仓作业经验,进舱时做好个人防护措施,进舱后根据开挖面土体情况做好防护,防止作业人员被上方塌落土体伤害,土仓内的作业人员最多不超过4个人。刀具更换期间,土仓内作业人员随时监视开挖面土体情况,如发现土质变软或土体大面积坍塌等不正常情况时,马上停止作业,退出土仓。同时,地面监控人员要加密地表监测的频率,发现异常情况必须及时通报现场负责人并采取相应的安全措施。舱内必须使用低压照明并配备应急照明灯,若使用交流电焊机其空载降压保护器必须灵敏可靠,并经施工用电负责人确认后方可使用。

搬运刀具进入土仓时要注意轻拿轻放,并要注意做好保护措施,不能摔碰刀具,不能碰撞盾构机元件。底部千斤顶要铺好走道板,滚刀的挡圈必须朝向刀盘圆心,刀具安装好后必须确保锁紧螺栓。在换刀完毕(或刀盘检查完毕)后,现场换刀负责人对领取的换刀工具进行清点,确保无工具和其他杂物(尤其是金属物件)遗留在舱内。出现异常情况,应停止作业,关闭舱门并及时上报。

施工现场必须有专人负责指挥,安全员和相关技术人员到位并有专人在舱外监护,开仓后应查看正面土体的加固情况,并做好记录。在进入土舱作业时应注意土舱内的通风,确保换刀作业人员的安全,同时始终保持土舱与人闸主室的畅通,以便有紧急情况时工作人员能迅速撤离土舱。

2) 换刀作业

为保证施工安全,根据设计要求,盾构穿越砂石料回填区前,应对砂石料回填范围内的土体进行加固处理,加固采用袖阀管地面注浆加固,注浆浆液为水泥浆单液浆或水泥—水玻璃双液浆,盾构穿越前对地基加固进行验收,28d无侧限抗压强度应不小于1.0MPa,达到设计要求后,才能进行盾构穿越及换刀施工,否则应采取补加固措施,盾构回填区间段换刀位置布置见表6-11。

宣仁墩站—国际机场站中间风井盾构回填区间段换刀位置布置　　表6-11

次　数	左线里程	右线里程	时　间		位　置
第1次	K2399.075（520环）	K2591.075（680环）	左线	2015.11.16	盾构穿越第一处砂石料回填区后
			右线	2015.11.18	
第2次	K3110.675（1100环）	K3110.675（1100环）	左线	2016.03.20	盾构穿越第二处砂石料回填区后
			右线	2016.01.25	

(1) 刀具检查及更换标准

首先检查刀盘上所有刀具螺栓是否有脱落现象;刀圈是否完好,有无断裂及弦磨现象;刀体是否有漏油现象;挡圈是否断裂或脱落,如挡圈脱落,还应检查刀圈是否发生移位。再用手锤敲击螺栓垫,听其声音来辨别螺栓的紧固程度,或一边敲击一边用手感觉其振动情况来辨别螺栓的紧固程度。

(2) 刀具更换的标准及更换操作

刀圈产生偏磨、刀圈脱落、裂纹、松动、移位情况下必须进行更换,更换标准为中心双联滚刀允许最大磨损量不超过25mm,正面及边缘滚刀最大磨损量不超过15mm,切削刀具的最大磨损量不超过20mm。

更换刀具步骤如下:每次更换时,工作人员先将刀具周围的泥土清掉,保证留有一定的工作空间;由刀盘外侧向内逐个检查刀具的磨损情况,确定需要更换时,用相应标号的刀具进行替换;用套筒及加力杆卸下固定螺栓,将拆下的螺栓及附件放入随身携带的工具袋内,以防丢失;将换下的刀具递到人闸内,同时将固定螺栓和固定座用水清洗干净,并检查一下是否有裂纹,如有裂纹必须更换新螺栓,以确保新装刀具有足够的固定强度;将新的刀具按原来的位置安装好,并将固定螺栓拧紧;每次带一批刀具和螺栓进舱,每批刀具换完后,把废刀具和没有安装的新刀具放进料闸内,同时操作手转动刀盘,工作人员通过料闸把下一批刀具送入土舱内,再继续更换下一组刀具;每换完一批刀具后,由值班长检查一遍安装质量,并检查是否有漏掉的或者没有固定好的,值班长确认无误后方可继续作业。

(3) 换刀施工

盾构换刀点隧道断面范围内及上部均已进行了注浆加固,地层自立性较好,且无地下水影响,可以直接开仓换刀。

到达预定换刀位置,作好换刀准备后,停止掘进。观察刀盘中心标尺,在预定设定的刀具更换所需的最佳角度位置,停止刀盘旋转。螺旋机出土,保证土仓内有 1/2 渣土存在(也可根据实际情况调整),在上部刀盘开口、刀盘和盾壳切口处焊接预先加工好的钢板,保证每个进土开口、刀盘和盾壳切口用钢板封严,正面和侧面土体不下落。

刀盘位置 1 如图 6-30 所示。

上部刀盘上密封以后,开始刀具检查和更换工作,可根据检测情况,确定刀具更换的数量和种类。刀具更换时尽量不旋转刀盘,第一次更换刀具范围 A 上的刀具。

范围 A 刀具更换完成之后,将焊接钢板 4 进行割除,将钢板 4 移出土仓,关闭人仓。开启刀盘正转,旋转 45°左右到刀盘位置 2(图 6-31)所示位置,将 8 号钢板焊接封严,使正面和侧面土体不下落,更换刀具范围 B 上的刀具。

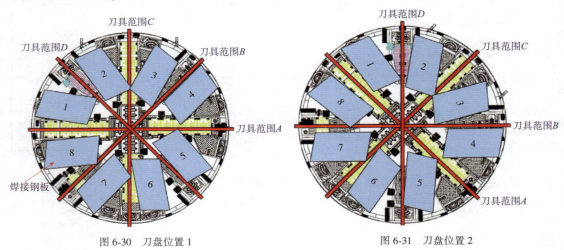

图 6-30 刀盘位置 1　　　　　图 6-31 刀盘位置 2

采用上面同样方法更换 C、D 范围的刀具,最后切除刀盘上部封割板,准备恢复推进。恢复推进时土仓内压注厚浆,填充空隙,以免地面坍塌,注浆压力应适当高于计算土压力。

刀盘位置 3、4 如图 6-32 和图 6-33 所示。

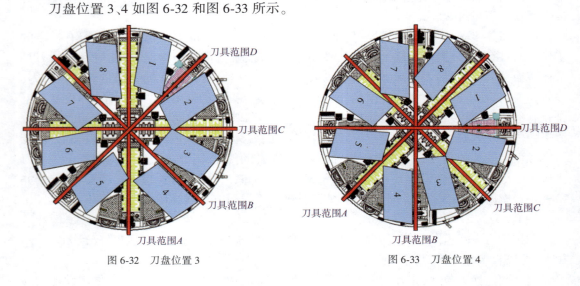

图 6-32 刀盘位置 3　　　　　图 6-33 刀盘位置 4

换刀人员配备及投入设备情况见表6-12和表6-13。

换刀人员配备清单 表6-12

序号	设备名称	数量	备注
1	管理人员	10	换刀期间施工管理
2	进仓人员	8	进仓作业
3	仓口配合人员	4	配合换刀作业
4	运送刀具人员	4	运送刀具至人闸
5	电瓶车司机	1	
6	卸刀人员	2	从电机车上卸刀具
7	龙门吊司机	1	
8	信号工	2	
9	地面搬运工	2	地面搬运刀具
10	井口司索工	2	

换刀设备及工具清单 表6-13

编号	项目	数量	备注
1	风枪、风管	各2	
2	1.5~2t 手拉葫芦	4	
3	钢丝绳	3	
4	高压水枪	1	
5	300bar[①] 气动扳手	1	
6	M30/M46/M50/M36 梅花扳手	各2	
7	应急灯	2	
8	60W 白炽灯	1	
9	半米长的撬棍	2	
10	小型电焊机	1	
11	雨鞋	16	
12	海绵	$10m^3$	
13	10cm×10cm 方木	24m	
14	2cm 木板	$15m^2$	
15	顶丝	48	
16	2cm 钢板	$32m^2$	
17	气体检测仪	1	澳洲新仪器 EM-4

注:① $1bar = 10^5 Pa$。

6.6 回填区盾构掘进

为了保证回填区的顺利盾构,穿越前应检测回填区土体加固强度,拱腰以上部分不得低于 0.4MPa,拱腰以下部分不得低于 0.8MPa,未达到要求不得推进。同时,穿越前也应对盾构机进行整体检查,尤其是开仓检查刀盘磨损情况,及时更换磨损严重的刀具,保证盾构以完好状态进入回填区,即盾构掘进至距离回填区边缘 15m 时,对刀盘、盾尾密封、螺旋输送机、铰接系统、密封油脂系统、注入系统等进行一次全面的检查、维修。检测刀具磨损量、更换刀具、彻底清洗注浆管路,确保设备状态良好。

6.6.1 回填区盾构试掘进

初始进入回填区盾构开始掘进的 60m 称为试掘进段,通过试掘进拟达到以下目的:
(1)对盾构进一步调试,收集、整理、分析、归纳总结掘进参数,制定正常掘进时的操作规程,实现快速连续掘进,摸索适应于回填区地层的掘进模式;
(2)了解和认识回填区的地质条件,掌握在该地质条件下盾构机的施工方法,摸索出在区间回填土地层中盾构姿态的控制方法;
(3)加强对地面变形情况的监测分析,及时反映盾构试掘进过程中对周围环境的影响,掌握盾构推进参数及同步注浆量。

6.6.2 回填区盾构正常掘进

1)盾构掘进流程

盾构施工洞内水平运输采用编组列车进行,两列编组配置相同,具体编组为:1 个电机车+3 个土箱($18m^3$)+1 个送浆车+2 个管片车,编组列车如图 6-34 所示。

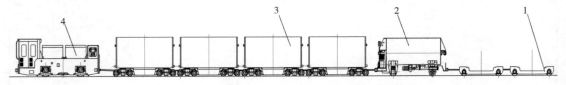

图 6-34 编组列车示意图
1-管片车;2-送浆车;3-土箱;4-电机车

盾构掘进作业流程如图 6-35 所示。

2)回填区盾构渣土改良

渣土改良的目的是:降低渣土的内摩擦角,降低刀盘的扭矩,增加渣土的流动性、渗透性,从而达到堵水、减磨、降扭及保压的效果。针对乌鲁木齐轨道交通一号线无水砂卵石地层及区间回填区土体特性,对 CTE6440 复合盾构机进行了针对性设计,机具配有两套渣土改良系统:泡沫系统和膨润土(泥浆)系统,同时预留膨润土和高分子聚合物注入接口和保压泵接口。泡沫系统和膨润土(泥浆)系统两者共用一套输送管路,旋转接头有各自独立的膨润土和泡沫通路,并均能注入刀盘前面,因此机具可以独立进行渣土改良,也可以采用泡沫剂与膨润土混合方式用以渣土改良。盾构机主轴承芯部的隔板是固定的并有搅拌棒,加强土仓内的整体搅拌效果,以保证与渣土的充分混合和搅拌,形成非渗透性和塑流性的渣土。盾构螺旋输送机采用 900mm 内径无中心杆–带式尾部中心驱动方式,最大通过粒径 594mm×670mm,为了增强输送机耐磨损能力,螺旋叶片迎渣方向堆焊有 5mm 耐磨网格,前盾螺机筒体为内外套,内套可更换,且内套表面贴有耐磨钢板。

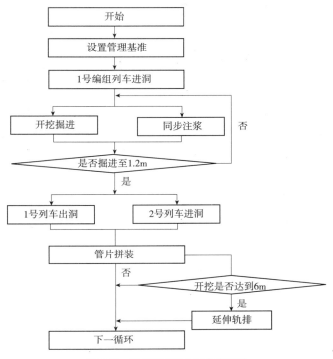

图 6-35 盾构掘进作业工序流程图

(1)泡沫系统

泡沫系统主要由泡沫泵、水泵、电磁流量阀、泡沫发生器、压力传感器和管路组成。泡沫系统在刀盘面板六个泡沫孔(其中两个泡沫孔与膨润土共用)、刀盘搅拌棒两个泡沫孔、螺旋输送机上部与下部各三个泡沫孔,每个泡沫孔装有单向阀,防止管路堵塞。刀盘面板注入口装有橡胶单向阀,防止渣土进入管路。

其工作原理如图 6-36 所示。

(2)膨润土(泥浆)系统

在不使用泡沫剂的情况下,可关闭泡沫输送管道,同时将膨润土(泥浆)输送管道打开,通过膨润土(泥浆)输送泵将泥浆或者膨润土压入刀盘、土仓和螺旋输送机内,达到改良渣土的目的。

回填区盾构施工土体改良采用泡沫剂与膨润土混合方式,膨润土液比重 1.05 左右。

3)回填区盾构同步注浆

同步注浆采用设备配置的 4 组注浆泵通过盾壳内的暗埋式管道控制 4 个注浆点进行同步注浆,同时盾尾配备 6 个备用注浆管道。

(1)注浆模式

注浆可根据需要采用自动控制或手动控制方式,自动控制方式即预先设定注浆压力,由控制程序自动调整注浆速度,当注浆压力达到设定值时,自行停止注浆。手动控制方式则由人工根据掘进情况随时调整注浆流量,以防注浆速度过快而影响注浆效果。一般不从预留注浆孔注浆,以降低从管片渗漏水的可能。

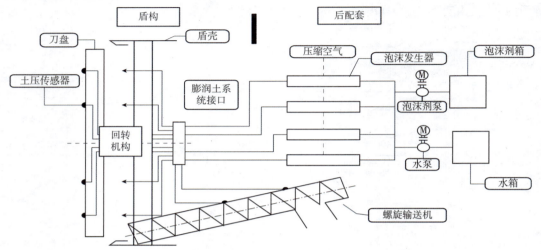

图6-36 泡沫及膨润土系统示意图

(2)注浆设备配制

搅拌站:在洞外施工场地配置自行设计建造的砂浆搅拌站一座,搅拌能力30m³/h。

同步注浆系统:配备2个德国施维英注浆泵,8m³砂浆罐,两个注浆泵。盾尾置4×2+2条注浆管,其中4用6备,管路的注入端安装了压力传感器,用于检测注浆压力。

盾尾上方增设2根同步注浆管,对渗透性大的地层及已经形成拱顶空洞的工况进行拱顶直接同步注浆,见图6-37。

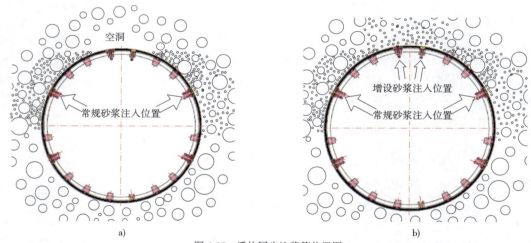

图6-37 盾构同步注浆管位置图

(3)主要参数

注浆压力:注浆压力设定值比外界水压高出0.05~0.1MPa,考虑到本工程无地下水影响,结合回填区土体特性,注浆压力设定为不大于0.3MPa,并须根据实际施工情况作相应调整。注浆压力须严格管理,防止注浆出口处压力过大导致堵管。

注浆量和注浆速度:注浆方式采用盾构掘进同步注浆,同步注浆量为建筑间隙的120%~200%,实际盾构时控制在6m³/环,同步注浆的速度与盾构机推进速度相匹配。

注浆顺序:采用4个注浆孔同时压注,在每个注浆孔出口设置压力检测器,以便对各注浆孔的注浆压力和注浆量进行检测与控制,从而实现对管片背后的对称均匀压注。

(4)注浆结束标准和注浆效果检查

注浆结束标准采用双指标法,即注浆压力达到设计压力,或注浆压力未达到设计压力但注浆量达到设计注浆量,即可停止注入。

注浆效果检查主要采用分析法,即根据 P-Q-t 曲线,结合掘进速度及衬砌、地表与周围建筑物变形量测结果进行综合分析判断。必要时采用无损探测法进行效果检查。

同步注浆工艺流程具体见图6-38。

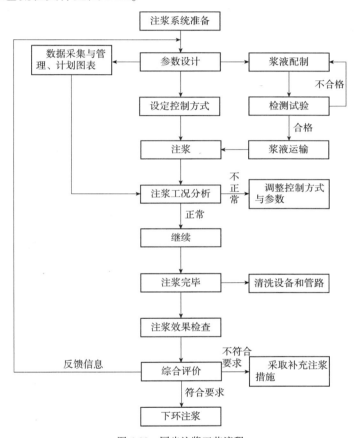

图6-38 同步注浆工艺流程

最终确定回填区正常掘进主要施工掘进参数如表6-14所示。

回填区盾构掘进参数表　　　　　　　表6-14

掘进施工参数						工程地质
上土压力 (MPa)	推力(t)	掘进速度 (cm/min)	膨润土 (m³)	每环注浆量 (m³)	每环出土量 (m³)	松散卵石回填区
>0.15	1 000	4~5	3.5~4.5	6	47~48	

4）同步注浆冬季施工浆液配制

根据乌鲁木齐轨道交通一号线无水砂卵石地层及区间回填区土体特性，控制浆液坍落度、初凝时间和收缩率指标，依据前期盾构回填区试掘进实践情况，确定此次工程盾构同步注浆采用水泥砂浆，浆液配比如表 6-15 所示。

同步注浆材料配比表　　　　　表 6-15

材料名称	水（kg）	粗沙（kg）	粉煤灰（kg）	石灰（kg）	膨润土（kg）
材料比例	380	900	200	25	120
含水率		4.20%			

受区域环境限制，新疆乌鲁木齐市注浆材料中砂为水洗砂，进入冬季施工后，由于乌鲁木齐市温度极低，施工同步注浆时会导致配置浆液困难，冬季盾构施工穿回填区地层时同步注浆材料中的粗砂改用石屑，调整同步注浆材料配比如表 6-16 所示。

同步注浆材料配比表　　　　　表 6-16

材料名称	水（kg）	石屑（kg）	粉煤灰（kg）	石灰（kg）	膨润土（kg）
材料比例	480	900	350	75	120

浆液性能指标应满足：

（1）胶凝时间：一般为 3~10h，根据地层条件和掘进速度，通过现场试验加入促凝剂及变更配比来调整胶凝时间；

（2）固结体强度：1d 不小于 0.2MPa，28d 不小于 2.5MPa；

（3）浆液结石率：>95%，即固结收缩率<5%；

（4）浆液稠度：8~12cm；

（5）浆液稳定性：倾析率（静置沉淀后上浮水体积与总体积之比）小于 5%。

6.6.3　回填区盾构掘进姿态调整及质量控制

1）回填区盾构掘进姿态调整

盾构机推进过程中，应根据技术交底设定的参数推进，严格控制好推进速度，不断将人工测量结果跟电子测量系统数据进行比较，发现问题及时调整，将偏差控制在误差范围内。掘进过程中盾构机盾构姿态调整平稳，推进出土与衬砌背后注浆同步进行，控制施工后地表最大变形量在+10~-30mm 之内，隧道轴线和折角变化控制在 0.4% 范围内。

盾构掘进施工过程中严格受控，工程技术人员应根据地质变化、隧道埋深、地面荷载、地表沉降、盾构姿态、刀盘扭矩、千斤顶推力等各种勘探、测量数据信息，正确下达每班掘进指令，并即时跟踪调整。盾构操作人员严格执行指令，谨慎操作，对初始出现的小偏差应及时纠正，应尽量避免盾构机走"蛇"形，严格控制盾构纠偏量，盾构纠偏变化不可过大、过频。

每环检查管片的超前量，推进时不急纠、不猛纠，减少管片拼装时间，缩短盾构停顿的时间，拼装完成后，尽快恢复推进，以减少上方土体的沉降。及时对回填区内的成型隧道管片进行开孔检查，有填充不饱满情况，及时进行二次注浆，注浆采用水泥单液浆或者水泥、水玻璃双液浆，注浆压力不得超过 0.3MPa。

掘进过程中应做好施工记录，记录内容如表 6-17 所示。

第6章 砂石料坑回填区膏体注浆加固及盾构掘进

施工记录项目表 表 6-17

序号	隧道掘进	同步注浆	测量
1	施工进度	注浆压力	盾构倾斜度
2	油缸行程	注浆量	隧道椭圆度
3	掘进速度	浆液性质	推进总长度
4	刀盘、螺旋输送机转速	浆液配比	本环轴心坐标
5	盾尾间隙	—	—

2) 回填区盾构管片质量控制

混凝土管片的钢筋骨架采用焊接并在靠模上制作成型,钢筋骨架制作允许误差应符合表 6-18 的规定。

钢筋骨架制作允许误差 表 6-18

项 目	允许偏差(mm)	项 目	允许偏差(mm)
主筋间距	±10	骨架长、宽、高	+5 -10
箍筋间距	±10		
分布筋间距	±5	环、纵向螺栓孔	畅通、内圆面平整

钢筋混凝土管片制作要求混凝土抗压强度和抗渗压力应符合设计要求,表面应平整,无缺棱、掉角、麻面和露筋,尺寸允许偏差应符合表 6-19 的规定。

钢筋混凝土管片尺寸允许偏差值 表 6-19

项目	检查点数	允许偏差(mm)
宽度	测 3 个点	±1
弧弦长	测 3 个点	±1
厚度	测 3 个点	+3 -1

管片拼装过程见图 6-39。

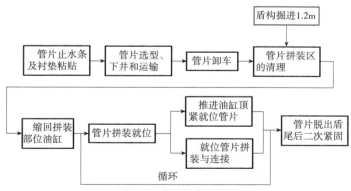

图 6-39 管片拼装流程图

管片拼装后应进行记录并进行检验,其质量应满足《盾构法隧道施工及验收规范》(GB 50446—2017)的要求,管片拼装过程中应对隧道轴线和高程进行控制,隧道轴线和高程允许偏差值为±50mm。管片施拼装允许误差为:管片的径向错台 5mm,管片环面错台 6mm,衬砌环直径椭圆度小于±5‰D。同时应注意管片的环向及纵向螺栓应全部安装,螺栓应拧紧。

管片施工工程质量保证主要包含隧道成型、管片制造、管片选型、同步注浆、管片安装以及管片缺陷修补等环节。

(1)盾构隧道成型质量保证措施

盾构时应加强盾构机掘进控制,掘进前,应根据图纸、地质情况,拟定盾构机的掘进姿态,包括盾构机的走向、速度等,指导施工。掘进时,施工与监测应紧密配合,发现异常,及时采取必要的措施,主司机和值班工程师根据实际掘进的情况,及时调整盾构机的掘进方向和速度,以适应地层、线路情况的变化,保持良好的盾构机姿态。同时,应根据收集的掘进信息,分析、整理、归纳、反馈信息,以指导下一步施工并积累经验。

(2)加强管片生产质量控制,确保管片制造精度

模具精度控制在允许误差之内,要有足够的强度、防水密封性;对管片的钢筋、混凝土、粗细骨料、粉煤灰、外加剂的质量严格控制,选择适时的配比,并派专人负责生产,严把管片生产质量关。管片堆放要符合要求,养护结束前,不许叠放,每块管片必须经过严格的质量检验,并须逐块填写好检验表,检验合格后的管片应在规定部位进行标识,合格的管片才能运出,管片运到工地后,须经盾构施工单位验收合格后,方可认为管片出厂。

(3)做好管片选型,合理拟合设计线路并与盾构机当前姿态相符

提高管片拼装精度,定时检修,养护管片安装机,加强二次紧固,确保安装质量。

(4)合理选取同步注浆参数确保管片受力均匀

注浆前进行配合比试验,确定最佳配合比,并根据不同地质情况,适时调整,严格控制砂浆的搅拌质量。注浆应饱满,必要时采用二次补强注浆,同步注浆速度应与掘进速度相匹配,按盾构完成一环1.2m掘进的时间内完成当环注浆量来确定其平均注浆速度。

(5)管片安装质量保证措施

①管片防水材料质量保证措施。黏结剂应涂刷均匀饱满、防水橡胶条和泡沫衬垫粘贴平整牢固,腻子片嵌贴严密稳固,位置准确,不得有起鼓、超长和缺口现象。螺栓衬垫应严密,不得有裂隙,使用前检查,发现损坏立即更换,不得使用。嵌缝之前将槽内清理干净,无杂质碎屑,嵌缝材料的种类、规格和质量符合设计和规范要求,并通过监理检验后方可实施。

②加强管片运输过程保护。运输前制定切实可行的方案和各种预备工作,采用专用运输车运输,确保管片在运输和吊运途中不受损或毁坏。

③正确进行管片选型。作业前根据掘进情况对管片正确选型。

④规范管片安装操作。拼装时应先底部就位,然后自下而上左右交叉安装,每环相邻管片摆布均匀并控制环面平整度和封口尺寸,最后插入封顶块。

⑤严格进行管片螺栓复紧。连接螺栓先初步拧紧,脱出盾尾后复紧,当后续掘进至每环管片拼装前,对相邻已成环的3环范围内管片螺栓进行全面检查并复紧。

⑥注意调整盾尾间隙。控制推进油缸的伸缩和同步注浆压力,拼装精度控制在设计要求之内,防止管片移位、错台。

(6)做好管片缺陷修补

管片拼装后对其缺陷进行修补,常用材料为胶皇、水泥、微膨水泥和水,保证隧道衬砌良好的外观质量。

6.6.4 回填区盾构掘进常见问题及处理措施

1）土压力不稳定且不易保持

松散卵石回填区地层中盾构掘进时土压力不稳定且不易保持,时常出现波动。

原因分析:其主要由于回填区卵石松散,成分具有不均一性,在盾构土压力仓内不能形成均一的流塑体,因此盾构在该地层中掘进时表现出土压力不稳定且不易保持,时常发生波动。

处理措施:①从渣土改良出发,加入泡沫剂、膨润土等改变渣土的性状,增强其流塑性,达到稳定土压力保持掌子面稳定的目的;②土压平衡盾构掘进中以总推力为指导,作为与掌子面平衡的一项参考指标,来保证开挖面的土压力平衡。

2）出渣量不易控制

卵石回填区盾构掘进时出渣量不易控制,易发生超欠挖。

原因分析:回填区卵石松散,盾构掘进时,若渣土改良存在问题,掌子面极易发生坍塌,使得出渣量不易有效控制,造成超挖,严重时发生地表塌陷。

处理措施:①加强渣土改良,使出渣量可控,防止发生掌子面坍塌;②盾构机不连续掘进时,掌子面易发生坍塌,造成超挖塌陷。因此在回填区特别应加强掘进控制,尽量减小由于机械故障等原因引起的停机,提高掘进的连续性。

3）刀盘、刀具磨损严重

回填区卵石颗粒直径大,掘进时卵石对盾构机刀盘、刀具磨损严重。

原因分析:回填区卵石颗粒粒径大,硬度高,在该地层中掘进,刀盘、刀具磨损严重。

处理措施:①刀盘正面及侧边缘焊接碳化铬超硬耐磨板,同时采用加压油式刀具磨损监控系统,可分别在刀具磨损达到 8mm 和 16mm 以及刀盘耐磨板到达磨损极限前给予提醒;②从渣土改良入手,在盾构掘进中适量增加泡沫剂、膨润土等,以有效降低刀盘、刀具的磨损,延长使用时间。

6.7 回填区盾构材料消耗和设备投入

1）材料

盾构回填区采用主要材料见表 6-20。

主要材料供应计划　　　　表 6-20

序号	材料名称		单位	数量
1	隧道掘进	膨润土	m^3	4 425
2		泡沫剂	kg	49 150
3	同步注浆材料	石灰	t	45
4		砂	m^3	531
5		膨润土	t	71
6		粉煤灰	t	207

续上表

序号	材 料 名 称		单位	数量
7	隧道材料	管片	环	983
8		连接螺栓(纵向)	根	11 796
9		连接螺栓(横向)	根	9830
10		遇水膨胀橡胶	付	983
11		密封垫	套	983
12	施工材料	钢轨(43kg/m)	t	2 360
13		轨枕	根	983
14		走道板	M	590
15		电缆(10kV)	M	1 180
16		通风管(ϕ1 000)	M	1 180

2)设备

盾构回填区采用的主要机械设备见表 6-21。

拟投入的设备表   表 6-21

序 号	设 备 名 称	数量	用于施工部位
1	CTE6440 复合盾构机	2	隧道推进
2	50t 行车	1	垂直运输
3	15t 行车	1	垂直运输
4	50t 电机车	4	水平运输
5	电瓶	16	电机车供电
6	充电器	8	电瓶充电
7	管片平板车	8	管片运输
8	18m³ 土箱	12	渣土运输
9	风机及配套风管	2套	隧道通风
10	潜水泵	10台	抽水
11	空压机	2台	模具清理
12	送浆车	2台	运送浆液
13	照明电箱	10只	照明
14	气焊枪	1台	机加工
15	电焊机	4台	机加工
16	钢筋弯曲机	1台	钢筋加工
17	钢筋切断机	1台	钢筋加工
18	风动凿岩机	3台	开挖
19	注浆泵	1台	砂浆加工

续上表

序号	设备名称	数量	用于施工部位
20	水泥浆搅拌机	1台	混凝土浇筑
21	全站仪	1台	测量监控
22	水准仪	1台	测量监控
23	经纬仪	1台	测量监控

6.8 回填区盾构安全措施

1)回填区施工准备安全保证措施

(1)各作业点之间设置便捷可靠的通信设备。

(2)回填区盾构施工前应编制施工组织设计,其主要内容应包括:工程地质概况;盾构掘进施工方法和程序;工程质量指标及保证措施;施工安全和文明施工要求;施工进度计划;主要施工设备和材料使用计划等。

(3)做好环境调查,并对下列环境条件调查内容实地勘察核实:

土地使用情况:根据报告和附图,实地勘察调查土地利用情况、各种建筑物和构筑物的使用功能、结构形式、基础类型与隧道的相对位置等;

工程用地情况:主要对施工场地及材料堆放场地、弃土场、运土路线等做必要的调查;

地下障碍物调查报告:对隧道经过地区有无相遇阻碍物或位于施工范围内的各种设施必须进行详细调查,其内容应包括:地下构筑物的结构形式、基础形式及其埋深,以及与隧道的相对位置等;煤气管道、上下水电力和通讯电缆等位置、管道材质及接头形式,被侵蚀程度;及其与隧道的相对位置等;地下废弃构筑物、管道及临时工程残留物等。

(4)盾构施工前应由工程技术负责人和生产负责人向施工管理人员、作业班长、盾构司机等做全面的安全、技术交底,作业班长应向作业人员进行操作交底。

(5)箱变、配电间设有两路电源,且相互切换应迅速、方便、安全。

(6)垂直运输设施的运输能力应与盾构施工所需的材料、设备供应量相适应,所有的起重机械、机具要按安全规程要求定期检查维修与保养。

2)回填区盾构推进安全要求

(1)施工过程中严格遵守国家各项政策、法令,有关安全生产的单项法规《中华人民共和国安全生产法》《中华人民共和国建筑法》《乌鲁木齐市安全生产条例》以及国家标准《建筑施工安全检查标准》(JGJ 59—2011)和行业标准。

(2)穿越前对盾构机进行整体检查,尤其是开仓检查刀盘磨损情况,及时更换磨损严重的刀具,保证盾构以完好状态进入回填区。同时检测回填区土体加固强度,未达到要求不得推进。

(3)严格控制推进土压力、推进速度、出土量,每推进一环,出土量以3满箱为宜,如果出土量急剧增多,立刻停止推进并上报。

(4)在确保盾构正面变形控制良好的情况下,使盾构均衡匀速施工。严格控制盾构纠偏量,盾构纠偏变化不可过大、过频,每环检查管片的超前量,推进时不急纠、不猛纠。

(5)减少管片拼装时间,缩短盾构停顿的时间,拼装完成后,尽快地恢复推进。

(6)根据控制地面变形要求在地面上沿盾构轴线和与轴线垂直的横断面上,布设地表位移测量标志点,在隧道中线上间隔布设地表沉降观测点,间隔布设地表沉降槽;在每环推进中跟踪测量地表隆陷变化,并通过调整推力、推进速度、盾构正面压力、推进坡度、注浆压力、注浆数量等施工参数,以使地面沉降位移尽量减少,从而为下一步盾构推进取得施工参数和施工操作经验。

(7)在掘进过程中应掌握和记录好实际平衡土压力、推进速度、出土量、千斤顶工作油压或各区域千斤顶工作油压等施工参数。隧道衬背注浆要与掘进同步;并认真做好注浆位置、注浆量、注浆压力等记录。

(8)严格控制同步注浆量和浆液质量,根据工程对隧道变形及地表变形的控制要求选用同步注浆、二次补强注浆的工艺,注入的浆液应按地层性质、地面超载条件、变形控制要求合理选定。

3)回填区注浆安全保证措施

注浆人员必须经过专门培训,并熟练掌握有关作业规程,注浆泵由专人负责操作,未经同意其他人不得操作;严禁在不停泵的情况下进行任何修理,注浆泵及管路内压力未降至零时,不准拆除管路或松开管路接头,以免浆液喷出伤人;注浆人员在拆管路、操作注浆泵时应戴防护眼镜,以防浆液溅入眼睛;保持机械及隧道内整洁,工作结束后必须对设备清洗保养,并清理周围环境。

4)盾构换刀安全保证措施

建立健全安全质量责任制,进仓、检查刀盘及换刀、减压作业、运输严格按规程操作。进行必要的岗前培训,对作业人员上岗前针对进仓、检查刀盘及换刀、减压作业的特点进行安全教育,树立起安全作业的意识。公司领导实行24h现场值班制度;值班工程师现场24h值班,并在值班过程中做好带压进仓更换刀具作业的各种记录并收集、整理,及时上报。

保证现场材料供应,确保作业过程的有效运转。

每班作业时,电工应加强用电管理,确保施工安全。带压作业过程中,加强仪表检测、空压机、气路电路的观测,如发现空压机故障或发现停电,应立即启动备用的内燃空压机。如发现管路漏气,应立即汇报并及时处理,以防意外情况发生,并将监测及时上报。

人仓、自动保压系统及减压仓由专人负责操作,同时做好各项记录,人员作业时应佩戴好个人防护用品,防止意外伤亡事故的发生。

5)垂直运输作业安全保证措施

起重工必须熟悉施工方法、起重设备的性能、所起重物的特点和确切重量以及施工安全的要求。各种起重机械在使用和行走时,应有良好的道路,起重安装作业前应清除工地所经道路的障碍物,做到工地整洁、道路畅通。使用新机具或采用新工艺时,必须经过技术鉴定,各种起重机械起吊前,应进行试吊。

起重工在工作时集中精力,明确分工,服从指挥,垂直运输必须设专人指挥。起吊重物时,起重机下不得有人停留或行走,吊机停止作业时,应按止动器,收紧吊钩和钢丝绳。起吊重物时,吊具捆扎应牢固,以防吊钩滑脱,连接装置必须安全可靠,防止脱钩、溜车事故。采用两台吊机同时起吊重物时,应在现场施工负责人的统一指挥下进行,在起吊过程中,两台吊机必须均衡起落重物,使各自分担的起重量不超过其容许的负荷能力。

6)水平运输安全保证措施

电瓶车驾驶员必须由经过培训和规程教育、考试合格的人员担任,工作时必须持证上岗。应定期检查机车的制动片的磨损量,制动距离是否符合要求,驾驶员交接班时,必须仔细检查蓄电池砂箱制动装置、车灯、喇叭等,确认完好后试运行。驾驶员每班必须检查电瓶电解液是否符合要求,下班时必须检查电瓶的电流,离开电瓶车座位时,必须切断电源,收起转向手把,扳紧车闸,但不准关闭车灯。

驾驶员在开车前必须注意机车前方有无行人和障碍物,鸣喇叭后方可启动机车,在行车时必须坐在驾驶员座位上,随时注意机车各部位运转是否正常。发生故障及时修理,开车过程中不准倒转紧急制动,不准用其他金属物代替机车保险丝。机车行驶时,驾驶员要时刻注视前方信号、障碍物等情况,若有行人必须鸣喇叭并作好紧急制动准备,不得坐在沿上和车外操作,行车时不得探身车外,行车中车辆脱离轨道时,必须立即停车处理。

电瓶车在坡度较大隧道中行驶、接近弯道、道岔、行人较多的地点时应减速行驶,并在40m外鸣喇叭,做好紧急制动准备。

7)装卸渣与运输安全措施

严格执行设备安全操作规程,弃渣场地必须避免因弃渣造成排水不畅与过大土压引起对建筑物的危害,渣土远运采用专用散装物料车夜间进行。装载料具时,严禁超出装载界限,装运大体积或超长料具时,应捆扎牢固,必要时加设保险绳和显示界限的红灯,还应专车运输和专人指挥,各种运输设备不得人、料混装。

6.9 回填区盾构施工效果检测

1号线16标段卵石回填区主要分布于宣大区间隧道左线 ZJDK2+100~ZJDK2+450 段、ZJDK2+820~ZJDK3+050 段;隧道右线 YJDK2+105~YJDK2+460、YJDK2+805~YJDK3+050 段。盾构机右线于 2015 年 10 月 10 日进入 YJDK2+105~YJDK2+460 段回填区地层施工,2015 年 11 月 20 日完成掘进;2016 年 01 月 30 日进入 YJDK2+805~YJDK3+050 段回填区地层施工,2016 年 03 月 16 日完成掘进。期间右线盾构卵石回填区掘进 500 环,共 600m,右线最高日进度 2015 年 10 月 20 日掘进 16 环。盾构机左线于 2015 年 10 月 25 日进入 ZJDK2+100~ZJDK2+450 段回填区地层施工,2015 年 12 月 09 日完成掘进;2016 年 03 月 10 日进入 ZJDK2+820~ZJDK3+050 段回填区地层施工,2016 年 04 月 10 日完成掘进。期间左线盾构卵石回填区掘进 483 环,共 580m,左线最高日进度 2015 年 10 月 30 日掘进 18 环。

为保证施工过程地表下沉、周边既有管线的安全稳定,并及时监测各主要工序施工阶段引起的沉降动态数值,乌鲁木齐市轨道交通一号线工程业主委托第三方监测单位和施工单位监测组对地表下沉、周边既有管线进行了全过程监控量测,并在盾构穿越回填区范围时加密了布置监测断面,推进过程中每 4h 进行一次地面变形、管线沉降监测,必要时进行 24h 不间断的跟踪监测,盾构通过后每 5d 监测一次,数值基本稳定后每月监测 1 次。

截至 2016 年 12 月 01 日 DB-116-02 累计沉降-29.09mm,11 月 18 日~12 月 01 日变化

量为-0.79mm,平均变形速率-0.06mm/d,目前沉降速率已趋于安全可控状态。DB-141-01累计沉降-29.25mm,11月18日~12月01日变化量为-0.74mm,平均变形速率-0.05mm/d,目前沉降速率已趋于安全可控状态。GCY-04-20累计沉降-22.94mm,11月18日~12月01日变化量为0.13mm,平均变形速率0.01mm/d,目前沉降速率已趋于安全可控状态。GCY-04-21累计沉降-19.63mm,11月18日~12月01日变化量为-0.97mm,平均变形速率-0.07mm/d,目前沉降速率已趋于安全可控状态。GCY-04-22累计沉降-15.11mm,11月18日~12月01日变化量为0.42mm,平均变形速率0.03mm/d,目前沉降速率已趋于安全可控状态。GCY-04-29累计沉降-13.50mm,11月18日~12月01日变化量为-0.56mm,平均变形速率-0.04mm/d,目前沉降速率已趋于安全可控状态。GCY-08-17累计沉降-13.94mm,11月18日~12月01日变化量为-0.60mm,平均变形速率-0.04mm/d,目前沉降速率已趋于安全可控状态。GCY-08-19累计沉降-19.63mm,11月18日~12月01日变化量为-0.47mm,平均变形速率-0.03mm/d,目前沉降速率已趋于安全可控状态。GCY-08-20累计沉降-15.72mm,11月18日~12月01日变化量为-0.53mm,平均变形速率-0.04mm/d,目前沉降速率已趋于安全可控状态。GCY-08-21累计沉降-15.01mm,11月18日~12月01日变化量为-1.30mm,平均变形速率-0.09mm/d,目前沉降速率已趋于安全可控状态。

回填区盾构施工全过程均处于安全、稳定、快速、优质的可控状态,盾构推进各项参数均正常,地表下沉、周边既有管线沉降量均在允许范围内,盾构穿越卵石回填区平均施工进度为270m/月。经监理和业主验收,盾构隧道工程质量合格。

6.10 本章小结

乌鲁木齐市轨道交通1号线土建16标宣仁墩站—大地窝堡站盾构区间回填区为采砂坑回填土,其中建筑弃土约占70%,筛砂石约占15%。建筑弃土为2002年以后周围工程建设时开挖卵砾石土层产生的弃土,与周围原始地层土质相差不大,呈松散-稍密状。筛砂石为筛砂后的废料,成分主要以卵石颗粒为主,粒径大于60mm约占90%,级配较差。回填区加固选用袖阀管膏体注浆法,注浆浆液为水泥黄土浆,固水比1:(0.35~0.5)。

盾构机穿越前回填区前应对回填区土体加固强度进行检测,要求拱腰以上部分不得低于0.4MPa,拱腰以下部分不得低于0.8MPa,未达到要求不得推进。为适应回填区推进面大颗粒卵石急剧增多的情况,穿越前对刀具布置进行调整优化,2把中心可更换式双刃撕裂刀更换为2把中心双联滚刀,刀盘主梁上的可更换撕裂刀为18寸单刃滚刀。

盾构掘进至距离回填区边缘15m时应对盾构机进行整体检查,即对刀盘、盾尾密封、螺旋输送机、铰接系统、密封油脂系统、注入系统等进行一次全面的检查、维修,尤其是开仓检查刀盘磨损情况,及时更换磨损严重的刀具,彻底清洗注浆管路,保证盾构以完好状态进入回填区。

进入回填区后,正常情况下每推进40m停机检修1次,检查刀具状况,测量其磨损量,并以此为根据调整刀具配置,避免刀盘损伤。针对乌鲁木齐市轨道交通一号线轨道交通16合同段区间的地质情况,为了保证换刀作业的安全性,标段换刀地点避开砂石料回填层。

回填区掘进主要施工掘进参数保持为上土压力>0.15MPa,推力1 000t左右,掘进速度

4~5cm/min,渣土改良膨润土 3.5~4.5m³,每环同步注浆量 6m³,每环出土量 47~48m³。

由于乌鲁木齐市冬季温度很低,施工同步注浆时配置浆液困难,冬季盾构回填区土同步注浆材料中的粗砂改用石屑,调整同步注浆材料配比材料比例:水(kg):石屑(kg):粉煤灰(kg):石灰(kg):膨润土(kg)=480:900:350:75:120。

盾构机左线于 2015 年 10 月 25 日进入 ZJDK2+100~ZJDK2+450 段回填区地层施工,2015 年 12 月 09 日完成掘进;2016 年 03 月 10 日进入 ZJDK2+820~ZJDK3+050 段回填区地层施工,2016 年 04 月 10 日完成掘进。施工全过程处于安全、稳定、快速、优质的可控状态,盾构推进各项参数均正常,地表下沉、周边既有管线沉降量均在允许范围内,盾构穿越卵石回填区平均施工进度为 270m/月,盾构隧道工程质量合格,施工取得了良好效果。

第7章
盾构掘进下穿建筑物施工控制技术

盾构隧道施工引起土体变形,从而对地面建(构)筑物产生影响,其对建筑物的影响主要取决于地层变形特征,根据不同地质和埋深条件,施工引起的地层变形及其对建筑物的影响也不同。因此,盾构施工前必须对可能穿越的建(构)筑物进行调查,根据工程经验预计施工对建筑物的影响,有针对性地制订保护方案,对地表变形进行控制。

根据盾构施工的特点地表变形发展曲线可分为以下5个阶段,即盾构机开挖面前土体变形、盾构机开挖面土体变形、盾构机上部土体变形、盾尾建筑空隙引起土体变形和后期土体固结及蠕变残余变形。在盾构施工中,应加强施工监测,根据监测结果,采取相应措施,实施动态信息化施工管理,采取有效措施尽量减小第一至第四阶段的地层损失,同时降低盾构施工对周边土体的扰动程度,减少后期土体固结和蠕变残余变形。对于重要建筑或危旧建筑,应加强监测点的布置、增加监测频率,根据监测结果,及时采取工程应急措施,以确保盾构施工过程中的建筑物安全。

7.1 盾构施工对穿越建(构)筑物的影响及控制措施

7.1.1 盾构穿越建(构)筑物的施工控制技术

为了保障盾构下穿建筑物时的安全,在穿越建筑物之前,应对建筑物前一定范围类似地层掘进段作为穿越建筑物试验段,对前期施工的参数设定及地面沉降规律进行归纳总结,分析盾构所穿越的土层结构,掌握这种地质条件下盾构机推进的施工方法。并在正式穿越时,根据地面沉降不断对施工参数进行优化,以达到最佳施工效果,控制地面沉降,保证盾构安全、平稳通过。

1)施工参数控制
(1)掘进模式选择及土仓内土压力控制

土压平衡状态下,以土压力为控制目标进行相应的排土管理,主要通过调整螺旋输送机的转速来控制土压和排土量。非土压平衡状态下,尽可能提高螺旋机的出土效率,减少土舱内的堆积土体,增加土舱的有效进土空间。在刀盘正面土体自立性较好状况,可通过对土舱内加气的技术措施,提高螺旋机的排土能力,防止土舱内"泥饼"形成,降低大刀盘扭矩,从而加快掘进速度。

土压力控制主要取决于刀盘前的土体压力,一般以刀盘中心处的土体压力为准,可依据掘进模式按式(7-1)计算:

$$P_1 = K_0 \times \gamma \times h \tag{7-1}$$

式中：P_1——土仓内土压力；

　　K_0——侧压力系数；

　　γ——土的重度；

　　h——刀盘中心的埋深。

根据盾构机的掘进位置及相应的情况，可选取相应的参数代入上式，具体将取决于地面的监测结果。（同时以开挖面的水压力加浮重度的主动土压力作为参考，对设定值进行修正）

（2）推进出土量控制

每环理论出土量 = $\pi/4 \times D^2 \times L = \pi/4 \times 6.494^2 \times 1.2 = 39.72$（$m^3$/环）。

盾构推进出土量控制在98%～100%之间。即38.93～39.72m^3/环。

（3）推进速度

过建筑施工时，推进速度不宜过快，尽量做到均衡施工，减少对周围土体的扰动，避免在途中有较长时间耽搁。如果推得过快则刀盘开口断面对地层的挤压作用相对明显，地层应力来不及释放；推进过慢则刀盘的正反转动对地层扰动作用相对明显，容易造成建筑空隙，所以正常推进时速度应控制在2～4cm/min，以3cm/min最为适宜，根据监测数据适当加快或放慢推进速度。

（4）盾构轴线及地面沉降量控制

盾构轴线控制偏离设计轴线不得大于±50mm；地面沉降量控制在+10～-30mm。

2）盾构姿态控制

在穿越区域，隧道设计轴线包含平面圆曲线竖曲线，线路较复杂，因此盾构掘进时需要不停地纠偏。因盾构进行平面或高程纠偏的过程中，将会产生超挖现象，因此在穿越过程中，在确保盾构正面沉降控制良好的情况下，尽可能使盾构纠偏均匀，并且在曲线变化之前提前开始纠偏，减小盾构的平均纠偏量。推进时不急纠、不猛纠，单次平面纠偏量控制在5mm/环内，单次高程坡度纠偏量不超过1‰，多注意观察管片与盾壳的间隙，相对区域油压的变化量随出土箱数和千斤顶行程逐渐变化。采用稳坡法、缓坡法推进，以减少盾构施工对管线的影响。

3）同步注浆

盾构在穿越管线过程中，应严格控制同步注浆量和浆液质量，通过同步注浆及时充填建筑空隙，减少施工过程中的土体变形。盾构推进中的同步注浆是充填土体与管片外弧面间的建筑间隙和减少后期变形的主要手段，也是盾构推进施工中的一道重要工序。浆液压注做到及时、均匀、足量，确保其建筑空隙得以及时和足量的充填，将地表变形和管片偏移控制到最小，并防止管片接缝渗漏水。

同步浆液可以迅速、均匀地填充到盾尾间隙的各个部位，使施工对土体扰动减少到最小。

每推进一环的建筑空隙为$1.2\pi(6.44^2-6.2^2)/4 = 2.85$（$m^3$）（盾构外径6.44m，管片外径6.2m）。每环的压浆量一般为建筑空隙的120%～200%，即每推进一环同步注浆量为5.14～5.71m^3。泵送出口处的压力控制在0.3MPa左右。

考虑到建筑物保护要求，本工程盾构推进施工中的同步注浆浆液采用大比重"厚浆"，主要包括粉煤灰、石灰、砂、添加剂和水，此浆液能在压注初期就具有较高的屈服值，同时压缩性和泌水性小,可有效控制地面沉降和隧道上浮。压浆量和压浆点视压浆时的压力值和地层变形监测数据而调整,为防止浆液在注浆系统内硬化,必须定时对工作面注浆系统进行清洗。隧道内送浆车以及地面上的储浆系统也应进行清洗,清洗时间基本控制在每班一次。

4) 二次注浆

由于盾构推进时同步注浆的浆液在填补建筑空隙时可能会存在一定间隙,且浆液的收缩变形也会导致存在地面沉降,因此为控制土体后期沉降量,根据监测数据情况,采用在脱出盾尾的管片上方进行补压浆方法,在隧道内对盾构穿越后土体进行加固。

注浆加固根据实际情况拟分两步进行:

第一步:管片脱出盾构机后,根据监测数据和实际要求,通过管片内的注浆孔进行注浆,以起到稳定土体的作用,从而控制地面的沉降。

第二步:在盾构完全穿越后,根据后期沉降监测数据对该穿越区域土体进行注浆加固,以保证管线下土体的长期稳定。

注浆量根据地面监测情况随时调整,从而使地层及管线变形稳定,注浆的各项参数可参考盾构始发推进试验段的施工经验,用以掌握控制盾尾后期土体沉降每环所需补充压注浆液总量及压注频率等数据,指导盾构穿越时及后续注浆的施工参数。压浆时指派专人负责,对压入位置、压入量、压力值均作详细记录,并根据地层变形监测信息及时调整,确保压浆工序的施工质量。

5) 盾尾油脂压注

在同步注浆量充足的前提下,穿越时盾构机的盾尾密封功能就显得特别重要,为了能顺利地安全地穿越,必须切实地做好盾尾油脂的压注工作。每班上班时保证储桶内有充足的油脂,勤检查,推进时油脂开关用自动挡根据压力情况自动补压,杜绝因人为欠压造成的漏浆现象。

7.1.2 盾构穿越建(构)筑物的常用加固施工措施

保护措施是根据预测结果并结合沉降原因,同时考虑各阶段沉降量来制定的。通常,选择对建筑物的保护措施会优先考虑洞内措施,但洞内措施是带有滞后性特点的。由于某些地质条件的特殊性,地面变形过于敏感,同时基于对沉降原因的分析、对沉降趋势的预测和对沉降阶段的统计,单纯的洞内措施满足不了对建筑物保护的要求。处于特殊地质条件下盾构施工对建筑物的保护必须采取地面措施。地面措施主要有两种作用效果:第一,完全抵抗地层变形对建筑物的影响,即不允许建筑物产生丝毫变形,盾构施工不能对建筑物产生影响;第二,在可承受范围内,接受地层变形对建筑物影响,然后进行控制和补偿,即允许建筑物产生一定量的变形,然后再采取简单易行的综合措施,控制住变形的进一步发展,使变形不再威胁建筑物的安全。相比而言,第二种作用效果操作较为灵活,受环境制约较小,且费用较低,但风险较大。

传统的地面措施一般有对已有建筑物进行加固、对两者中间地基采取隔断、地基改良等三个方面,主要做法就是直接加固已有建筑物来提高刚度的方法、支撑已有建筑物通过托换将支持层转移到下部的方法等,以及地基强化、改良防护以及隔断地基变形等。不论在何种情况下,地面措施的选取都必须考虑相邻建筑物的密集程度、现场制约条件、既有建(构)筑物的重要程度以及地质条件等,综合评价施工性、安全性、经济性,以及对工期、环境影响等,采取的措施必须经济合理,行之有效。

隔断法有多种形式,如钻孔隔离桩、地下连续墙、冷冻法、注浆等,经过充分比选,目前被国内外公认为最可靠的注浆工法是袖阀管地面注浆法。主要做法为在需要保护的建筑物与盾构隧道之间打设注浆孔,开孔直径一般110mm,孔内预置ϕ50mm PVC袖阀管。根据条件,注浆孔可直打,也可以设置一定角度斜打。袖阀管长度为至破裂面以下至少3m。在盾构到达前,预先压注水泥浆液。在盾构通过期间,根据地表和建筑物沉降的情况,实施跟踪补充注浆。

在注浆材料选择上,对于普通水泥来说,因其颗粒较大,渗透能力有限,一般只能深入大于0.1mm的裂隙。超细水泥其化学成分与性质和水泥类似,但其粒径小于10μm占到90%以上,平均粒径仅4μm左右,比表面积在600~800m²/kg以上,这一性质使超细水泥浆液具有良好的可注性。用超细水泥制备的浆液经过充分搅拌,具有良好的物理力学特性。浆液黏度在同样水灰比的情况下比普通水泥浆液黏度低。浆液稳定性好,注入能力与脲醛树脂和木质素化学浆液相似,其强度却远高于这些化学材料。因此在注浆材料的选择上,考虑到渗透固结效果,超细水泥最为理想,而普通水泥注浆形成的压密、劈裂效果可对渗透固结产生的隔离效果予以加强,并在一定程度上降低成本。

直接加固法如托换基础法,这种方法是由于盾构施工中切断了原有建筑物的支撑桩,或由于在建筑物下施工造成基础沉降等有害影响时,在盾构开挖的影响范围外增设新的支撑桩,以托换建筑物的基础,该法对于防止建筑物变形最为有效,其工程规模往往很大。耐压板这种施工法是在盾构机通过前,预先在建筑物之下设置钢筋混凝土耐压板,利用千斤顶支撑建筑物,通过千斤顶来调整建筑物的沉降变化,该法不适用于工程规模大、沉降要求精度高的建筑物,往往用于中小建筑物保护。

而地基改良法则是向隧道周围地层或建筑物附近注入混合浆液,使地基固结,以控制盾构机通过时土体的松动范围,防止地基变形。采用这种方法时,要根据地基条件选用适宜的浆液和注浆方法,详细评估注浆压力对建筑物造成的后续影响。

7.2 盾构掘进影响建筑物安全施工模拟

7.2.1 中国石油东方地球物理公司概况

盾构施工影响范围内(左、右线中线两侧各30m)建(构)筑物调查是盾构施工前的必要程序,调查的地面建筑物包括高架桥、人行天桥、地下通道、地下商场等进行调查,调查的重点是四层(含四层)以上的建筑物,尤其是位于隧道上方距左右线隧道断面15m范围内的业主未提供详细资料的建筑物,要详细调查清楚,对已有资料的要进一步核实,未有资料的要全面调查,大地窝堡站—国际机场站区间盾构影响建筑物平面布置图见图7-1。

中国石油东方地球物理公司为5层钢筋混凝土框架结构,基础形式为柱下独立基础+条形基础,基础埋深为2.6~2.7m,距隧道顶约14.89m。轨道交通1号线16标段左右线隧道下穿该建筑,尤其是右线隧道从新旧楼(科技楼和业务楼)之间的沉降缝处下穿(图7-2)。

中国石油东方地球物理公司与轨道交通1号线平面位置关系图、位置关系断面图如图7-3、图7-4所示。

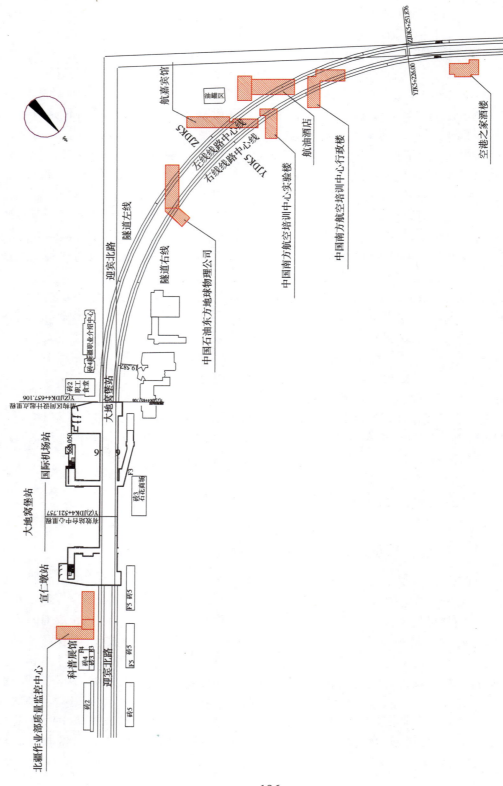

图7-1 大地窝堡站—国际机场站区间盾构影响建筑物平面布置图

第7章 盾构掘进下穿建筑物施工控制技术

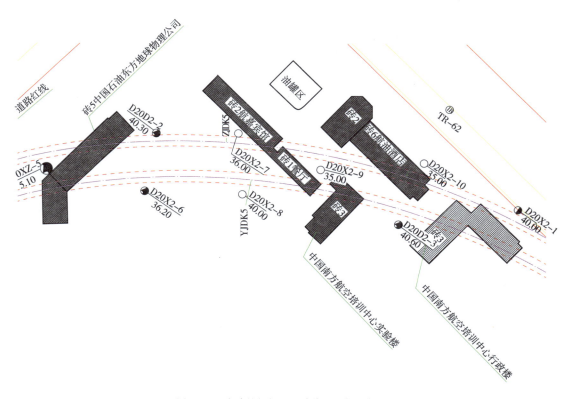

图 7-2 下穿建筑物与区间隧道平面位置关系图

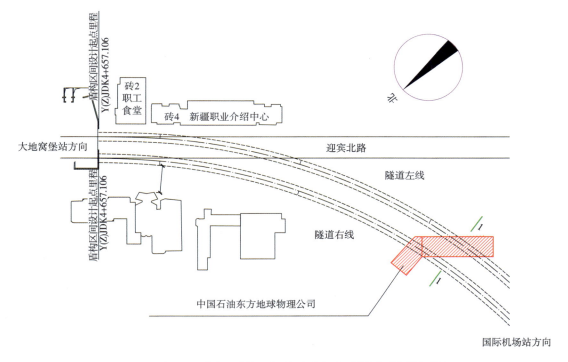

图 7-3 中国石油东方地球物理公司与轨道交通 1 号线平面位置关系图

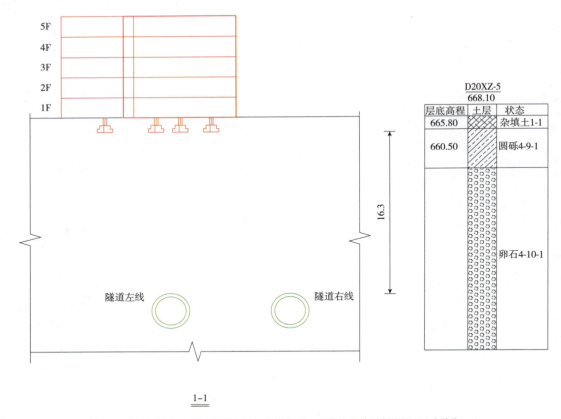

图 7-4 中国石油东方地球物理公司与轨道交通 1 号线位置关系断面图(尺寸单位:m)

7.2.2 本构模型选择和计算参数确定

1)本构模型选择

选择合理的岩土本构模型是数值计算的关键,评价一个模型的选用是否合理,关键在于该本构模型能否反映岩土材料应力—应变关系的特点,因此,研究的方向应该针对工程对象和问题的特点,去寻找简单而又能说明主要问题的数学模型。$FLAC^{3D}$ 提供了多种弹塑性本构模型,可对弹性模型、摩尔-库仑模型、砌体节理模型、应变软化和强化等多种材料进行模拟。实际中,岩土体具有非常复杂的力学特性,如非线性与硬(软)化,压硬性,剪胀(缩)性和流变性等,要在一个模型中全部反映这些特性是不可能的,关键是依据所研究的问题,抓住影响变形的主要特性来选择本构模型。同时,亦要考虑本构模型的多功能要求与简便性之间的矛盾,要选用一个既能反映基坑附近岩土的一些主要变形特性,同时模型本身不过于复杂,计算参数容易确定。摩尔—库仑模型在岩土工程研究中应用的最为普遍,摩尔—库仑模型中的工程材料参数——黏聚力和内摩擦角极其容易获取。许多传统分析方法—如滑移线理论、极限承载力计算理论、土压力计算理论和结构面强度理论,均是基于该准则建立的,且已积累了丰富的实用经验和试验资料。这种模型的破坏包络线对应于摩尔—库仑判据(剪切屈服函数)加上拉伸分离点(拉应力屈服函数),与拉应力流动法则相关联而与剪切流动不相关联。Mohr-Coulomb 强度准则将岩土体的受压、受拉、受剪应力状态与强度条件紧密结合起来,不仅能以简洁的判据判别岩土体在某种应力状态下的破坏情况,并近似确定破坏面的方向,而且反映了岩土体抗拉强度小于抗压强度这一特性,并能解释岩土体三向拉伸破坏、而三向等压时不会破坏的现象,因而该准则原理简单,便于应用,且比较全面地反映了岩土体的强度特性。

2)计算参数确定

中国石油东方地球物理公司处地层结构概况如下(图7-5)。

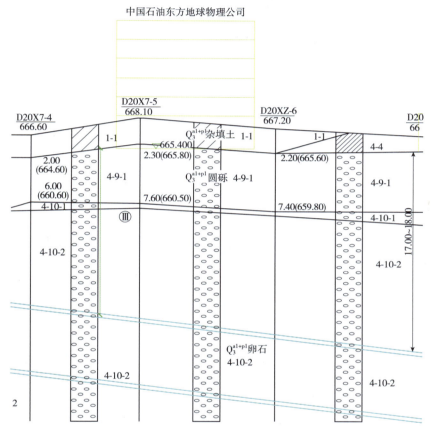

图7-5 模型地层(尺寸单位:m)

1-1 杂填土(Q_4ml):分布于地表,分布不均匀,层厚0.5~3.5m。灰黄—灰色,稍密—密实,稍湿—潮湿,以圆砾、卵石为主组成,含少量砖瓦碎屑,生活垃圾及植物根系等,土质不均匀,级配较差。岩土施工工程分级为Ⅱ级普通土。

4-9-1 中密圆砾(Q_3^{al+pl}):下伏于杂填土或以透镜体夹于卵石层,土黄色,层厚1.5~19m。成分以砂岩、灰岩为主,多呈浑圆状,粒径组成:2~20mm占40%~55%,20~60mm占20%~35%,大于60mm约10%,余以杂砂砾充填为主,稍湿。

4-10-1 中密卵石(Q_3^{al+pl}):下伏于圆砾层,灰黄色、灰色、深灰色,厚度3m,成分以砂岩、灰岩为主,浑圆状,磨圆度较好,粒径组成:2~20mm占10%~30%,20~60mm占40%~55%,大于60mm占10%~30%;余为杂砂砾砂与粉黏粒充填,局部含漂石,最大粒径约450mm。稍湿-潮湿,岩土施工工程分级为Ⅲ级硬土。

4-10-2(Q_3^{al+pl})密实卵石:埋深9m以下呈密实状,岩土施工工程分级为Ⅳ级软石。

各土层物理力学指标统计表如表7-1所示。

大地窝堡站—中间风井区间各土层物理力学指标统计表　　　表7-1

土层编号	土层名称	天然密度(kN/m^3)	剪切试验建议值		地基承载力特征值(kPa)	土层与锚固体极限摩阻力标准值(kPa)	静止侧压力系数	基床系数(MPa/m)	
			$c(kPa)$	$\varphi(°)$				水平	垂直
1-1	杂填土	18.9	0	17	—		0.60	16	—
4-9-1	圆砾(中密)	22.1	0	40	450	130	0.32	65	72
4-10-1	卵石(中密)	23.0	0	42	500	145	0.3	72	82
4-10-2	卵石(密实)	23.0	6	44	600	175	0.26	85	90

衬砌及同步注浆体参数取值如表7-2所示。

衬砌及同步注浆体参数取值　　　表7-2

区　　分	重度(kN/m^3)	黏聚力(kN/m^2)	内摩擦角(°)	弹性模量(kN/m^2)	泊松比
衬砌结构C50	25.0	$1.2×10^{-3}$	45	30 000 000	0.200
同步注浆体	22.0	100	30	150 000	0.22

7.2.3　盾构下穿中国石油东方地球物理公司办公室模拟构建

FLAC^{3D}是岩土工程方面优秀的数值分析软件,但其在建立复杂模型方面的能力远逊色于ANSYS的建模能力,尤其是下穿既有建筑模型中包括了轨道交通隧道、轨道交通车站和地表既有建筑设施,利用FLAC^{3D}建模是一项非常繁重的工作。因此,本次数值建模利用ANSYS软件采用自底向上的方法建立模型。在网格划分方面,选用SOLID45六面体单元作为基本单元,采用体扫掠(VSWEEP)网格划分的方法对基坑实体模型进行网格划分,从而生成有限元模型,通过ANSYS-TO-FLAC^{3D}接口程序导入FLAC^{3D}有限差分软件中对盾构隧道下穿工况进行数值模拟。

中国石油东方地球物理公司办公室基础距隧道顶约为14.89m,隧道中心间距20.7m,下穿中国石油东方地球物理公司办公室盾构隧道开挖外径6.2m,管片厚度0.35m,隧道内径5.5m。为消除边界效应,左右边界不少于隧道外径的4倍,隧道底部不少于隧道外径的3倍(建筑物边线至模型边界25m,模型厚度为50m),由此建立隧道及既有建筑物模型尺寸为100m(东西方向)×120m(南北方向)×50m,如图7-6所示。

中国石油东方地球物理公司独立基础、基础与盾构隧道的相对位置关系如图7-7、图7-8所示。

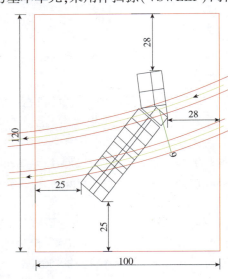

图7-6　模型平面(尺寸单位:m)

图 7-7 中国石油东方地球物理公司独立基础

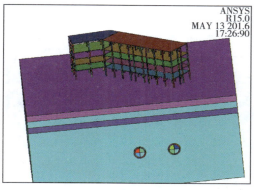

图 7-8 中国石油东方地球物理公司基础与盾构隧道的相对位置关系

几何模型被工作平面切分(VSBW)成 1 221 个单独的体,通过逐个选中单独的体,指定每个体上网格的尺寸对其划分网格,得中国石油东方地球物理公司的有限元模型,网格划分如图 7-9~图 7-13 所示。

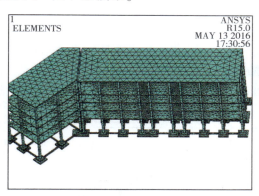

图 7-9 中国石油东方地球物理公司网格划分

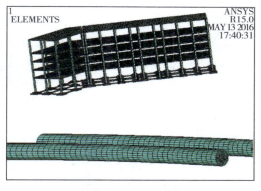

图 7-10 中国石油东方地球物理公司和盾构隧道网格划分

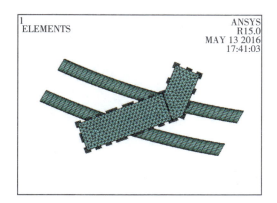

图 7-11 盾构隧道和中国石油东方地球物理公司网格俯视图

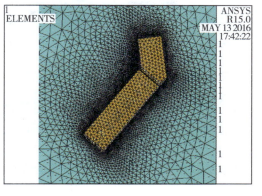

图 7-12 模型网格划分(俯视图)

再将盾构隧道下穿中国石油东方地球物理公司的三维模型通过 ANSYS-TO-FLAC[3D]程序导入 FLAC[3D]中,如图 7-14、图 7-15 所示。模型的坐标系以西东方向为 X 的正方向,南北方向为 Y 的正方向,垂直地面向上为 Z 的正方向。

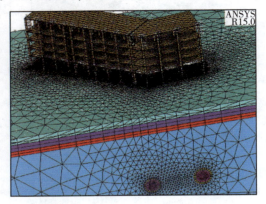

图 7-13 模型网格划分

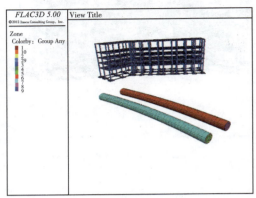

图 7-14 盾构隧道下穿中国石油东方地球物理公司三维模型 1

7.2.4 结构模拟及初始应力设定

本次盾构隧道掘进开挖采用 null 模型模拟,为了充分模拟土压平衡盾构机的掘进过程,分析中每个掘进步开挖 1.2m,同时在掌子面上施加实际梯形土压力。模型中的乌鲁木齐市城市轨道交通 1 号线土建 16 标段盾构隧道采用六面体实体单元建模,开挖外径 6.2m,隧道内径 5.5m,管片厚度 0.35m,沿掘进方向每一单元长度为 1.2m,如图 7-16 所示。

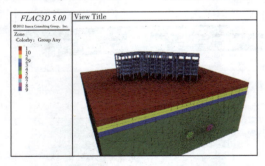

图 7-15 盾构隧道下穿中国石油东方地球物理公司三维模型 2

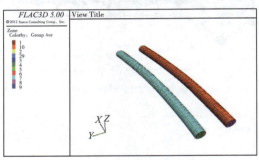

图 7-16 盾构隧道模型

在软件中实现同步注浆的模拟采用等效注浆厚度实现,通过更换注浆层材料参数的方法来模拟盾尾同步注浆对盾尾空隙填充的效果,依据一号线前期施工实际状况,取等效注浆厚度为 0.3m。

边界条件的设置需要考虑到模型的边界与实际情况一致,具体设置为:在几何模型的底部约束 X、Y、Z 三个方向的位移,在几何模型的四个侧面约束该面的法向位移(水平方向位移固定,垂直方向位移可自由变化),几何模型顶面为自由边界。

初始地应力计算采用弹塑性求解清零法,即选用的计算参数通过弹塑性求解的方法得到自重应力下的位移和初始地应力。实际工程中,盾构隧道掘进之前可以认为土体固结已经完成,因此,在前一步的基础上将所有节点的位移、速度以及单元的塑性状态全部清理,得到位移和速度清零下的模型(图 7-17)以及此时模型中的初始地应力(图 7-18)。

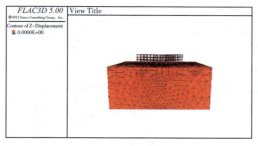
图 7-17　位移、速度和状态清零

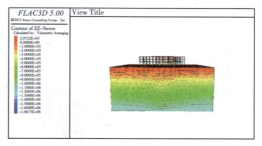
图 7-18　模型中初始地应力

7.2.5　盾构穿越北中国石油东方地球物理公司掘进施工模拟

1)盾构隧道右线开挖距建筑物 10m

(1)衬砌结构周围土体位移及应力

图 7-19~图 7-21 为盾构隧道右线开挖距建筑物 10m 时隧道衬砌结构周围土体的变形、最大主应力和最小主应力等值线图。

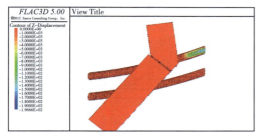
图 7-19　右线开挖距建筑物 10m 时衬砌周围土体沉降等值线图(m)

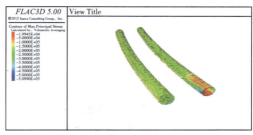
图 7-20　右线开挖距建筑物 10m 时衬砌的最大主应力(Pa)

(2)地面沉降

图 7-22 为盾构隧道右线开挖距建筑物 10m 时隧道上方地面沉降等值线图,从图中可以看出,隧道正上方的地面最大沉降值为 1.85mm,地面最大沉降值为 2.16mm,沉降范围大约是隧道中心线 20m 以内。

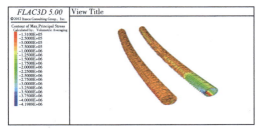
图 7-21　右线开挖距建筑物 10m 时衬砌的最小主应力(Pa)

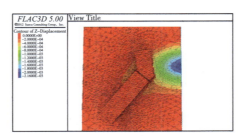
图 7-22　右线开挖距建筑物 10m 时地面沉降等值线图(m)

(3)中国石油东方地球物理公司基础沉降

图 7-23 为盾构隧道右线开挖距建筑物 10m 时中国石油东方地球物理公司基础沉降等值线图,从该图可以看出,基础沉降最大值约为 0.74mm。

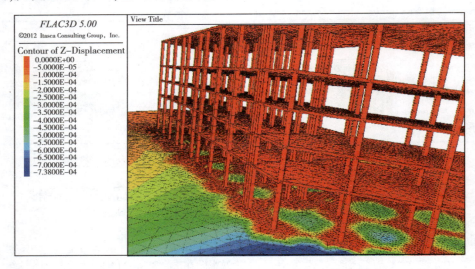

图 7-23　右线开挖距建筑物 10m 中国石油东方地球物理公司基础沉降等值线图(m)

2)盾构隧道右线开挖距建筑物 5m

(1)衬砌结构周围土体位移及应力

图 7-24~图 7-26 为盾构隧道右线开挖距建筑物 5m 时隧道衬砌结构周围土体的变形、最大主应力和最小主应力等值线图。

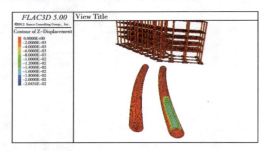 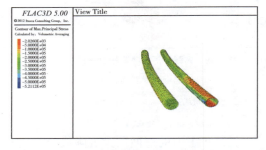

图 7-24　右线开挖距建筑物 5m 时衬砌周围　　图 7-25　右线开挖距建筑物 5m 时衬砌的
　　　　土体沉降等值线图(m)　　　　　　　　　　　　　最大主应力(Pa)

(2)地面沉降

图 7-27 为盾构隧道右线开挖距建筑物 5m 时隧道上方地面沉降等值线图,从图中可以看出,隧道正上方的地面沉降值最大值为 2.95mm,而地面最大沉降值为 3.2mm,沉降范围大约是隧道中心线以外 21.7m。

(3)中国石油东方地球物理公司基础沉降

图 7-28 为盾构隧道右线开挖距建筑物 5m 时中国石油东方地球物理公司基础沉降等值线图,从该图可以看出,基础沉降最大值约为 1.4mm。

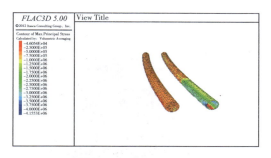 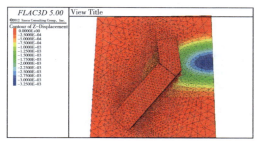

图 7-26　右线开挖距建筑物 5m 时衬砌的最小主应力(Pa)　　图 7-27　右线开挖距建筑物 5m 时地面沉降等值线图(m)

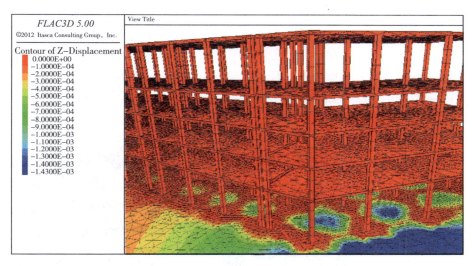

图 7-28　右线开挖距建筑物 5m 中国石油东方地球物理公司基础沉降值(m)

3)盾构隧道右线穿越建筑物中心

(1)衬砌结构周围土体位移及应力

图 7-29~图 7-31 为盾构隧道右线穿越中国石油东方地球物理公司中心时,隧道衬砌结构周围土体的变形、最大主应力和最小主应力等值线图。

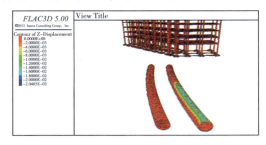 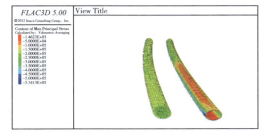

图 7-29　右线穿越中国石油东方地球物理公司　　图 7-30　右线穿越中国石油东方地球物理公司
中心时衬砌周围土体沉降等值线图(m)　　　　　中心时衬砌的最大主应力(Pa)

(2)地面沉降

图 7-32 为盾构隧道右线穿越中国石油东方地球物理公司中心时,隧道上方地面沉降等

值线图,从图中可以看出,地面最大沉降值为 3.62mm,隧道正上方的地面沉降值最大值为 3.24mm,沉降范围大约是隧道中心线 24m 以内。

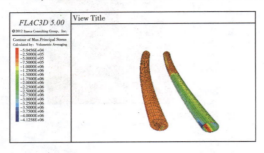
图 7-31　右线穿越中国石油东方地球物理公司中心时衬砌的最小主应力(Pa)

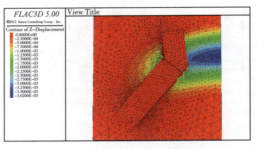
图 7-32　右线穿越中国石油东方地球物理公司中心时地面沉降等值线图(m)

(3)中国石油东方地球物理公司基础沉降

图 7-33 为盾构隧道右线穿越中国石油东方地球物理公司中心时,中国石油东方地球物理公司基础沉降等值线图,从该图可以看出,基础沉降最大值约为 2.7mm。

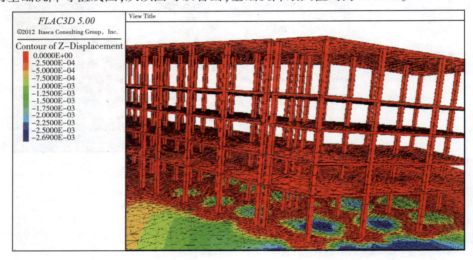
图 7-33　右线穿越中国石油东方地球物理公司中心时基础沉降值(m)

4)盾构隧道右线完全穿越

(1)衬砌结构周围土体位移及应力

图 7-34～图 7-36 为盾构隧道右线完全穿越中国石油东方地球物理公司时,隧道衬砌结构周围土体的变形、最大主应力和最小主应力等值线图。

(2)地面沉降

图 7-37 为盾构隧道右线完全穿越中国石油东方地球物理公司中心时,隧道上方地面沉降等值线图,从图中可以看出,地面最大沉降值为 3.66mm,沉降范围大约是隧道中心线 25m 以内。

(3)中国石油东方地球物理公司基础沉降

图 7-38 为盾构隧道右线完全穿越中国石油东方地球物理公司中心时,中国石油东方地球物理公司基础沉降等值线图,从该图可以看出,基础沉降最大值约为 3.68mm。

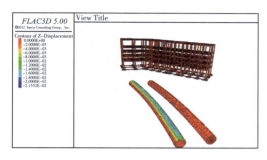

图 7-34　盾构隧道右线完全穿越中国石油东方地球物理公司时衬砌周围土体沉降等值线图(m)

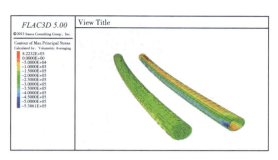

图 7-35　右线完全穿越中国石油东方地球物理公司中心时衬砌的最大主应力(Pa)

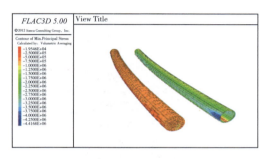

图 7-36　右线完全穿越中国石油东方地球物理公司中心时衬砌的最小主应力(Pa)

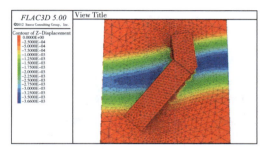

图 7-37　右线完全穿越中国石油东方地球物理公司中心时地面沉降等值线图(m)

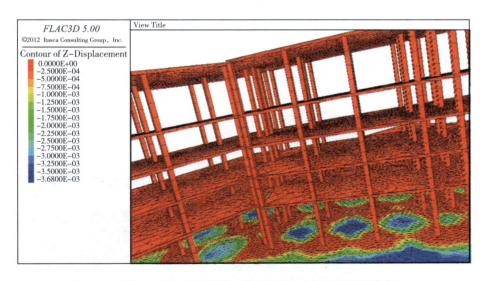

图 7-38　右线完全穿越中国石油东方地球物理公司中心时基础沉降值(m)

5) 盾构隧道左线开挖距建筑物 10m

(1) 衬砌结构周围土体位移及应力

图 7-39~图 7-41 为盾构隧道左线开挖距建筑物 10m 时，隧道衬砌结构周围土体的变形、最大主应力和最小主应力等值线图。

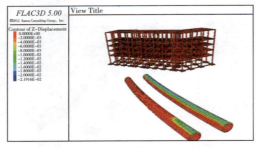

图 7-39　左线开挖距建筑物 10m 时衬砌
周围土体沉降等值线图(m)

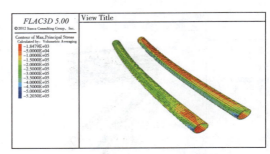

图 7-40　左线开挖距建筑物 10m 时衬砌的
最大主应力(Pa)

(2) 地面沉降

图 7-42 为盾构隧道左线开挖距建筑物 10m 时隧道上方地面沉降等值线图,从图中可以看出,地面最大沉降值为 4.14mm,沉降范围大约是隧道中心线 25.5m 以内。

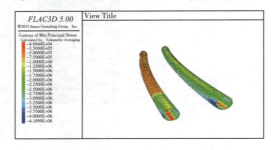

图 7-41　左线开挖距建筑物 10m 时衬砌的
最小主应力(Pa)

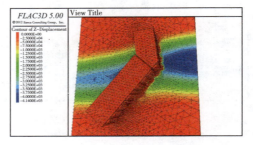

图 7-42　左线开挖距建筑物 10m 时地面
沉降等值线图(m)

(3) 中国石油东方地球物理公司基础沉降

图 7-43 为盾构隧道左线开挖距建筑物 10m 时中国石油东方地球物理公司基础沉降等值线图,从该图可以看出,基础沉降最大值约为 3.72mm。

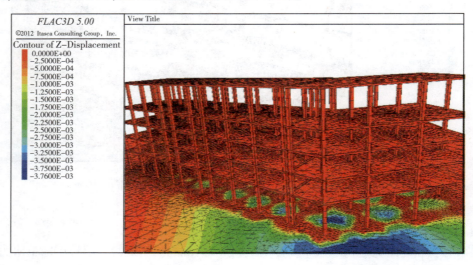

图 7-43　左线开挖距建筑物 10m 中国石油东方地球物理公司基础沉降值(m)

6）盾构隧道左线开挖距建筑物 5m

（1）衬砌结构周围土体位移及应力

图 7-44～图 7-46 为盾构隧道左线开挖距建筑物 5m 时隧道衬砌结构周围土体的变形、最大主应力和最小主应力等值线图。

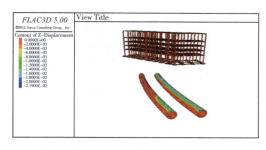

图 7-44　左线开挖距建筑物 5m 时衬砌周围土体沉降等值线图（m）

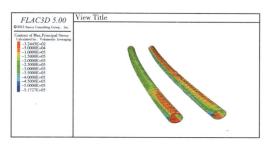

图 7-45　左线开挖距建筑物 5m 时衬砌的最大主应力（Pa）

（2）地面沉降

图 7-47 为盾构隧道左线开挖距建筑物 5m 时隧道上方地面沉降等值线图，从图中可以看出，隧道正上方的地面沉降值最大，最大沉降值为 4.62mm，沉降范围大约是隧道中心线 25.5m 以内。

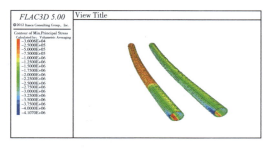

图 7-46　左线开挖距建筑物 5m 时衬砌的最小主应力（Pa）

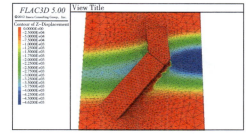

图 7-47　左线开挖距建筑物 5m 时地面沉降等值线图（m）

（3）中国石油东方地球物理公司基础沉降

图 7-48 为盾构隧道左线开挖距建筑物 5m 时中国石油东方地球物理公司基础沉降等值线图，从该图可以看出，基础沉降最大值约为 4.11mm。

7）盾构隧道左线完全穿越

（1）衬砌结构周围土体位移及应力

图 7-49～图 7-51 为盾构隧道左线完全穿越中国石油东方地球物理公司时，隧道衬砌结构周围土体的变形、最大主应力和最小主应力等值线图。

（2）地面沉降

图 7-52 为盾构隧道左线完全穿越中国石油东方地球物理公司中心时隧道上方地面沉降等值线图，从图中可以看出，隧道正上方的地面沉降值最大，最大沉降值为 4.75mm，沉降范围大约是隧道中心线 27m 以内。

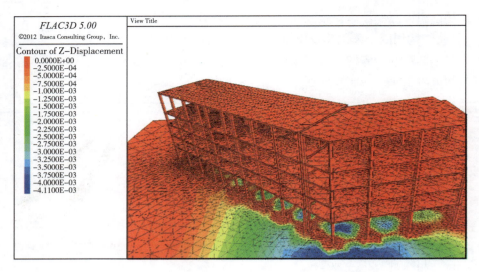

图 7-48　左线开挖距建筑物 5m 中国石油东方地球物理公司基础沉降值(m)

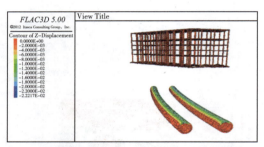

图 7-49　盾构隧道左线完全穿越中国石油东方地球物理公司时衬砌周围土体沉降等值线图(m)

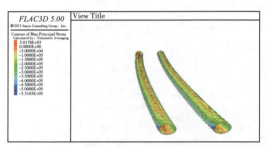

图 7-50　左线完全穿越中国石油东方地球物理公司中心时衬砌的最大主应力(Pa)

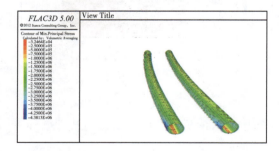

图 7-51　左线完全穿越中国石油东方地球物理公司中心时衬砌的最小主应力(Pa)

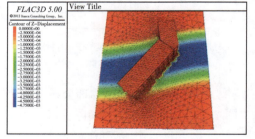

图 7-52　左线完全穿越中国石油东方地球物理公司中心时地面沉降等值线图(m)

(3)中国石油东方地球物理公司基础沉降

图 7-53 为盾构隧道左线穿越中国石油东方地球物理公司中心时中国石油东方地球物理公司基础沉降等值线图,从该图可以看出,基础沉降最大值约为 4.83mm。

8)中国石油东方地球物理公司基础沉降分析

盾构隧道左、右线完全穿越中国石油东方地球物理公司,工后沉降完成后,地面沉降的影响范围为隧道中心线左右 27m 以内,中国石油东方地球物理公司基础最大沉降值为 4.83mm。

第7章　盾构掘进下穿建筑物施工控制技术

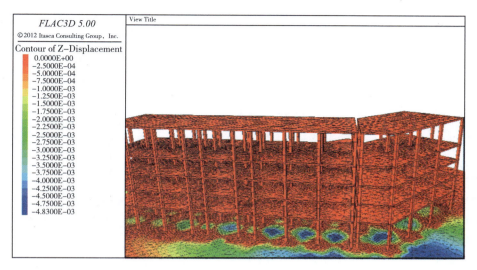

图 7-53　左线完全穿越中国石油东方地球物理公司中心时基础沉降值(m)

选取左右线都下穿中国石油东方地球物理公司的工况验算基础的沉降差,基础沉降差最大的地方在科技楼与业务楼交汇处的边柱上,通过提取边柱的基础沉降数据,边柱框架之间的沉降差为 4.83−2.61＝2.21mm,如图 7-54 所示。

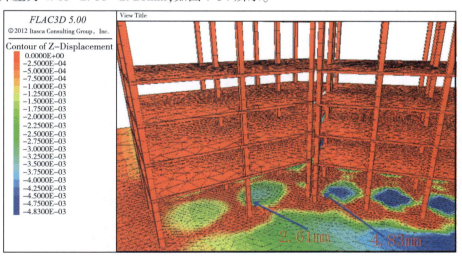

图 7-54　基础沉降

7.2.6　模拟结果分析及施工建议

依据盾构隧道掘进过程中沿线既有建筑基础沉降变形量计算值,以及《建筑地基基础设计规范》(GB 50007—2011)关于砌体及框架结构对于变形控制的要求(局部倾斜限值 <0.001l),得出判别结论如表 7-3 所示。

建筑基础沉降判别结果表　　　　　　　　　　表 7-3

既有建筑	基础最大沉降值(mm)	最大沉降差(mm)	局部倾斜	局部倾斜限值	判别结果
中国石油东方地球物理公司	4.83	2.21	0.000 37l	0.001l	安全

建议为确保盾构穿越民建房屋时的安全,在盾构推进过程中,需要通过加强监测频率、放慢施工速度、优化施工参数、控制土体损失量、加强盾尾注浆及二次注浆等施工措施来控制地面沉降。沉降量应严格控制,以建构筑物不发生因掘进而引起的结构破坏为标准。

具体技术措施如下:

(1)盾构过房屋前,应将盾尾间隙调整均匀以防漏浆,上、下(左、右)间隙差不超过20mm以防止漏浆。将盾构的注浆管路打开清洗,防止因注浆管壁结垢而有效管径过小造成注浆压力过大的情况。

(2)掘进时保持土压平衡模式,严格控制出土量,防止超挖。

(3)盾构施工时应匀速、平缓速度推进,防止对土体扰动过大;掘进速度不能太快,以保证同步注浆量充足;掘进要连续,过房屋期间各工序衔接要紧密。并根据前段施工经验严格控制总推力,刀盘扭矩,推进速度以及刀盘转速。

(4)及时同步注充足的砂浆以保证地面的稳定,控制地面沉降。漏浆时迅速用木楔、棉纱、海绵在盾尾进行封堵,并加大盾尾油脂的注入量和换腔打油脂,若以上措施都无效时,迅速组织二次注浆。

(5)仓体土压力:实时监控上下部土压力值,并根据监测情况进行适当调整。

(6)加强施工监测:技术部派专人进行地面监测,分两班24h值班。盾构过房子期间每环进行一次监测,并及时将结果反馈于盾构机司机和土建工程师,土建工程师根据监测资料及时调整掘进参数和注浆参数。地面沉降24h内超过2mm时应引起高度重视,迅速组织二次注浆。

(7)过房屋期间搅拌站应注意及时清理筛网上的碎石子等渣子,防止注浆管堵塞。

(8)穿越建筑物时尽量少做纠偏动作,即使做纠偏动作,幅度也不宜过大,防止对土体扰动过大,一环推进中千斤顶行程差(左、右或上、下)变化不宜超过20mm。

(9)盾构机穿越后,会存在一定的后期沉降,必须对后方继续进行沉降监测,必要时采取补压浆措施,支护土体。

(10)当隧道内二次注浆不能达到预定效果时可考虑在地面注浆,如可采过袖阀管注浆对建筑物基础下土层进行补浆加固并结合监测结果来控制地面沉降。

7.3 盾构掘进影响敏感性建筑物监测原则及预警控制

为保障盾构掘进影响敏感性建筑物的安全,盾构掘进工程施工应强化信息管理,建立完善的信息反馈网络,应用"远程监控系统"将盾构工作面施工参数、信息及时传输至地面监控室,为施工参数的及时优化调整提供方便。

主要数据应包括:

(1)地面监测数据反馈

①地面变形监测数据;②地下管线监测数据;③地面建筑物监测数据。

(2)盾构各类参数反馈

①盾构姿态报表;②盾构设备各类参数。

掘进施工过程中通过地面监测数据反馈传送到盾构工作面,指导盾构司机正确推进。同时以上二类数据汇总后,传送到地面监控室进行数据分析回归,为后续的盾构掘进提供指导。

1)监控量测及质量控制

(1)监测点布设

监测点的平面位置应针对建筑物特点布设。沉降监测点埋设使用长 1.5m,直径 20mm 的圆头钢筋,四周用砂土进行填实,布设形式如图 7-55 所示。

(2)监测仪器(表 7-4)

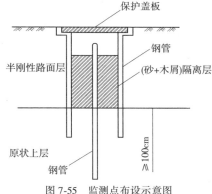

图 7-55 监测点布设示意图

监测仪器设备表　　表 7-4

序号	设备名称	规格型号	数量
1	水准仪	NA2	1
2	测微器	GPM3	1
3	铟瓦尺	珠峰	1 对
4	塔尺	5m	2

(3)监测频率

监测频率应满足:

开挖面距量测断面前后<2B 时,2 次/d;

开挖面距量测断面前后<5B 时,1 次/2d;

开挖面距量测断面前后>15B 时,2 次/周。

(4)监测变形量控制标准

①下穿建筑物的控制值为:

沉降量≤20mm,隆起量≤5mm,斜率≤0.005,最大变形沉降速率≤2mm/d。

②下穿上水管的控制值为:

沉降量≤10mm,隆起量≤5mm,斜率≤0.002,最大变形沉降速率≤2mm/d。

2)监测质量保证措施

(1)项目监测人员相对固定,保证数据资料的真实性、连续性;仪器管理采用专人使用保养,专人检验的办法管理。

(2)坚持按计划、有步骤的进行,监测前编制工程监测实施性计划,包括监测程序、方法、使用的仪器、监测精度、监测点的布置、监测的频率和周期、监测质量的保证措施等。各量测项目在监测过程中严格遵守相应的监测项目实施细则。

(3)使用的仪器、设备,在监测过程中要保证其精度和可靠性,确保工程监测质量。

(4)根据施工具体情况确定监测项目,设定变形值、内力值及其变化速率预警值,当发现超过预警监测值时,及时报告监理并采取应急补救措施。

(5)所有变形观测所用基准点、观测点尽早设定,所有变形观测在土体开挖前读取初始值。

(6)安排有经验的工程技术人员进行施工现场观察,并做好记录,消除可能出现的事故。

(7)每个工程项目的监测资料保持有完整清晰的监测记录、图表、曲线和监测文字报告,并报送监理审查,量测资料的整理均设专人负责。

(8)测点变形值采用回归分析,并及时反馈信息指导施工。回归分析选择目前常用的对数函数、指数函数、双曲线函数方程进行,根据所选择的回归方程,将回归曲线画到相应整理后的变化图上。

3)监测信息反馈

(1)根据设计要求,建立相应的和完善的管理制度和信息反馈制度,建立适时的和通畅的信息沟通渠道。

(2)监控量测及时提交日报、周报和月报,工程结束后,提交总体报告,检测成果报告中应包含技术说明,监测时间,使用仪器,依据规范,监测方法及所达到的精度,列出监测值,累计值,变形速率,变形差值、变形曲线,并根据规范及监测情况提出结论性意见。

(3)监测成果按黄色、橙色、红色三级预警进行管理,具体见表7-5。

监测预警管理表　　　　　　　　　　表7-5

预警级别	预警状态描述	采取对应措施
黄色(预警)	实测位移(或沉降)的绝对值和速率值双控指标均达到极限值的70%~85%之间;或者双控指标之一达到极限值的85%~100%之间而另一指标未达到该值	监测组加密监控频率,加强对地面沉降动态的观察,尤其应加强对预警点附近的建筑物进行检查处理
橙色(报警)	测位移(或沉降)的绝对值和速率值双控指标达到极限值的85%~100%之间;或者双控指标之一达到极限值而另一指标未达到极限值,双控指标均达到极限而整体工程尚未出现不稳定迹象时	除应继续加强上述监测、观测、检查和处理外,应根据预警状态的特点进一步完善针对该状态的预警方案,同时对施工方案、开挖进度、支护参数、工艺方法等进行检查完善,在获得业主、设计方同意后方能施工
红色(控制)	实测位移(或沉降)的绝对值和速率值双控指标均达到极限值;还出现下列现象之一:实测位移(或沉降)速率出现急剧增长	除应立即向业主、设计方报警外,还应立即采取补强措施,并经过设计、施工、监理、业主单位分析认定后,改变施工程序或设计参数,必要时应立即停止开挖,进行处理

监测注意事项:

①测量数据必须完整、可靠、对施工工况有详细描述,使之真正能起到施工监控作用,为设计和施工提供依据。

②测试单位能根据对当前测试数据的分析,对下一步施工提出相应的建议。

③所有测点能够反映施工中该点受力或变形随时间的变化状况,直到从施工开始到完成,测试数据趋于稳定为止。

④配合对周边管线的沉降观测,开工前应对现状进行调查,做好记录工作,施工中加强对他们的宏观检查,对管线出现裂缝、沉降、相应的施工工况及采取的措施等,都要做记录。

⑤监测单位在量测过程中阶段性地向建设单位、设计单位及施工单位提供量测报告,内

容包括:测点布置、测试方法、经整理后的量测资料、综合分析的主要成果、结论及建议、量测记录等。同时,施工过程中监测单位定期向建设单位、设计单位和施工单位提供监测资料,指导施工。

⑥承担监测工作的单位拥有专业的测试队伍和设备,掌握先进的测试数据处理技术及分析技术,具有大型地下工程测试经验。

⑦在掘进期间,加大对地表沉降监测的频率,安排专人对地表情况进行巡视。并在盾构下穿污水管时,不间断的对污水管水位进行测量检查。当水位如果突然发生变化,或发现地表监测数据异常应立即停止施工,分析原因并及时上报。

7.4 盾构影响敏感性建筑物预掘进

盾构影响敏感性建筑物预掘进试验主要就土压力、推进速度、出土量、注浆量和注浆压力设定与地面沉降关系进行分析,掌握此段区间盾构推进土体沉降变化规律以及摸索土体性质,以便正确设定穿越建(构)筑物的施工参数和采取相应措施减少土体沉降,以保证建筑物的安全。

7.4.1 盾构掘进试验区间概况

盾构试验区间盾构位于迎宾北一路物探宾馆南侧,盾构始发(右线)日期为7月5日,于7月18日推拼完成100环。

大地窝堡—大国风井区间盾构右线隧道剖面图如图7-56所示。

盾构试验区间情况表见表7-6。

盾构试验区间情况表　　　　　　　　　　表7-6

右线(沿盾构推进方向:大地窝堡站出洞、中间风井进洞)					
管片里程(m)	长度(m)	半径(m)	管片里程(m)	长度(m)	坡度或半径(m)
K4+657.106~K4+695.452	38.346	缓和曲线	K4+657.106~K4+661.000	3.894	-2‰
K4+695.452~K5+242.759	547.307	$R=400$	K4+661.000~K4+739.000	78	$R=3\,000$
K5+242.759~K5+307.759	65	缓和曲线	K4+739.000~K5+013.500	274.5	-28‰

盾构试验区间掘进施工影响建筑物情况见表7-7,试验段建筑物与轨道交通1号线平面位置图如图7-57所示。

盾构试验区间掘进影响建筑物基本情况表　　　　　表7-7

序号	建构筑物	建(构)筑物情况	与隧道相对位置关系
1	物探宾馆	地上3层,砖混结构,独立基础,基础埋深地面以下2.1m	右线侧穿,与隧道边最小水平净距19.58m
2	职工食堂	砖混结构,地上2层	左线侧穿,与隧道边最小水平净距6.02m
3	新疆职业介绍中心	地上4层,砖混结构	左线侧穿,与隧道边最小水平净距8.61m

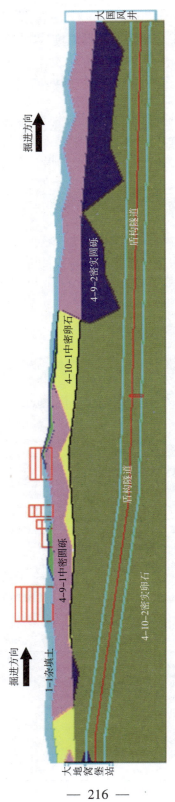

图7-56 大地窝堡—大国风井区间盾构右线隧道剖面图

第7章 盾构掘进下穿建筑物施工控制技术

图 7-57 试验段建筑物与轨道交通 1 号线平面位置图

盾构试验区间施工控制区域轴线两侧 15m 范围内雨水、污水、给水、燃气管线情况分布图(图 7-58)。

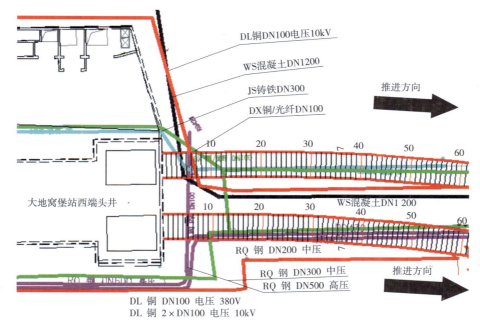

图 7-58 预掘进试验区间平面图

7.4.2 盾构预掘进施工准备

区间工程采用 2 台 CTE6440 复合盾构机(图 7-59)完成隧道推进工作。

图 7-59 CTE6440 复合盾构机

试验段主要就土压力、推进速度、出土量、注浆量和注浆压力设定与地面沉降关系进行分析,掌握此段区间盾构推进土体沉降变化规律以及摸索土体性质,以便正确设定穿越石油地调处建筑物的施工参数和采取相应措施减少土体沉降,保证建筑物的安全。

(1)根据盾构及管片之间的建筑间隙及各土层特性合理控制出土量,通过分析调整,寻找最合理的数值。

(2)通过同步注浆及时充填建筑空隙,减少施工过程中的土体变形。压浆量和压浆点视压浆时的压力值和地层变形监测数据而相应调整。

(3)为保证注浆的有效性,在盾构推进进入试验段内时,先进行模拟穿越及模拟注浆,通过在施工过程中进行补压浆作业,应可以达到控制盾构影响区域内土体沉降的目的。用以掌握控制盾尾后期土体沉降每环所需补充注浆总量及压注频率等数据,指导盾构穿越时及后续注浆的施工参数。

盾构穿越石油地调处建筑物时,对地表沉降、建筑物沉降、建筑物倾斜应适当加密监测频率,具体可根据实际情况作相应调整。

施工前所得的初始数据为三次观测平均值,以保证原始数据的准确性。在盾构穿越期间进行跟踪测量。待盾构穿越后,变形趋于稳定时,逐渐减少监测次数,并恢复正常监测,待地面变形稳定后方可停止监测。

在盾构穿越过程中必须严格控制土压力,保证满仓推进,同时也必须严格控制与切口压力有关的施工参数,如推进速度、总推力、出土量等,尽量减少平衡压力的波动,初定施工参数见表 7-8。推进速度以 4cm/min 为宜。出土量不得超过理论出土量,即不得超过 33.1m³/m。施工过程中可适当欠挖,保证盾构切口上方土体能有微量的隆起,抵消一部分土体的后期沉降量。

初定施工参数表 表 7-8

刀盘扭矩(kN·m)	总推力(kN)	膨润土(m³)	泡沫(L)	注入浓度(%)
3 720	9 838	3.73	94.22	4.5
推进速度(mm/min)	注浆量(m³)	出土量(m³)	实际上土压力(bar)	螺旋机压力(bar)
46.53	6.76	45.67	0.21	75.07

在确保盾构正面变形控制良好的情况下,使盾构均衡匀速施工,以减少盾构施工对建筑物的影响。

在管片拼装过程中,采取各种措施防止盾构机后退,应当安排最熟练的拼装工进行拼装,减少拼装的时间,缩短盾构停顿的时间,拼装结束之后,应当尽可能快地恢复推进,减少上方土体的沉降。

在确保盾构正面沉降控制良好的情况下,使盾构均衡匀速施工,盾构姿态变化不可过大、过频。每环检查管片的超前量,隧道轴线和折角变化不能超过0.4%。推进时不急纠、不猛纠,多注意观察管片与盾壳的间隙,相对区域油压的变化量随出土箱数和千斤顶行程逐渐变化。采用稳坡法、缓坡法推进,以减少盾构施工对地面的影响。

严格控制同步注浆量和浆液质量,通过同步注浆及时充填建筑空隙,减少施工过程中的土体变形。同步注浆量增加到建筑空隙的150%～200%。

在盾构穿越石油地调处建筑物过程中,每8h进行一次地面变形监测,并将监测数据迅速地传达给值班人员。穿越过程中根据实际需要可以进行24h不间断的跟踪监测。跟踪监测时,现场监测人员和中央控制室(图7-60)值班人员通过对讲机进行及时联系,中央控制室人员对地面监测数据进行综合分析,得出结论及时通过电话传达给盾构工作面,指导盾构施工参数的设定,然后通过地面

图7-60 中央控制室

变形量的监测进行效果的检验,从而反复循环、验证、完善,保证施工过程中建筑物的安全。

由于盾构推进时同步注浆的浆液在填补建筑空隙时可能会存在一定间隙,且浆液的收缩变形也存在地面变形的隐患,因此视实际情况,在管片脱出盾尾5环后,对管片的建筑空隙进行二次注浆。浆液通过管片的注浆孔注入地层,并在施工时采取推进和注浆联动的方式,注浆未达到要求,盾构暂停推进,以防止土体继续变形。根据施工中的变形监测情况,随时调整注浆量及注浆参数,壁后二次注浆根据地面监测情况随时调整,从而使地层变形量减至最小。

7.4.3 试验区间盾构参数及姿态控制分析

1)试验区间盾构参数

环泡沫剂最大用量309L,最小34L,试验区间100环环泡沫剂用量趋势如图7-61所示。

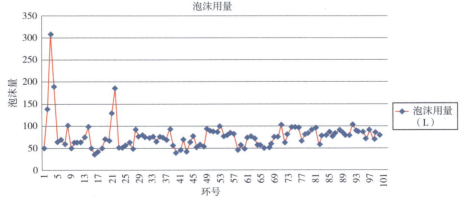

图7-61 试验区间100环环泡沫剂用量趋势图

刀盘扭矩最大 4 138kN·m，最小 1 800kN·m，试验区间 100 环刀盘扭矩变化趋势如图 7-62 所示。

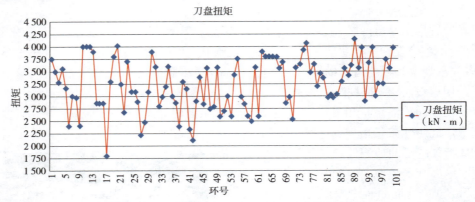

图 7-62　试验区间 100 环刀盘扭矩变化趋势图

推进速度最大 49mm/min，最小 31mm/min，试验区间 100 环推进速度变化趋势如图 7-63 所示。

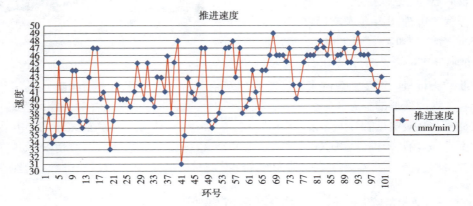

图 7-63　试验区间 100 环推进速度变化趋势图

总推力最大 16 000kN，最小 1 100kN，试验区间 100 环总推力变化趋势如图 7-64 所示。

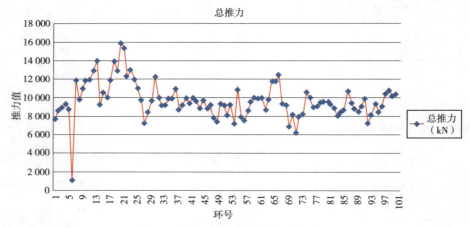

图 7-64　试验区间 100 环总推力变化趋势图

土压力最大为1.08bar，最小为0.02bar，试验区间100环刀土压力变化趋势如图7-65所示。

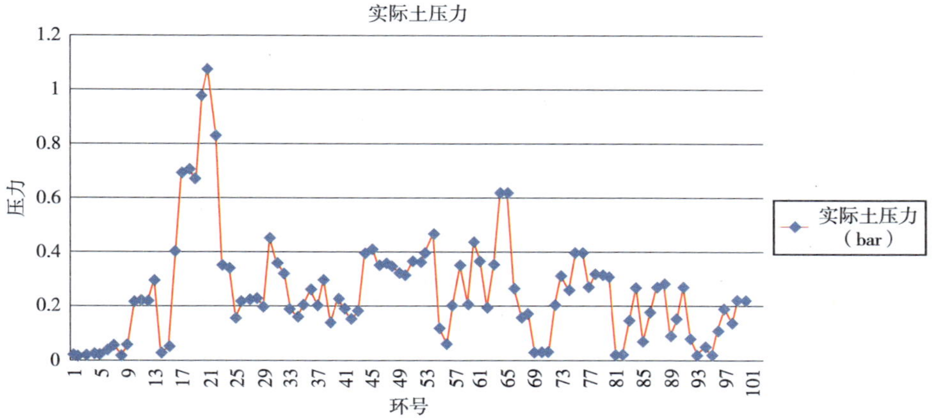

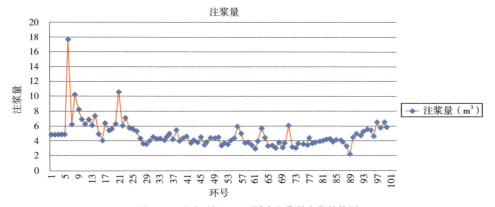

图7-65　试验区间100环刀土压力变化趋势图

每环最大注浆量18m³，最小2m³，一般控制在5.5m³，项目部对100环管片上部全部开孔，检查建筑间隙填充情况，填充饱满，试验区间100环同步注浆量变化趋势如图7-66所示。

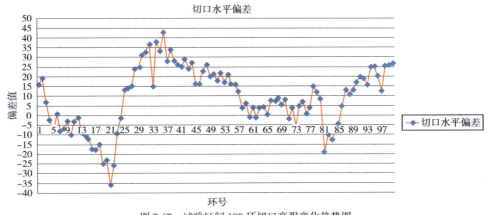

图7-66　试验区间100环同步注浆量变化趋势图

2）试验区间盾构姿态控制

盾构姿态及管片姿态——切平，最大43mm（图7-67）。

图7-67　试验区间100环切口高程变化趋势图

盾构姿态及管片姿态——切高，最大52mm（图7-68）。

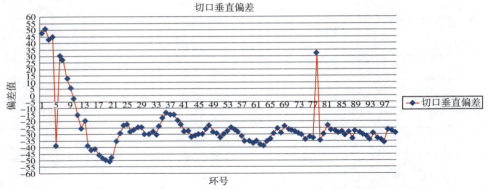

图7-68　试验区间100环切口高程变化趋势图

盾构姿态及管片姿态——尾平，最大-63mm（图7-69）。

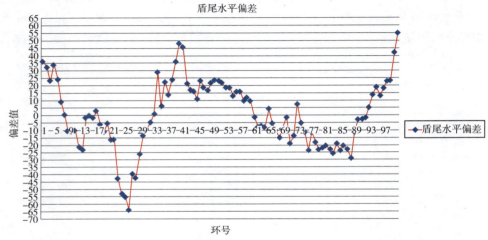

图7-69　试验区间100环盾尾平面变化趋势图

盾构姿态及管片姿态——尾高，最大-65mm（图7-70）。

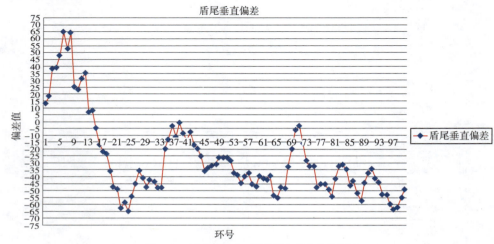

图7-70　试验区间100环盾尾高程变化趋势图

盾构姿态及管片姿态——管平,最大72mm(图7-71)。

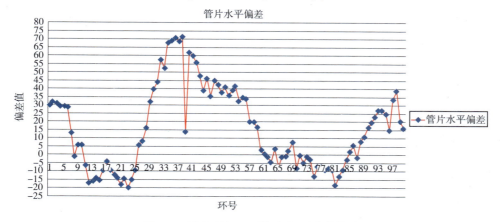

图7-71 试验区间100环管片平面变化趋势图

盾构姿态及管片姿态——管高,最大76mm(图7-72)。

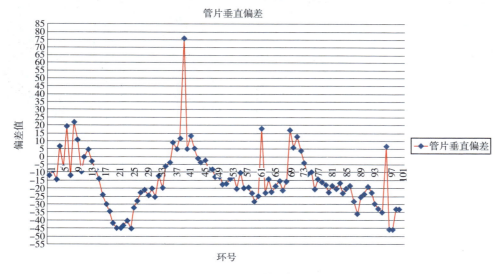

图7-72 试验区间100环管片高程变化趋势图

7.4.4 试验段监测数据分析

1)监测内容

施工监测对于盾构推进起指导作用,推进控制的一切数据依据都来源于沉降监测,因而监测的范围、布点情况等对于能安全地穿越保护建筑起着至关重要的作用。

监测保护内容包括以下几个内容:
(1)附近地区地表沉降;
(2)各建筑本体沉降;
(3)各建筑物倾斜度测量;
(4)各建筑物的裂纹观测。

2)监测布点

各监测项目的测点布设位置及密度应与工程各分项施工顺序、被保护对象的位置及特性相配套。从本工程的实际出发,施工过程中以保护各建筑的安全使用为重点,作为控制测点布设密度的基本依据。同时,应注重监测断面的布置,主要了解产生变形的范围、幅度、方向,为保护周边环境安全提供全面、准确、及时的监测信息。

根据设计及有关规范,盾构正常段每 5 环(6m)布设 1 点,盾构正常段每 25 环(30m)布设 1 组监测剖面,剖面各点间距分别为 3m、3m、5m、5m、10m,每排断面共计 10 个点(轴线点除外),地表点应根据现场实际情况布设,间距和点数可适当调整(图 7-73)。

建(构)筑物在隧道轴线两侧 30~45m 范围内时应在建(构)筑物上设置沉降监测点,测点数量根据现场实际需要而定。每幢建筑物上一般至少在四个角部布置 4 个观测点,特别重要的建筑物布置 6 个或更多测点,较长的建筑物每 15m 左右应布置一个监测点(图 7-74)。

图 7-73 地表监测点布置

图 7-74 建筑物监测点布置

测点布设方法为将 L 型测钉打入或埋入近地面的建筑结构体内,测钉头部磨成凸球型,测钉与建筑结构间不允许有松动。

3)监测频率

监测工作自始至终要与施工的进度相结合,监测频率应与施工的工况相一致,应根据盾构穿越的不同阶段,合理安排监测频率。

(1)盾构穿越前的监测

盾构穿越施工前每天测量 1 次,对监测数据进行分析,并优化施工参数。施工前,对各监测项目测取初始值,至少 3 次稳定测量值的平均值。

(2)盾构穿越时的监测

盾构穿越施工期间,对在影响范围内的监测项目每天测 1~2 次。各监测项目的测试及测量频率,应根据实际施工情况,调整各监测点的实际监测项目和监测频率。如果沉降变化异常时,及时进行加测,必要时进行 24h 跟踪监测。

(3)盾构穿越后的监测

所有监测项目监测周期至沉降变形达到稳定时止。

4)警戒值的确定

(1)地面沉降报警值:

①推进时地面单次最大隆起值 = 3mm;

②推进时地面单次最大沉降值=3mm;
③地表后期最大隆起值=10mm;
④地表后期最大沉降值=30mm。
(2)建筑物本体沉降警戒值:
①建筑物单次最大隆起值=3mm;
②建筑物单次最大沉降值=3mm;
③建筑物累计最大隆起值=15mm;
④建筑物累计最大沉降值=15mm。

除变形监测外,盾构穿越过程中需要对房屋本身的裂缝进行观测,观测时应选择结构薄弱或者结构交接处的典型裂缝进行观测。

7.4.5 沉降监测及变形参数分析

1)沉降监测

试验段地面沉降累计量最大−4.07mm,单次沉降量最大−0.91mm(图7-75)。

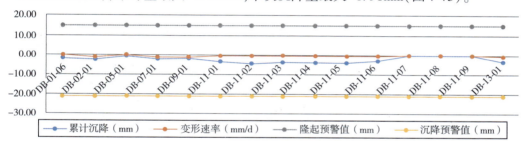

图7-75 试验段地面沉降量

沉降监测—管线沉降累计量最大−2.15mm,单次沉降量最大−1.47mm(图7-76)。

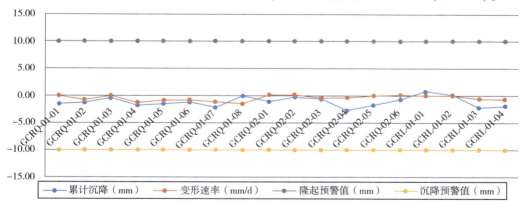

图7-76 试验段管线沉降量

沉降监测—建筑物沉降累计量最大1.29mm,单次沉降量最大−0.60mm(图7-77)。

2)盾构预掘进技术参数分析

试验区间100环掘进施工总体正常,较为顺利,根据土体改良、盾构施工参数、管片姿态控制,同步注浆检查、地面沉降情况等确定掘进参数如下:

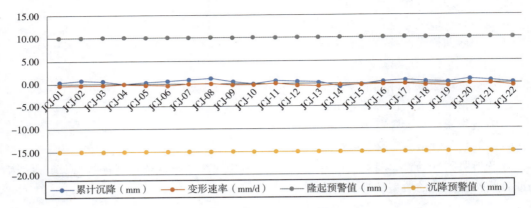

图 7-77　试验段建筑物沉降量

(1) 无水砂卵石地层推进,土体采用泡沫(70~90L)+刀盘喷水(3~4m³)改良,实际推进速度 3.5~4.5cm,盾构总推力 800~1 000T;刀盘扭矩 3 000~4 000kN·m,土体改良措施满足推进要求;

(2) 同步注浆采用大比重浆液配合比,实际每环注浆量约 5.5m³(填充系数为 1.8),通过管片上部开孔检查注浆效果,建筑间隙填充饱满;

(3) 盾构姿态及管片姿态通过合理的纠偏,均控制在规范允许范围之内,管片无碎裂、漏水情况,管片拼装质量可控;

(4) 地面累计沉降量较小,后期略有下沉但远未超限,在建筑间隙填充饱满的情况下,后期沉降已经趋于稳定。

7.5　盾构影响敏感性建筑物掘进参数及姿态控制

7.5.1　盾构下穿掘进参数及姿态控制分析

大国区间隧道盾构施工台账表见表 7-9 和表 7-10。

大国区间隧道盾构(左线 241~270)施工台账表　　表 7-9

环号	切口水平偏差(mm)	切口垂直偏差(mm)	盾尾水平偏差(mm)	盾尾垂直偏差(mm)	管片水平偏差(mm)	管片垂直偏差(mm)	刀盘扭矩(kN·m)	总推力(kN)	膨润土(m³)	泡沫注入量(L)	注入浓度(%)	推进速度(mm/min)	注浆量(m³)
241	2	−41	0	−43	−10	−36	1 747	4 680	5.1	41.8	4	47	4.3
242	5	−46	−1	−42	−12	−38	1 765	5 256	4	37.5	4	51	3.9
243	3	−50	3	−48	−11	−35	2 010	5 960	5	30.7	4	54	5
244	7	−54	−1	−54	−13	−36	2 418	5 978	4	31.2	4	52	5.3
245	1	−58	3	−58	−13	−39	3 376	8 104	5.1	30.2	4	47	5.8

续上表

环号	切口水平偏差（mm）	切口垂直偏差（mm）	盾尾水平偏差（mm）	盾尾垂直偏差（mm）	管片水平偏差（mm）	管片垂直偏差（mm）	刀盘扭矩（kN·m）	总推力（kN）	膨润土（m³）	泡沫注入量（L）	注入浓度（%）	推进速度（mm/min）	注浆量（m³）
246	0	−55	2	−68	−16	−44	2 679	6 746	5	33.7	4	53	4.9
247	5	−60	−1	−71	−13	−33	2 187	5 746	5	32.9	4	45	3.7
248	0	−63	1	−72	−15	−47	2 897	6 279	5.5	33	4	51	4.9
249	12	−57	−7	−82	−16	−55	2 010	5 871	5	26	4	53	3.9
250	4	−57	4	−84	−1	−55	2 711	6 321	4.2	29	4	50	4
251	14	−43	−1	−86	0	−51	2 231	5 077	5	27	4	52	3.6
252	1	−37	16	−80	11	−45	2 250	5 100	5	29	4	57	4.1
253	4	−38	9	−89	4	−31	2 208	6 071	5	30	4	57	4.4
254	3	−42	8	−45	4	−24	2 187	5 451	3.8	28	4	51	4.3
255	2	−48	15	−34	6	−16	2 471	5 507	3.2	30	4	50	4.6
256	−47	−2	14	−43	−6	−25	2 563	6 027	5.1	36.3	4	57	4.7
257	−3	−54	7	−48	21	−24	3 098	6 378	4	30.5	4	53	5
258	−2	−57	10	−55	22	−35	3 124	7 234	5.2	45.6	4	45	4
259	−3	−61	3	−59	15	−29	3 250	7 030	3	22.5	4	52	4.3
260	5	−68	1	−66	21	−44	3 768	8 127	5.1	46.6	4	54	4.3
261	−5	−61	−1	−78	14	−50	3 856	7 827	4.7	24.5	4	53	3.9
262	6	−56	6	−87	25	−41	3 027	2 036	4.6	40.9	4	52	3.7
263	−2	−61	3	−80	13	−57	2 018	5 336	5	29	4	47	4
264	4	−62	−2	−85	9	−56	20 410	4 321	4	30	4	47	4
265	−7	−69	−6	−78	0	−52	2 651	6 108	3.8	31	4	48	4
266	8	−57	−3	−80	8	−51	2 711	6 011	5	31	4	50	4.3
267	−3	−55	3	−78	14	−56	2 397	6 017	5	28	4	47	4
268	3	−51	5	−76	17	−53	3 827	6 192	4.2	31.6	4	47	4.7
269	5	−52	−1	−79	11	−55	2 787	6 143	3.8	43.4	4	50	5.1
270	−2	−44	8	−85	21	−57	2 246	5 107	3.2	24	4	51	4.2

大国区间隧道盾构(右线241~300环)施工台账表　　　　表7-10

环号	切口水平偏差(mm)	切口垂直偏差(mm)	盾尾水平偏差(mm)	盾尾垂直偏差(mm)	管片水平偏差(mm)	管片垂直偏差(mm)	刀盘扭矩(kN·m)	总推力(kN)	膨润土(m³)	泡沫注入量(L)	注入浓度(%)	推进速度(mm/min)	注浆量(m³)	出土量(m³)	实际上土压力(bar)	螺旋机压力(bar)	注浆压力(MPa)
241	23	−27	5	−43	6	−27	3 510	12 510	3.6	48.4	10	54	5.04	48	0.2	82	0.35
242	26	−25	12	−51	14	−58	3 800	12 000	5.7	38.4	10	41	4.939	46	0.29	71	0.34
243	38	−26	34	−40	33	−23	4 100	11 000	5	69.2	10	43	4.8	46.7	0.11	76	0.43
244	37	−27	41	−41	38	−27	4 000	11 000	3.8	32.8	10	40	3.936	46.8	0.2	76	0.47
245	35	−30	41	−44	35	−28	3 700	9 900	3.9	48.5	10	41	3.504	46	0.17	71	0.47
246	32	−28	36	−36	30	−26	3 562	9 408	3.6	57.8	10	51	3.818	49.5	0.11	69	0.34
247	26	−22	40	−32	34	−26	3 631	7 570	3.6	46.2	10	51	4.236	49.9	0.15	63	0.35
248	22	−23	42	3	34	0	3 757	11 106	3.6	46.6	10	51	4.524	48	0.08	63	0.34
249	25	−21	37	15	36	14	3 437	11 227	3.6	45.8	10	55	4.002	50.5	0.09	75	0.37
250	26	−21	32	4	31	7	3 583	11 428	3.6	46.6	10	53	4.392	49.6	0.07	69	0.3
251	20	−27	34	−25	26	−17	3 397	9 860	3.8	47.7	10	53	4.625	49.6	0.11	76	0.29
252	−3	−47	23	−45	17	−30	4 000	9 800	4.7	55	10	44	4.62	46.6	0.21	74	0.33
253	25	−31	23	−27	22	−11	4 100	10 000	3.8	47	10	43	4.14	47.1	0.17	68	0.37
254	15	−30	29	−34	23	−15	4 300	10 000	4.2	52.3	10	44	3.72	45.8	0.22	81	0.35
255	18	−35	18	−31	20	−20	3 700	10 000	4.1	48	10	45	4.536	46.8	0.22	75	0.48
256	20	−36	28	−28	24	−10	3 900	9 700	4.4	49.2	10	45	4.296	47.2	0.22	72	0.48
257	22	−35	12	−37	12	−21	4 100	11 000	4.1	54.2	10	42	4.416	46.8	0.17	76	0.46
258	23	−31	11	−49	14	−31	3 752	10 037	4.1	54.4	10	48	3.96	49	0.17	87	0.34
259	25	−31	9	−55	8	−36	3 851	12 246	4.1	48.7	10	42	4.692	49.5	0.2	56	0.34
260	25	−32	5	−52	5	−41	3 857	11 367	4.8	50.2	10	48	5.16	49.2	0.12	63	0.35
261	30	−29	12	−55	9	−40	3 778	10 287	4	46.3	10	51	4.579	49.7	0.12	72	0.31
262	26	−34	20	−44	13	−35	3 343	9 646	4.4	49.1	10	55	5.28	49.5	0.1	62	0.33
263	21	−36	25	−34	16	−29	3 879	9 196	4.2	45.8	10	49	4.836	49.9	0.08	67	0.34
264	17	−36	21	−42	16	−33	3 347	7 652	4.3	47.7	10	50	5.688	49.6	0.1	71	0.33
265	29	−36	5	−56	6	−41	3 860	11 760	1.5	64.3	10	41	6.348	51	0.35	72	0.45
266	32	−27	−6	−75	4	−52	3 438	9 274	2	56.5	6	46	6.924	48	0.07	67	0.42
267	29	−32	23	−56	24	−41	3 438	9 274	2	56.5	6	48	4.716	48.5	0.07	74	0.4
268	29	−28	27	−58	28	−43	2 930	8 007	1.8	53.7	6	47	5.292	48	0.05	68	0.39
269	28	−30	26	−54	31	−41	3 308	8 691	2.1	55.5	6	43	5.16	48	0.09	75	0.4
270	23	−28	21	−50	29	−38	4 400	9 900	4.6	51.9	10	45	6.9	47.7	0.22	68	0.43

7.5.2 盾构影响中国石油东方地球物理公司办公楼变形监测(表7-11 和表7-12)

右线盾构施工影响中国石油东方地球物理公司办公楼变形监测　　　　表7-11

仪器型号:Trimble DiNi 03		监测日期:2016年08月04日		累计观测时间:24d		天气:晴		
监测点号	初始值	本次沉降量（mm）	前次累计沉降量（mm）	本次累计沉降量（mm）	变形速率（mm/d）	预警值（mm）	控制值（mm）	备注
JCJ-40	667.175 06	-0.80	1.34	0.54	-0.80	±10	±15	中国东方石油地球物理公司
JCJ-41	667.243 50	0.28	-1.20	-0.92	0.28	±10	±15	
JCJ-42	668.836 77	-0.31	-0.77	-1.08	-0.31	±10	±15	
JCJ-43	668.836 76	-0.30	-1.16	-1.46	-0.30	±10	±15	
JCJ-44	668.859 31	-0.35	-0.41	-0.76	-0.35	±10	±15	
JCJ-45	669.218 97	-0.51	0.63	0.12	-0.51	±10	±15	
JCJ-46	669.103 61	0.75	0.19	0.94	0.75	±10	±15	
JCJ-47	668.786 85	0.38	-0.25	0.13	0.38	±10	±15	
JCJ-48	668.815 92	1.02	-0.81	0.21	1.02	±10	±15	
JCJ-49	668.786 38	-0.45	-0.18	-0.63	-0.45	±10	±15	
JCJ-50	668.735 42	-0.43	0.08	-0.35	-0.43	±10	±15	
JCJ-51	668.798 18	0.25	0.42	0.67	0.25	±10	±15	
JCJ-52	668.731 66	0.26	-1.13	-0.87	0.26	±10	±15	
JCJ-53	668.818 27	-0.13	-2.43	-2.56	-0.13	±10	±15	
JCJ-54	667.253 07	0.64	-1.07	-0.43	0.64	±10	±15	
JCJ-55	666.721 95	-0.68	1.45	0.77	-0.68	±10	±15	

左线盾构施工影响中国石油东方地球物理公司办公楼变形监测　　　　表7-12

仪器型号:Trimble DiNi 03		监测日期:2016年08月28日		累计观测时间:33d		天气:晴		
监测点号	初始值	本次沉降量（mm）	前次累计沉降量（mm）	本次累计沉降量（mm）	变形速率（mm/d）	预警值（mm）	控制值（mm）	备注
JCJ-46	669.103 61	0.03	-0.56	-0.52	0.03	±10	±15	中国东方石油地球物理公司
JCJ-47	668.786 85	-0.14	-0.74	-0.88	-0.14	±10	±15	
JCJ-48	668.815 92	-0.16	-1.18	-1.34	-0.16	±10	±15	
JCJ-49	668.786 38	0.06	-2.16	-2.10	0.06	±10	±15	
JCJ-50	668.735 42	0.03	-1.06	-1.03	0.03	±10	±15	
JCJ-51	668.798 18	-0.16	-0.65	-0.81	-0.16	±10	±15	
JCJ-52	668.731 66	0.06	-0.59	-0.53	0.06	±10	±15	

7.6 本章小结

依据试验区间和中国石油东方地球物理公司办公楼盾构掘进参数和地面沉降数据,乌鲁木齐轨道交通1号线无水砂卵石地层盾构穿越建(构)筑物过程中,考虑土体改良、盾构施工参数、管片姿态控制、同步注浆检查、地面沉降情况等确定掘进参数如下:

(1)无水砂卵石地层推进,土体采用泡沫(70~90L)+刀盘喷水(3~4m³)改良,实际推进速度3.5~4.5cm,盾构总推力800~1 000T,刀盘扭矩3 000~4 000kN·m,土体改良措施满足推进要求。

(2)同步注浆采用大比重浆液配合比,实际每环注浆量约5.5m³(填充系数为1.8),并根据注浆压力适度调整,通过管片上部开孔检查注浆效果,建筑间隙填充饱满。

(3)上部土压力不得低于0.2bar,保持满仓推进。

(4)推进速度不宜过快或过慢,保持在4~5cm/min。

(5)严格控制出土量,不得超挖,每环出土量控制在47~48m³左右。

(6)严格控制总推力和刀盘扭矩,不宜有过大波动。

(7)成型的隧道要及时开孔检查注浆填充情况,填充不饱满的要及时进行二次注浆,二次注浆压力不得超过3.5bar。

(8)盾构姿态及管片姿态应通过合理的纠偏,控制在规范允许范围之内。

第8章
盾构施工穿越乌准铁路桥加固处治及施工掘进

8.1 乌准铁路桥工程概况

8.1.1 盾构影响乌准铁路桥工程概况

宣仁墩站—大地窝堡站区间位于城北主干道下方,东西向布设,区间起止里程为Y(Z)JDK1+775.075~Y(Z)JDK4+442.307,区间右线全长2 667.232m,左线全长2 663.604m(含短链3.628m)。区间自宣仁墩站出站后,向西穿越乌准铁路桥后达大地窝堡站。区间隧道纵坡为V行坡,最大坡度28‰,最小平曲线半径800m,隧道顶部埋深约为9~22m。隧道内径φ5 500mm,隧道外径φ6 200mm,管片厚度为350mm,衬砌采用预制钢筋混凝土管片,错缝拼装。

乌准铁路设计标准为国铁Ⅰ级,设计时速120km/h,为货运铁路线,是新疆第一条合资铁路。乌准铁路桥(图8-1~图8-3)为双线桥(现状为单线运营),铁路桥下方为城北主干道,施工中的乌鲁木齐1号线隧道下穿范围桥梁结构形式为后张预应力混凝土连续梁,桥梁结构形式为5墩4跨连续箱梁(跨度40.65m+56m+56m+40.65m),主梁采用单箱单室变高度直腹板箱形梁,桥长193m,桥宽12.5m;下部结构:桥墩采用双线圆端桥墩,桥台采用双线T形桥台;墩台下设矩形承台,尺寸为:11m×11.6m×3m,承台下为8~9根直径为1.5m的桩基础,桩长为30m,以摩擦桩为主。本桥于2010年竣工。桥面采用有渣桥面,线路设备轨枕为Ⅲ形枕,正线钢轨采用60kg/m轨,轨底枕下道渣厚度最小为30cm,轨底至梁顶的设计高度为65cm。

图8-1 乌准铁路桥桥桩概况

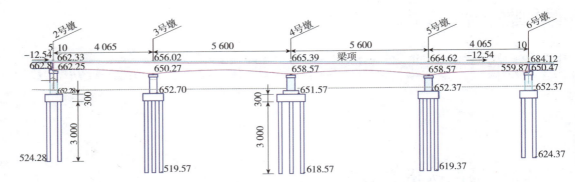

图 8-2 乌准铁路桥桥桩剖面(尺寸单位:mm)

图 8-3 乌准铁路桥桥面概况

轨道交通 1 号线宣—大区间拟采用土压平衡盾构机盾构法施工,区间隧道在里程 YJDK2+650~YJDK2+765 处侧穿乌准铁路桥桩。区间隧道与铁路桥斜交角度右线约 32.3°、左线约 36.7°,隧道埋深约 11.5m。区间左线隧道从 3 号桥墩、4 号桥墩之间穿过,距离桥梁桩基分别为 6.6m、6.7m。区间右线隧道从 4 号桥墩、5 号桥墩之间穿过,距离桥梁桩基分别为 4.9m、4.6m(图 8-4)。

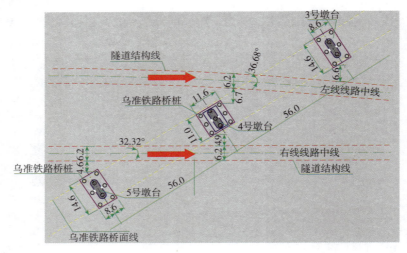

图 8-4 1 号线隧道与铁路桥平面位置图(尺寸单位:mm)

桥桩与区间隧道平面、剖面位置关系如图8-5、图8-6所示。

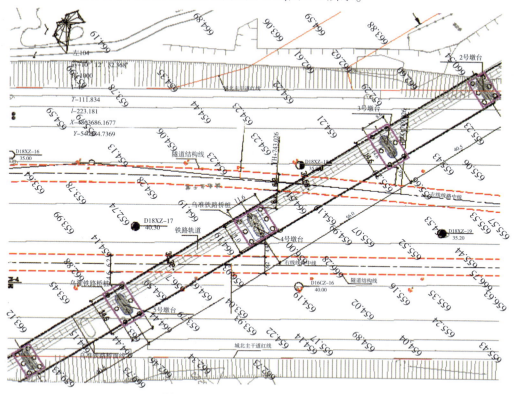

图8-5 桥桩与区间隧道平面位置关系图

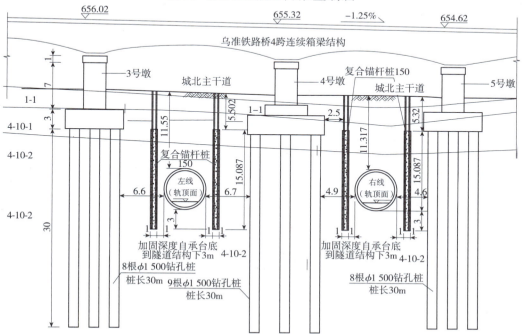

图8-6 桥桩与区间隧道剖面位置关系图

8.1.2 乌准铁路桥区间工程地质

1) 地形、地貌

沿线地貌单元为山前倾斜冲、洪积砾质平原区,地形平坦,地势南高北低,地面高程一般在 653.7~664.9m 之间,局部相对高差 1~2m。

2) 地基土的构成及特征

根据详勘报告,该穿越段地质情况依次为:

(1) 1-1 杂填土(Q_4^{ml})

分布于地表,分布不均匀,层厚 2~3m。灰黄-灰色,松散-中密,稍湿-潮湿,以卵砾石为主组成,含少量砖瓦碎屑,生活垃圾及植物根系等,土质不均匀,级配较差。岩土施工工程分级为Ⅱ级普通土。

(2) 4-10 卵石(Q_3^{al+pl})

下伏于人工填土层,灰黄色、灰色、深灰色,厚度 20~35m,成分以砂岩、灰岩为主,浑圆状,磨圆度较好。粒径组成:2~20mm 约 10%,20~60mm 约 40%,大于 60mm 约 20%,余为杂砂砾砂与粉黏粒充填,局部含漂石,最大粒径约 450mm,稍湿~潮湿。

4-10-1 中密卵石:埋深 7m 以上,呈中密状,岩土施工工程分级为Ⅲ级硬土。

4-10-2 密实卵石:埋深 7m 以下呈密实状,岩土施工工程分级为Ⅳ级软石。

地层特征见表 8-1,地层物理参数见表 8-2。

宣仁墩站—大地窝堡站区间地层特征 表 8-1

层号	名称	层厚(m)	土层描述
1-1	杂填土(Q_4)	0.5~21	分布于地表,分布不均匀,其中道路表层 0.5m 为沥青混凝土硬化路面。灰黄-灰色,松散-中密,稍湿-潮湿,以卵砾石为主组成,含少量砖瓦碎屑,生活垃圾及植物根系等,土质不均匀,级配较差。岩土施工工程分级为Ⅱ级普通土
4-4	粉土(Q_3)	0.5~1.5	分布于局部地表或以透镜体形式夹于卵石中,浅黄色,具少量孔隙,土质不均,含卵砾石为 25%,稍湿-潮湿,中密,岩土施工工程分级为Ⅱ级普通土
4-10	卵石(Q_3)	20~35	下伏于人工填土层,灰黄色、灰色、深灰色,成分以砂岩、灰岩为主,浑圆状,磨圆度较好。粒径组成:2~20mm 约 10%,20~60mm 约 40%,大于 60mm 约 20%;余为杂砂砾砂与粉黏粒充填,局部含漂石,最大粒径约 450mm。稍湿-潮湿。4-10-1 中密卵石:埋深 7m 以上,呈中密状,岩土施工工程分级为Ⅲ级硬土;4-10-2 密实卵石:埋深 7m 以下呈密实状,岩土施工工程分级为Ⅳ级软石

宣仁墩站—大地窝堡站区间地层物理参数 表 8-2

土层编号	土层名称	天然重度 (kN/m^3)	土层承载力特征值 (kPa)		静止侧压力系数	基床系数(MPa/m)		c (kPa)	φ (°)	隧道围岩分级
						水平	垂直			
①-1	杂填土	18.9			0.60	16		0	17	Ⅵ
④-4	粉土	20.2	180		0.43	19	21	20	18	Ⅴ
④-10	卵石	23	中密	500	0.3	72	82	0	42	Ⅴ
			密实	650	0.26	85	90	6	44	Ⅴ

3) 水文地质条件

根据详勘报告,勘察期间勘探深度 40m 内未见地下水,可不考虑地下水对工程的影响。

8.1.3 盾构掘进影响铁路桥变形控制标准

1）隧道掘进对铁路桥的影响

盾构侧穿施工对乌将铁路正常运营和桩基存在潜在影响,主要为:

(1)盾构隧道开挖引起土应力释放,隧道轴线以上桩周土体沉降,且桩侧土体松动,摩阻力下降,使桩体发生沉降;轴线以下桩周土体发生隆起,使桩体向上位移,此时桩的两端受压,桩体以侧向弯曲变形和水平变形为主,竖向沉降变形为辅。同时桩和土体的沉降也会引起桩墩台沉降和连续梁桥的附加应力。

(2)在垂直于桩体纵轴方向,由于桩体具有一定刚度,隧道周围土层的位移会因为桩的遮拦作用而发生变化,靠近隧道一侧的桩周土体位移较大,可能会与桩体发生脱离,桩侧土压力大幅减小,在远离隧道一侧的桩周土体位移较小,土体与桩体没有脱离或者脱离程度较小,桩侧土压力变化不大,这样桩体两侧存在较大的压力差,也会引起桩体发生水平位移和弯曲变形。

2）隧道掘进影响铁路桥的变形控制

根据《风险工程分级与设计指南》表3.3-1,对于下穿的既有铁路工程其环境风险工程等级为特级,因采用盾构法施工时环境风险工程等级可下调一级,故乌准铁路桥风险工程等级定为一级。

依据《乌鲁木齐轨道交通1号线工程评估咨询02合同段——乌准铁路桥前评估咨询报告》(2015年01月)以及《城市桥梁养护技术规范》(CJJ 99—2003),乌准铁路桥的全桥技术状况指数BCI值为81.02,评定等级为B级,处于良好状态,仅需进行日常保养和小修。

乌准铁路桥目前主要缺损病害有:

(1)桥面病害:人行道轻微破损。

(2)上部结构病害:梁底翼板排水管堵塞,梁底翼板局部渗水,梁底及翼板破损,梁底混凝土剥落、开裂。

(3)下部结构病害:5号墩横向裂缝,垫石混凝土起皮剥落并伴有裂缝、边墩与路基护坡连接处开裂。

(4)支座病害:支座垫块破损,垫石支座上下连接螺栓松动倾斜。

(5)裂缝测量:5号墩裂缝长2.75m、4.5m,宽0.1mm、0.16mm。

其他,桥墩的碳化深度为1.0~3.0mm之间,平均值为2.0mm,符合混凝土保护层厚度设计值。桥墩的混凝土抗压强度推定值为34.28~35.11MPa,符合施工时选用的混凝土强度要求。钢筋保护层厚度测试结果钢筋保护层厚度平均值为41.0mm,符合设计要求厚度。

综合桥梁现有外观及材质状况和轨道交通施工对桥梁的影响计算分析,确定乌准铁路桥控制技术指标如下:

(1)单墩最大累计施工沉降15mm;

(2)线路轨道的轨向偏差在10m弦测量最大为8mm;

(3)线路轨道的高低偏差在10m弦测量最大为8mm;

(4)顺桥向各相邻桥墩最大差异沉降5mm;

(5)墩柱倾斜度不大于1/1 000;

(6)轨道轨距:(+8,−4)mm;

(7)轨道三角坑(扭曲)8mm,检查三角坑时基长为 6.25m,但在延长 18m 的距离内无超过表列的三角坑。

8.2 盾构影响乌准铁路桥变形计算

8.2.1 计算模型构建

本次分析采用岩土、隧道结构专用有限元分析软件 MIDAS/GTS(Geotechnical & Tunnel Analysis System)进行计算。该软件是针对岩土隧道领域的结构分析所需的功能开发的程序,是包含施工阶段的应力分析和渗透分析等岩土和隧道所需的几乎所有分析功能的通用分析软件,与其他大型通用有限元软件相比,除了具有强大的前后处理及求解功能外,还可很方便地进行回填、开挖及施加支护结构等岩土及隧道工程施工阶段分析。MIDAS/GTS 的施工阶段分析采用的是累加模型,即每个施工阶段都继承了上一个施工阶段的分析结果,并累加了本施工阶段的分析结果,也就是说上一个施工阶段中结构体系与荷载的变化会影响到后续阶段的分析结果。

1)本构关系及计算参数

本次模拟计算土体部分采用德鲁克-普拉格(Drucker-Prager)弹塑性模型,该模拟为弹性-完全塑性本构关系,其典型的应力-应变曲线,具体表现为应力在达到屈服点前与应变成正比例关系,超过屈服点时应力-应变关系为水平线。

德鲁克-普拉格(Drucker-Prager)模型的屈服函数如下:

$$F(\sigma) = \frac{2\sin\varphi}{\sqrt{3}(3-\sin\varphi)}I_1 + \sqrt{J_2} - \frac{6c\cos\varphi}{\sqrt{3}(3-\sin\varphi)} = 0 \tag{8-1}$$

式中:I_1——应力张量的第一不变量,$I_1 = \sigma_x + \sigma_y + \sigma_z$;

J_2——应力偏量的第二不变量,$J_2 = \frac{1}{6}[(\sigma_x-\sigma_y)^2 + (\sigma_y-\sigma_z)^2 + (\sigma_z-\sigma_x)^2] + \tau_{xy}^2 + \tau_{yz}^2 + \tau_{zx}^2$。

德鲁克—普拉格(Drucker-Prager)模型的输入参数为弹性模量 E、泊松比 μ、黏聚力 c、内摩擦角 φ(图 8-7)。

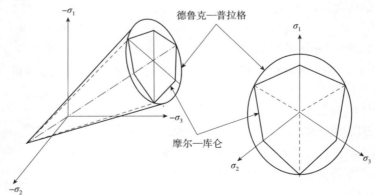

图 8-7 德鲁克—普拉格和摩尔—库仑屈服准则

其他桥梁结构单元采用线弹性本构,输入参数为弹性模量 E 和泊松比 μ。

盾构施工过程对乌准铁路桥的影响模拟计算采用三维有限元模型进行,土体采用三维实体单元模拟,桩基及桥墩采用梁单元模拟,其他结构均采用板单元模拟。土层材料来源于工程地质勘察报告。

2) 模型构建及荷载取值

在三维建模中,计算区域要根据既有铁路桥梁的布置情况确定,并满足边界效应的要求。隧道的影响范围一般取 3~5 倍的洞径(洞径为 6.2m)。隧道左线从 3 号和 4 号墩台之间穿过,右线从 4 号和 5 号墩台之间穿过,另外进一步考虑了 2 号墩台和 6 号墩台的位置。本次计算模型区域选为 220m×80m×45m(长×宽×深)。计算时的边界条件为:x 轴方向采用 x 向约束,y 轴方向采用 y 向约束,底部采用竖向约束,上表面为自由截面。计算建模及网格划分如图 8-8 和图 8-9 所示,其中 1D 梁单元 1 152 个,2D 板单元 5 688 个,3D 实体单元 119 616 个。恒载:桥梁结构、碎石道床、轨枕、轨道及隧道结构自重,列车活载:中-活载。

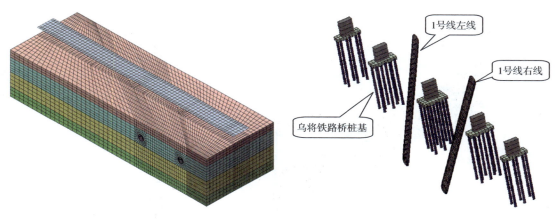

图 8-8　三维计算模型　　　　　　　图 8-9　结构模型

该区间隧道为双洞单线隧道,模拟计算中按实际施工进度,先开挖左侧隧道后开挖右侧隧道,隧道开挖后隔一段时间施加衬砌,以模拟开挖与支护之间的时间间隔。

8.2.2　盾构影响桥基变形模拟

1) 计算工况

当不考虑加固时,根据施工先后次序,计算中应包括如下计算工况:

(1) 初始地应力平衡,位移清零;
(2) 添加既有乌准铁路桥;
(3) 轨道交通隧道左线施工;
(4) 轨道交通隧道右线施工。

各工况建模示意图如表 8-3 所示。

2) 计算结果分析

隧道施工开挖完成后,土层位移云图及铁路桥梁结构位移如图 8-10~图 8-13 所示。

各大工况建模示意图 表 8-3

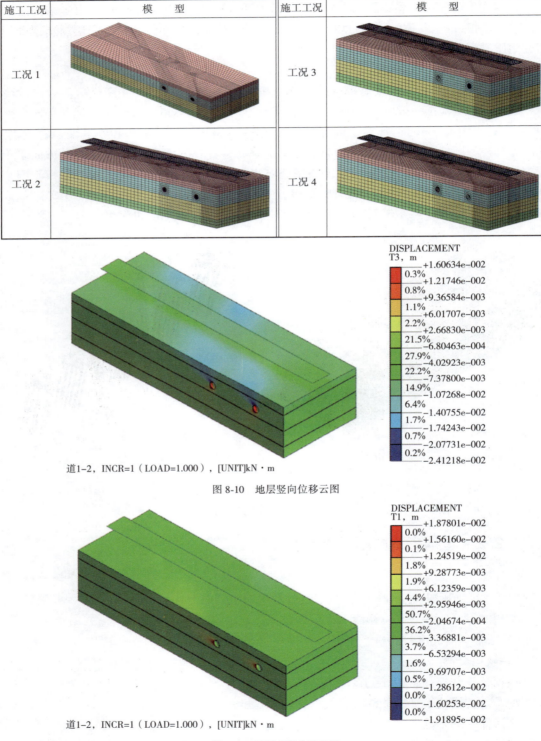

图 8-10 地层竖向位移云图

图 8-11 地层水平位移云图

第8章 盾构施工穿越乌准铁路桥加固处治及施工掘进

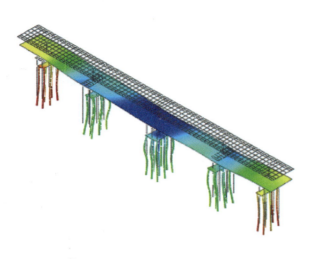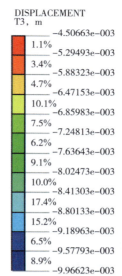

图8-12 桥梁结构竖向位移云图

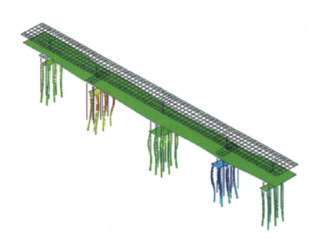

图8-13 桥梁结构水平位移云图

各控制点位移结果如表8-4所示。

各控制点位移结果表 表8-4

计算工况	桥梁墩台累计最大沉降值（mm）	纵向相邻桥梁墩台间最大差异沉降值（mm）	墩台最大水平位移值（mm）
未考虑地基加固	9.96≤15	5.4>5	2.3<3

根据计算结果，因纵向相邻墩台差异沉降最大为5.4mm>5mm，超过其控制标准。同时计算尚考虑桥梁使用过程中已经产生的既有沉降和水平变形，综合两方面因素，可见盾构穿越时将可能引起影响该铁路桥正常使用和保护标准的过大变形，故需要对盾构施工及铁路桥采取适当的加固保护措施，以确保盾构施工时铁路的正常运营。

8.2.3 桥基加固后盾构影响变形模拟

1）计算工况

因盾构穿越时造成桩周土体的扰动,从而引起桩基沉降、弯曲和水平变形,故考虑在临近隧道的桥桩周边设置加固措施,对桥桩进行隔离保护,以减小盾构穿越施工时对桩周土体的扰动。具体拟采取以下工程加固措施:盾构隧道施工前,预先对区间隧道和铁路桥桩间土体设置复合锚杆桩加固,复合锚杆桩加固体宽度取1米,竖向自承台底面至盾构区间下3m。梅花形布置钻孔,孔径150mm,孔内安装锚杆(3根 E20 螺纹钢),并安装3根注浆管实施压密注浆(图8-14)。加固后结构模型如图8-15所示。

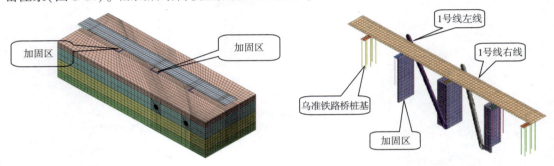

图8-14 乌准铁路桥桥基加固区　　　　图8-15 乌准铁路桥桥基加固后结构模型

当考虑加固时,根据施工先后次序,计算中应包括如下计算工况:
（1）初始地应力平衡,位移清零。
（2）添加既有乌准铁路桥。
（3）对铁路桥桩周围土体设置复合锚杆桩加固。
（4）轨道交通隧道左线施工。
（5）轨道交通隧道右线施工。
考虑地基加固时各工况建模如表8-5所示。

地基加固时各工况建模示意图　　　　表8-5

施工工况	模　型	施工工况	模　型
工况1		工况3	
工况2		工况4	

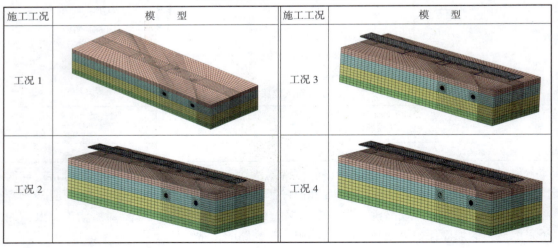

续上表

施工工况	模 型	施工工况	模 型
工况 5	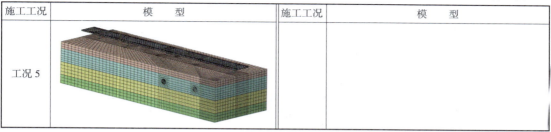		

2) 计算结果分析

当考虑地基加固时,隧道施工开挖完成后,土层位移云图及铁路桥梁结构位移如图 8-16~图 8-19 所示。

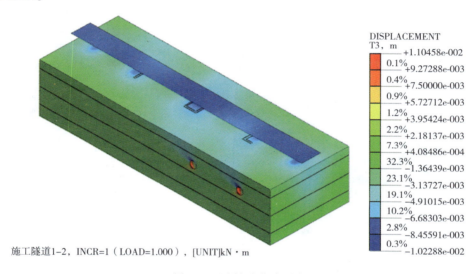

图 8-16　土层竖向位移云图

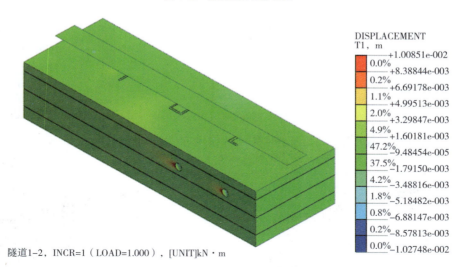

图 8-17　土层水平位移云图

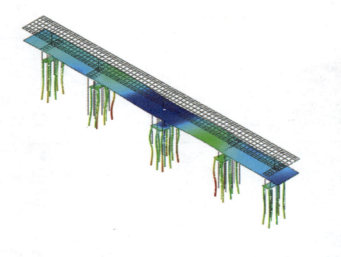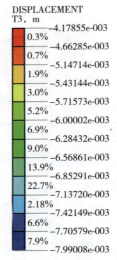

图 8-18 桥梁结构竖向位移云图

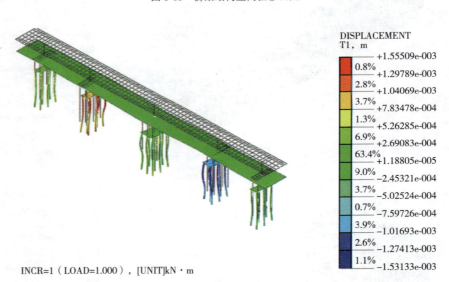

图 8-19 桥梁结构水平位移云图

考虑复合锚杆桩加固后,乌准铁路桥的各项控制指标如表 8-6 所示。

乌准铁路桥的变形判别   表 8-6

计算工况	桥梁墩台累计最大沉降值（mm）	纵向相邻桥梁墩台间最大差异沉降值（mm）	墩台最大水平位移值（mm）
考虑地基加固	7.99≤15	3.81<5	1.53<3

计算结果表明加固后各项指标均满足沉降变形控制标准要求,也证明上述保护措施是合理可行的。

8.3 乌准铁路桥桥基复合锚杆桩加固

8.3.1 复合锚杆桩加固方案

综合考虑,为确保桥桩稳定,保证施工的顺利通过,对乌准铁路桥桥基采用复合锚杆桩加固,在3、4、5号桥墩周围施打共计248根复合锚杆桩对原有桥桩进行加固注浆。

复合锚杆桩加固试验区平面位置如图8-20所示。

图8-20　1号线影响铁路桥预掘进试验区平面位置图

复合锚杆桩加固体宽度1m,距离隧道边最小水平距离1m,竖向加固范围自承台底面至盾构区间下3m。梅花形布置钻孔,孔径150mm,孔内安装锚杆(3根直径20螺纹钢),并安装3根注浆管实施压密注浆。复合锚杆桩进行先内后外的施工原则,并跳做钻孔,严禁相邻的两根桩同时施工。

复合锚杆桩加固范围与隧道相对平面位置详见图8-21。

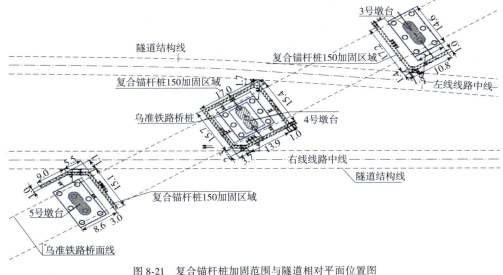

图8-21　复合锚杆桩加固范围与隧道相对平面位置图

— 243 —

根据单根锚杆桩的直径和长度,钻孔机械采用地质钻机。成孔后竖向锚杆及支撑采用分节连接,每节长 2m,用接驳器连接,地面多余钢筋施工完成后截除。

复合锚杆桩加固范围与隧道相对剖面位置详见图 8-22。

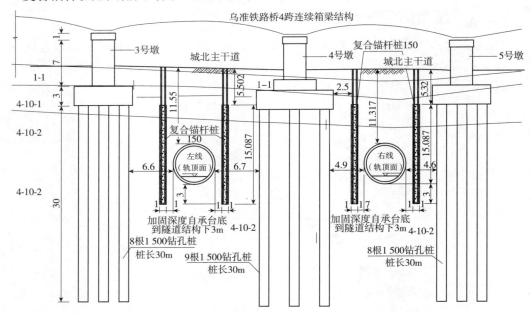

图 8-22 复合锚杆桩加固范围与隧道相对剖面位置图

8.3.2 复合锚杆桩加固施工

1)复合锚杆制作

复合锚杆制作时为提高连接时的精度,现场加工制作两块 1.5mm 厚钢板定位器,将配好的钢筋笼主筋从两块定位器的孔洞穿过,保证每根主筋在同一水平面上。并在钢筋圈制作台上制作隔离环内径 30mm,ϕ12 钢筋围成,纵向每米 1 环与钢筋及定位支撑焊接,定位支撑由 ϕ18 螺纹钢筋弯成宽 40mm,高 200mm 的环行,如图 8-23 所示。

将制作好的复合锚杆稳固放置在平整的地面上,防止变形。复合锚杆桩平剖图见图 8-24。

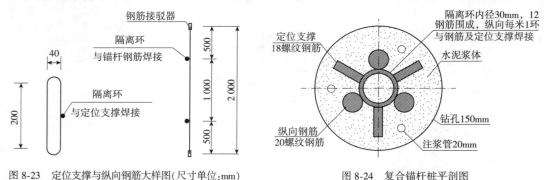

图 8-23 定位支撑与纵向钢筋大样图(尺寸单位:mm)　　图 8-24 复合锚杆桩平剖图

2)复合锚杆桩钻进

设备进场前先平整施工区场地,并根据设计要求做好桩位的轴线标记和桩位的测量放样,进行复核报验,填写复核记录,经复核确认桩位的轴线正确无误后,按桩位施工。

地质钻机按设计桩位,检查冲击杆垂直度后,采用 $\phi 150$ 钻头钻孔,钻孔时要钻一个孔跳孔再钻。钻孔过程中应严格按照设计参数进行钻孔。钻孔孔位及角度偏差符合相关规范规定。若现场钻孔孔位因为客观条件限制不能满足设计要求,应进行移位并进行计算确定参数,必要时应进行补孔。在钻孔施工过程中要稳定钻机,稳步钻进。每班上班前对机械设备进行检查,严禁机械带病作业,同时对钻具进行检查,使用质量性能良好的钻杆和钻头,严禁使用有缺陷的钻具。

3) 复合锚杆桩安装注浆

复合锚杆桩安装采用简易支撑架吊放,人工配合就位,每节吊起后缓慢落入桩孔内就位,借助自重保证支撑体系的高程及垂直度正确,用接驳器连接牢固。吊运时应防止扭转、弯曲,安装时对准孔位,吊直扶稳,缓慢下放,避免碰撞孔壁,就位后立即固定。

复合锚杆就位后,拔出钻孔套管准备注浆,注浆采用三根注浆管,每根注浆管出口范围距底端 4m,注浆管 $\phi 20mm$,出浆孔 $\phi 4mm$,四孔竖向错开 150mm。

注浆管竖向安装时,第一根注浆管端不封闭,其他两根管端封闭,并且第二根注浆管比第一、第三根短 4m,给第一根管注浆时,二、三根管的出浆孔(图 8-25)用浆液隔离塑料胶带粘贴,防止注浆时封堵出浆孔。

注浆分三步进行:

(1) 第一次注浆采用常压注浆,注浆压力 $0.4\sim0.6$MPa,孔口溢浆时结束本次注浆,水泥浆水灰比 $0.5:1$;

(2) 第二次注浆采用中高压注浆,注浆压力 $1.0\sim1.5$MPa,在第一次注浆完成后 $10\sim15$h 进行,水泥浆水灰比 $0.75:1$;

(3) 第三次注浆压力 $1.5\sim2.0$MPa,在第二次注浆完成后 $5\sim10$h 进行,水泥浆水灰比 $0.75:1$。

所有注浆材料采用普硅 525 水泥。

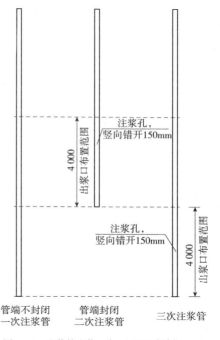

图 8-25 注浆管出浆口布置图(尺寸单位:mm)

8.4 盾构影响乌准铁路桥预掘进试验研究

8.4.1 盾构穿越桥桩试验准备

1) 预掘进前期准备

在穿越桥桩前,对所有施工人员进行技术交底,使每一个参加施工的工作人员清楚了解盾构与桥桩之间的相对位置以及应当采取的不同技术措施。盾构机在进入试验段后,进行 24h 不间断连续施工。

在盾构穿越桥桩之前的施工过程中,应当及时总结出盾构掌握这种地质条件下盾构推进施工方法推进施工参数,并且通过实践不断地对其进行优化(特别是盾构施工到达桥桩前30m施工参数的优化),以求达到盾构以最合理的施工参数穿越桥桩。

盾构掘进至桥桩前50m时,需对刀盘、盾尾密封栓、螺旋输送器、铰接、密封油脂系统、注浆系统等进行一次全面的检查、维修,对于存在故障和故障隐患的机械进行维修,对压浆管路进行彻底清洗,保证穿越桥桩过程中不发生机械故障和压浆管路堵塞情况。同时对盾构机的掘进状态进行及时纠偏调整,严格保证盾构匀速、一次性连续穿越,确保盾构机在此范围内不停机。

2) 预掘进技术要求

推进前的30环作为盾构穿越桥桩的试推进阶段,在试验段,主要就土压力、推进速度、出土量、注浆量和注浆压力设定与地面沉降关系进行分析,掌握此段区间盾构推进土体沉降变化规律以及摸索土体性质,以便正确设定穿越铁路股道施工参数和采取相应措施减少土体沉降。

(1) 预掘进技术准备

盾构穿越阶段划分平面示意图如图 8-26 所示。

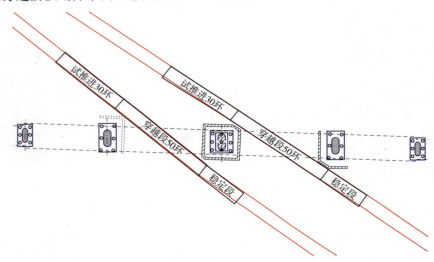

图 8-26　盾构穿越阶段划分平面示意图

根据盾构及管片之间的建筑间隙及各土层特性合理控制出土量,通过分析调整,寻找最合理的数值。通过同步注浆及时充填建筑空隙,减少施工过程中的土体变形。压浆量和压浆点视压浆时的压力值和地层变形监测数据而相应调整。

为保证注浆的有效性,在盾构推进进入试验段内时,先进行模拟穿越及模拟注浆,通过在施工过程中进行补压浆作业,以达到控制盾构影响区域内土体沉降的目的。用以掌握控制盾尾后期土体沉降每环所需补充压注浆液总量及压注频率等数据,指导盾构穿越时及后续注浆的施工参数。

本区域内的二次注浆浆液选定为双液浆,注浆量根据地面沉降监测数据的情况,及时进行调整。

在试验段推进区间,在确保盾构正面沉降控制良好的情况下,尽可能保证盾构匀速通过,减少盾构纠偏量和纠偏次数,以便控制盾构姿态良好。

盾构穿越过后的 20 环作为盾构穿越桥桩后的沉降稳定阶段,在此期间仍需要对桥桩进行密切监测。如果桥桩出现较大的沉降应及时对桥桩进行注浆保护。

(2)监测要求

盾构穿越桥桩时,对地表沉降、桥桩沉降、桥桩的倾斜应适当加密监测频率,具体可根据实际情况作相应调整。

施工前所得的初始数据为三次观测平均值,以保证原始数据的准确性。在盾构穿越期间进行跟踪测量,待盾构穿越后,变形趋于稳定时,逐渐减少监测次数,并恢复正常监测,待地面变形稳定后方可停止监测。

(3)切口土压力施工参数控制

在盾构穿越过程中必须严格控制切口平衡土压力,同时也须严格控制与切口压力有关的施工参数,如推进速度、总推力、出土量等,尽量减少平衡压力的波动。推进速度以 2cm/min 为宜。出土量不得超过理论出土量,即不得超过 $33.1m^3/m$。施工过程中可适当欠挖,保证盾构切口上方土体能有微量的隆起,抵消一部分土体的后期沉降量。

(4)均匀施工

在确保盾构正面变形控制良好的情况下,使盾构均衡匀速施工,以减少盾构施工对桥桩的影响。

(5)管片拼装控制

在管片拼装过程中,采取各种措施防止盾构机后退,应当安排最熟练的拼装工进行拼装,减少拼装的时间,缩短盾构停顿的时间,拼装结束之后,应当尽可能快地恢复推进。

(6)盾构纠偏量控制

在确保盾构正面沉降控制良好的情况下,使盾构均衡匀速施工,盾构姿态变化不可过大、过频。每环检查管片的超前量,隧道轴线和折角变化不能超过 0.4%。推进时不急纠、不猛纠,多注意观察管片与盾壳的间隙,相对区域油压的变化量随出土箱数和千斤顶行程逐渐变化。采用稳坡法、缓坡法推进。

(7)同步注浆控制

严格控制同步注浆量和浆液质量,通过同步注浆及时充填建筑空隙,减少施工过程中的土体变形。同步注浆量增加到建筑空隙的 200%~250%。

(8)信息化施工

在盾构穿越桥桩过程中,每 4h 进行一次地面变形监测,并将监测数据迅速地传达给值班人员。穿越过程中根据实际需要进行 24h 不间断的跟踪监测。跟踪监测时,现场监测人员和中央控制室值班人员通过对讲机进行及时联系,中央控制室人员对地面监测数据进行综合分析,得出结论及时通过电话传达给盾构工作面,指导盾构施工参数的设定,然后通过地面变形量的监测进行效果的检验,从而反复循环、验证、完善。

(9)后期补压浆控制

由于盾构推进时同步注浆的浆液在填补建筑空隙时可能会存在一定间隙,且浆液的收缩变形也会导致地面变形,因此视实际情况,在管片脱出盾尾 5 环后,对管片的建筑空隙进行二次注浆。浆液通过管片的注浆孔注入地层,并在施工时采取推进和注浆联动的方式,注浆未达到要求,盾构暂停推进,以防止土体继续变形。根据施工中的变形监测情况,随时调整注浆量及注浆参数,壁后二次注浆根据地面监测情况随时调整,从而使地层变形量减至最小。

(10)壁后跟踪注浆

待盾构穿越后,必须对桥桩继续进行跟踪监测直至桥桩变形趋于稳定。如果地面或关键沉降变化量大的,可以根据实际情况在隧道内进行壁后跟踪注浆。

8.4.2 盾构穿越试验段预掘进

本次预掘进试验段为 690~720 环,施工区域位于乌鲁木齐市新市区安宁渠路与城北主干道交界西侧 300m 左右的城北主干道上。

1)预掘进试验段盾构掘进参数(图 8-27~图 8-32)

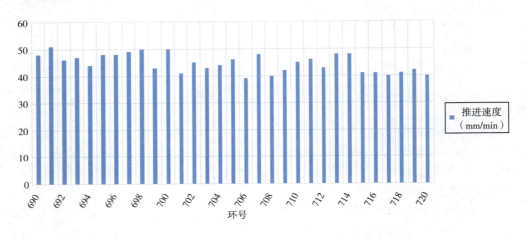

图 8-27 盾构掘进推进速度

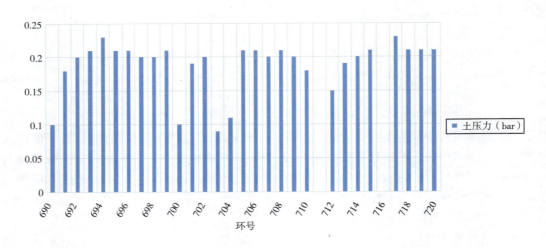

图 8-28 盾构掘进土压力

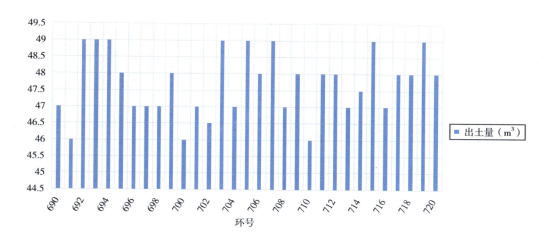

图 8-29　盾构掘进出土量

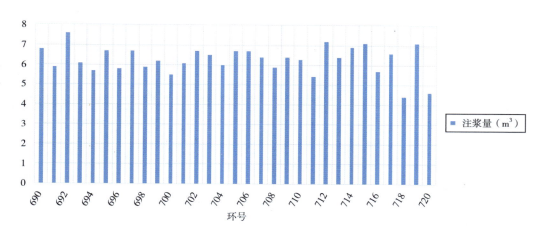

图 8-30　盾构掘进注浆量

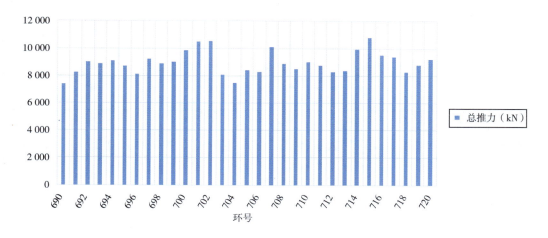

图 8-31　盾构掘进总推力

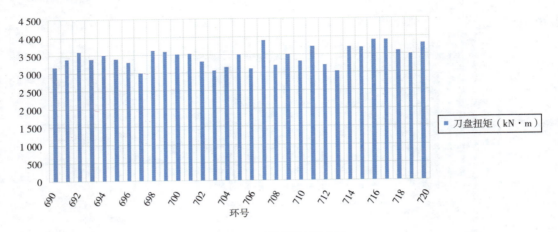

图 8-32　盾构掘进刀盘扭矩

2) 试验段沉降监测分析 (表 8-7)

7 月 28 日上午沉降监测数据表　　　　　　　　表 8-7

监测点号	初始值	本次沉降量 (mm)	前次累计沉降量 (mm)	本次累计沉降量 (mm)	变形速率 (mm/d)	预警值 (mm)	控制值 (mm)	备注
DB-189-02	655.076 97	-1.57	2.33	0.76	-1.57	7~-21	10~-30	689环
DB-193-02	654.695 17	-3.17	1.56	-1.61	-3.17	7~-21	10~-30	704环
DB-194-10	654.667 25	-0.83	0.11	-0.72	-0.83	7~-21	10~-30	714环
DB-194-11	654.729 37	-0.57	0.92	0.35	-0.57	7~-21	10~-30	714环
DB-194-12	654.663 01	-0.44	0.18	-0.26	-0.44	7~-21	10~-30	714环
DB-194-14	654.558 99	-0.39	0.04	-0.35	-0.39	7~-21	10~-30	714环
DB-194-15	654.497 33	-0.29	-0.13	-0.42	-0.29	7~-21	10~-30	714环
DB-194-16	654.248 47	-0.23	0.05	-0.18	-0.23	7~-21	10~-30	714环
DB-194-17	654.488 25	-0.29	-0.06	-0.35	-0.29	7~-21	10~-30	714环
DB-194-18	654.589 39	-0.24	0.56	0.32	-0.24	7~-21	10~-30	714环
DB-195-02	654.529 57	-0.85	2.44	1.59	-0.85	7~-21	10~-30	719环
DB-196-02	654.486 23	-1.50	2.54	1.04	-1.50	7~-21	10~-30	724环
DB-197-02	654.457 27	-1.40	1.31	-0.09	-1.40	7~-21	10~-30	729环

3) 试验预掘进研究结论和建议

依据盾构掘进参数和地面沉降数据,建议盾构在穿越过程中需按照如下掘进参数组织施工:

(1) 上部土压力不得低于 0.2bar,保持满仓推进;

(2) 推进速度不宜过快或过慢,保持在 4~5cm/min;

(3) 严格控制出土量,不得超挖,每环出土量控制在 47~48m³;

(4) 严格控制注浆量,保证建筑间隙填充完全,每环注浆量 6.5m³,并根据注浆压力适度

调整;

(5) 严格控制总推力和刀盘扭矩,不宜有过大波动;

(6) 成型的隧道要及时开孔检查注浆填充情况,填充不饱满的要及时进行二次注浆,二次注浆压力不得超过 3.5bar。

8.5 盾构影响乌准铁路桥掘进参数及姿态控制

8.5.1 盾构穿越桥桩监测方案

由于在盾构推进时造成的土体扰动会对周围的建(构)筑物产生一定的影响,在盾构施工过程中由于土体的缺失而导致不同程度的地面沉降,从而可能会影响到周围的建筑物等设施的正常使用。盾构穿越期间,在盾构推进影响范围内的桥桩进行重点监测保护。

监测保护内容包括以下几个内容:

① 地表沉降;

② 桥墩本体沉降、桥墩倾斜监测;

③ 轨道轨距、轨向、沉降及水平位移。

1) 地表沉降点布设

在盾构穿越段的 50m 范围内沿隧道中心线每 5m 布置一个沉降监测点。同时,各布设 2 条垂直于隧道轴线监测横断面,每个横断面布设 11 点,轴线中心一点,轴线左右各布设 5 点,距离轴线分别为 2.5m、6.5m、11.5m、16.5m、21.5m。具体布设时,直接从地面直接钻孔,放入长 50cm,直径为 22mm 的加带有十字刻丝的钢筋,周边用混凝土填充密实,钢筋头露出混凝土面 1cm(图 8-33)。

2) 立柱变形测点布设

对距离盾构轴线 50m 范围内的桥墩立柱布设沉降测点,将预制沉降监测点构件粘贴在中隔墙上,并保证粘贴牢固。如图 8-34 所示。

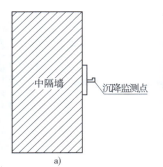

图 8-33 地面监测点　　　　图 8-34 桥墩监测点布设图

在临近隧道轴线的立柱上布设倾斜测点,监测每个立柱垂直于隧道轴线方向的倾斜。

立柱的倾斜,可通过投影法观测,即在立柱角上建立平面坐标系,角点为坐标原点,在 Y 轴上某一点架设仪器可以测量目标朝 X 方向上的倾斜;在 Y 方向上架设仪器,瞄准目标上的特征

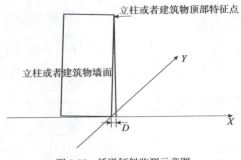

点,垂直投影至地面,投影点至墙角有一距离 D,每次测得 D 除以特征点至地面的高度 H 即为目标的倾斜量。同理,在 X 轴上某一点架设仪器可以测量目标朝 Y 方向上的倾斜量。见图 8-35。

3) 轨道变形测点布设

轨距监测(图 8-36):轨距是钢轨顶面下 16mm 范围内两股钢轨作用边之间的最小距离。在影响范围内每 10m 选取垂直轨向的横断面作为轨距监测点。

图 8-35 桥墩倾斜监测示意图

a)

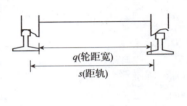
b)

图 8-36 轨距监测示意图

轨道水平(横向水平、纵向水平)监测(图 8-37)。

横向水平监测:每 10m 选取一个横断面,监测左右两股钢轨顶面的相对高差。

纵向水平监测:在一股钢轨轨面上每 10m 标记一点(喷射红漆),监测两点间的相对高差。

图 8-37 轨道水平监测示意图

4) 掘进监测频率及预警标准

(1) 监测频率

监测点的布设立足于可获得全面信息,监测频率必须根据施工需要安排,测量工作要注意轻重缓急,具体监测频率安排如下:

①在盾构机穿越前布设监测点,并测量各监测点的初始值。

②监测范围一般为盾构机头前 20m,后 30m,包括此范围内地表沉降、管线沉降、建筑物沉降、倾斜监测等。一般每天测量 2 次,如变化速率异常,根据工程需要进行调整加密监测。

③推进过后需加强对长期沉降的监测,一般每月 2 次,持续 2 个月,并直至其平均沉降速率经过连续三次复测<0.2mm/d。

(2)监测预警标准

地表累计沉降控制在±10mm,单次沉降报警值为±3mm。

立柱累计沉降报警值为±15mm,沉降速率报警值为±1mm/d。

铁路轨距累计报警值为-4~+7mm,轨道水平位移累计报警值为 6mm,轨道沉降累计报警值为 6mm,轨道轨向累计报警值为 6mm。

依据设计沉降控制标准,监控量测实施按照三级预警进行反馈和控制,一旦出现预警马上启动应急预案,按照应急预案要求采取相应的措施,见表 8-8。

三级预警机制判定表 表 8-8

预警级别	措 施	预 警 状 态 描 述
黄色预警	增加监测频率	"双控"指标(变化量、变化速率)均超过监控量测控制值(极限值)的 70%时,或双控指标之一超过监控量测控制值的 85%时
橙色预警	加强支护	"双控"指标均超过监控量测控制值的 85%时,或双控指标之一超过监控量测控制值时
红色预警	暂停施工	"双控"指标均超过监控量测控制值,或实测变化速率出现急剧增长时

8.5.2 盾构下穿铁路桥施工参数及姿态控制(表 8-9)

大国区间隧道(右线 721~780 环)施工台账 表 8-9

环号	切口水平偏差	切口垂直偏差	盾尾水平偏差	盾尾垂直偏差	管片水平偏差	管片垂直偏差	刀盘扭矩 (kN·m)	总推力 (kN)	膨润土 (m³)	泡沫注入量(L)	注入浓度(%)	推进速度(mm/min)	注浆量 (m³)	出土量 (m³)	实际上土压力(bar)	螺旋机压力(bar)	注浆压力(MPa)
721	1	-30	-13	-48	-10	-29	3 715	10 179	4	44.1	8	49	5.912	47	0.09	72	0.32
722	2	-32	-14	-46	-14	-36	3 117	8 661	4.4	46.2	8	55	4.714	47	0.08	67	0.29
723	1	-33	-9	-41	-7	-29	3 199	9 174	4.3	43.7	8	55	5.412	47.5	0.09	71	0.32
724	1	-34	-7	-42	-10	-34	3 250	8 960	2	45.4	8	56	5.784	45	0.04	70	0.3
725	6	-32	-12	-42	-13	-27	3 559	9 251	1.8	44.7	8	57	6.156	48	0.04	75	0.35
726	2	-34	-6	-50	-10	-39	3 158	10 271	2.1	45.2	8	58	5.628	48	0.04	71	0.32
727	5	-35	-9	-47	-9	-35	4 215	11 249	2.4	44.5	8	57	4.836	45	0.02	70	0.43
728	1	-35	-3	-53	-8	-39	3 858	10 764	2	47	8	57	3.804	46	0.03	65	0.47
729	1	-29	-1	-43	-10	-37	3 021	8 032	1.9	48.9	8	55	5.28	47	0.06	71	0.4
730	1	-27	-1	-37	-7	-31	3 176	8 480	2.3	44.7	8	57	3.912	45	0.05	66	0.45
731	-4	-28	2	-36	-9	-30	3 672	8 465	1.8	45	8	57	3.756	44	0.02	66	0.45
732	1	-32	-2	-40	-12	-35	3 529	8 187	4.4	65.5	8	52	5.104	45	0.09	68	0.38
733	0	-32	-3	-44	-8	-30	3 335	9 152	3.9	42.3	8	54	4.836	45	0.03	64	0.31
734	1	-34	-9	-44	-7	-34	3 682	9 255	4	42.9	8	55	4.716	46	0.07	68	0.31
735	-13	-37	-27	-53	-30	-36	2 976	8 713	4.1	45.7	8	55	5.549	48	0.09	68	0.31
736	-5	-38	-39	-52	-33	-42	3 203	8 589	1.9	49.8	7.5	57	4.38	45	0.02	75	0.45

续上表

环号	切口水平偏差	切口垂直偏差	盾尾水平偏差	盾尾垂直偏差	管片水平偏差	管片垂直偏差	刀盘扭矩(kN·m)	总推力(kN)	膨润土量(m³)	泡沫注入量(L)	注入浓度(%)	推进速度(mm/min)	注浆量(m³)	出土量(m³)	实际上土压力(bar)	螺旋机压力(bar)	注浆压力(MPa)
737	-3	-31	-35	-63	-28	-44	2 122	6 299	2.1	42.2	7.5	57	5.46	46	0.03	75	0.45
738	3	-27	-37	-53	-32	-47	3 060	7 860	2.1	46.2	8	56	5.1	46	0.02	78	0.35
739	3	-24	-23	-28	-25	-30	3 141	11 069	2.3	42.1	8	58	4.2	46	0.02	75	0.45
740	8	-25	-24	-25	-27	-28	3 627	10 115	1.9	50.8	8	57	4.836	45	0.02	74	0.46
741	9	-28	-19	-32	-19	-27	3 219	11 980	1.9	62.5	8	58	4.116	45	0.06	68	0.48
742	4	-31	-8	-29	-15	-31	3 819	11 705	1.8	45.9	8	57	4.74	45	0.03	69	0.48
743	9	-33	-5	-33	-9	-27	3 158	9 809	1.9	45	8	57	4.716	45	0.02	72	0.36
744	12	-34	-6	-44	-11	-35	3 735	10 714	2.1	56.2	8	58	5.52	48	0.02	67	0.3
745	8	-33	2	-45	-5	-31	3 357	9 592	4.4	34.6	7.5	54	5.04	48	0.09	67	0.31
746	6	-30	4	-52	-5	-39	3 270	9 595	4.2	43	7.5	53	5.016	48	0.08	72	0.32
747	3	-34	11	-62	3	-43	3 510	9 327	4.5	41.5	7.5	54	5.16	48	0.13	78	0.3
748	1	-32	5	-64	0	-47	3 926	9 140	4	44.1	7.5	52	5.364	48	0.08	66	0.31
749	-3	-28	5	-70	1	-51	3 186	8 836	4.6	56.6	7.5	54	5.052	48	0.09	60	0.32
750	-4	-27	0	-69	0	-55	3 312	8 981	4.7	32.5	7.5	54	5.244	48	0.1	68	0.31
751	-1	-30	-7	-54	-3	-44	3 216	9 357	4.5	48.8	7.5	53	4.44	48	0.07	68	0.31
752	-3	-31	-11	-43	-10	-37	3 329	9 507	4.5	47.1	7.5	53	4.812	48	0.06	61	0.31
753	-3	-33	-17	-33	-16	-30	3 547	10 180	2.1	64.8	7.5	58	4.776	42	0.05	72	0.35
754	0	-30	-16	-32	-18	-32	3 850	9 057	2	42.6	7.5	57	5.844	48	0.02	66	0.45
755	-3	-34	-11	-34	-14	-30	3 324	10 280	4	50.3	7.5	60	5.052	45	0.03	76	0.4
756	4	-38	-16	-38	-15	-33	3 678	9 322	2.1	41.7	7.5	59	5.868	48	0.05	65	0.32
757	2	-38	-12	-48	-16	-35	3 536	9 010	2.2	41.1	8	59	5.352	48.5	0.02	60	0.3
758	12	-37	-20	-57	-20	-40	4 015	9 875	2.3	41.6	7.5	57	5.832	49	0.05	65	0.3
759	5	-40	-9	-58	-14	-42	3 674	9 586	2.2	46.8	7.5	56	5.472	48.5	0.06	66	0.32
760	11	-34	-13	-68	-9	-53	3 629	9 329	4.5	48.2	7.5	51	5.664	48	0.06	71	0.31
761	6	-15	-6	-85	-15	-59	3 219	9 015	4.7	47.3	7.5	53	4.728	48	0.1	78	0.31
762	2	-30	4	-62	-12	-52	3 508	9 319	4.2	50.2	7.5	55	4.92	48	0.08	68	0.31
763	0	-34	16	-40	-6	-36	3 386	9 457	4.2	45.5	7.5	54	4.908	48	0.09	71	0.31
764	-2	-35	20	-31	-4	-31	3 179	9 325	4	43.4	7.5	52	5.22	48	0.11	71	0.32
765	-1	-34	9	-36	1	-33	3 615	9 981	4.1	43.3	7.5	55	4.98	46	0.13	68	0.35
766	1	-31	-5	-43	-5	-30	3 519	9 610	3.9	42.6	7.5	55	5.184	45	0.16	71	0.33
767	-5	-35	-1	-39	-2	-35	3 867	9 817	1.9	48.4	7.5	55	5.796	46	0.15	80	0.3
768	-3	-35	1	-43	-12	-37	3 126	10 094	2.1	44.8	8	57	5.556	48	0.02	65	0.32
769	-2	-36	-10	-50	-9	-44	3 875	9 625	2	54.5	7.5	56	5.496	49	0.06	70	0.32
770	6	-37	-18	-51	-13	-43	3 840	9 226	2.3	30	7.5	58	5.772	49	0.03	65	0.3
771	0	-38	-8	-56	-11	-42	3 890	9 873	2.4	45.6	7.5	55	5.498	49	0.02	68	0.32

续上表

环号	切口水平偏差	切口垂直偏差	盾尾水平偏差	盾尾垂直偏差	管片水平偏差	管片垂直偏差	刀盘扭矩(kN·m)	总推力(kN)	膨润土(m^3)	泡沫注入量(L)	注入浓度(%)	推进速度(mm/min)	注浆量(m^3)	出土量(m^3)	实际上土压力(bar)	螺旋机压力(bar)	注浆压力(MPa)
772	8	−36	−18	−62	−14	−44	3 567	9 571	2.2	44.6	7.5	58	5.088	49	0.06	72	0.3
773	2	−33	−8	−69	−12	−50	3 875	9 335	2	46	7.5	57	5.052	48	0.1	66	0.3
774	9	−37	−15	−71	−15	−56	3 976	9 865	2.5	58.7	7.5	58	5.208	49	0.1	65	0.35
775	11	−31	−11	−79	−9	−60	3 207	9 816	5.4	39	7.5	54	5.292	48	0.09	71	0.31
776	7	−27	−3	−77	−7	−61	3 328	9 596	4.8	58.2	7.5	53	5.52		0.08	78	0.3
777	6	−27	0	−67	5	−63	3 325	9 436	4.5	40.7	7.5	53	5.208	48	0.05	68	0.31
778	0	−32	12	−42	−8	−44	3 510	9 347	4.3	45.8	7.5	51	5.46	47	0.15	68	0.35
779	2	−34	13	−28	−4	−30	3 210	9 115	4.1	43.7	7.5	53	5.016	47	0.08	68	0.32
780	−1	−32	−9	−28	−1	−34	2 768	8 536	4.3	55.7	7.5	58	5.096	45	0.02	66	0.45

8.5.3 盾构影响桥基变形监测

1) 盾构下穿桥基监测布置

盾构穿越段的 50m 范围内沿隧道中心线每 5m 布置一个沉降监测点,同时,各布设 2 条垂直于隧道轴线监测横断面,每个横断面布设 11 点,轴线中心一点,轴线左右各布设 5 点,距离轴线分别为 2.5m、6.5m、11.5m、16.5m、21.5m。乌准铁路桥变形监测详细布置如图 8-38 和图 8-39 所示。

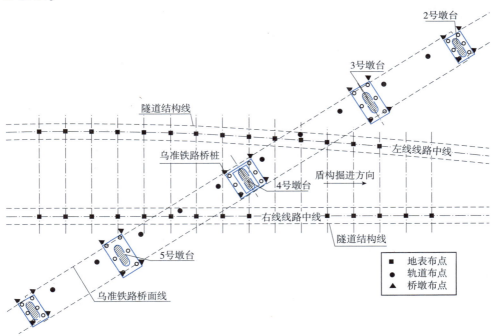

图 8-38 乌准铁路桥监测点布置示意图

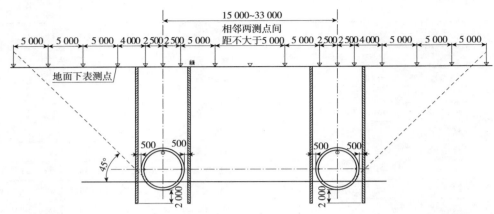

图 8-39 地面测点布置图(尺寸单位:mm)

2)盾构下穿桥基监测分析(表 8-10~ 表 8-12)

宣大盾构区间左线—乌准铁路桥穿越地表沉降监测报表　　表 8-10

仪器型号:Trimble DiNi 03		累计观测时间:134d		天气:阴				
监测点号	初始值	本次沉降量(mm)	前次累计沉降量(mm)	本次累计沉降量(mm)	变形速率(mm/d)	预警值(mm)	控制值(mm)	备注
JCJ-16	655.207 79	-0.14	0.71	0.57	-0.14	±10	±15	
JCJ-17	655.379 33	-0.11	1.99	1.88	-0.11	±10	±15	
JCJ-18	655.366 41	-0.19	1.93	1.74	-0.19	±10	±15	
JCJ-19	655.292 43	-0.11	1.49	1.38	-0.11	±10	±15	
JCJ-20	655.870 12	-0.10	1.39	1.29	-0.10	±10	±15	
JCJ-21	655.909 21	0.05	4.88	4.93	0.05	±10	±15	
JCJ-25	656.372 45	0.29	5.57	5.86	0.29	±10	±15	

宣大盾构区间右线—乌准铁路桥穿越地表沉降监测报表　　表 8-11

仪器型号:DSZ2+fs 测微器		累计观测时间:115d		天气:阴				
监测点号	初始值	本次沉降量(mm)	前次累计沉降量(mm)	本次累计沉降量(mm)	变形速率(mm/d)	预警值(mm)	控制值(mm)	备注
JCJ-02	654.428 06	0.19	-0.66	-0.47	0.19	±10	±15	
JCJ-05	654.784 33	0.26	-0.18	0.08	0.26	±10	±15	
JCJ-06	654.005 81	0.22	-2.22	-2.00	0.22	±10	±15	
JCJ-07	654.144 59	-0.72	-3.97	-4.69	-0.72	±10	±15	
JCJ-08	654.122 92	0.33	-2.42	-2.09	0.33	±10	±15	
JCJ-09	654.251 34	0.20	-1.25	-1.05	0.20	±10	±15	
JCJ-10	654.486 12	0.15	-2.14	-1.99	0.15	±10	±15	
JCJ-11	654.557 34	0.21	-1.45	-1.24	0.21	±10	±15	
JCJ-12	654.817 98	0.07	-1.21	-1.14	0.07	±10	±15	
JCJ-13	654.908 19	0.16	-1.49	-1.33	0.16	±10	±15	
JCJ-14	654.864 71	0.10	-1.36	-1.26	0.10	±10	±15	
JCJ-15	655.191 74	0.21	-1.31	-1.10	0.21	±10	±15	

宣大盾构区间右线—穿越铁路桥轨距监测报表 表8-12

监测点号	初始值（mm）	本次变形量（mm）	前次累计变形量（mm）	本次累计变形量（mm）	变形速率（mm/d）	预警值（mm）	控制值（mm）	备注
仪器型号：TGC-W-Ⅱ			累计观测时间：11d		天气：晴			
GD-01	1 434.96	0.01	-0.01	0.00	0.01	-1.7~5.1	-2~6	
GD-02	1 434.99	0.03	-0.02	0.01	0.03	-1.7~5.1	-2~6	
GD-03	1 435.02	-0.05	0.02	-0.03	-0.05	-1.7~5.1	-2~6	
GD-04	1 434.93	0.01	-0.02	-0.01	0.01	-1.7~5.1	-2~6	
GD-05	1 435.00	-0.03	0.01	-0.02	-0.03	-1.7~5.1	-2~6	
监测说明			"+"表示外扩，"-"表示内敛					

8.6 本章小结

1）监测预警值：

（1）地表累计沉降控制在±10mm，单次沉降报警值为±3mm；

（2）立柱累计沉降报警值为±15mm，沉降速率报警值为±1mm/d；

（3）铁路轨距累计报警值为-4~+7mm，轨道水平位移累计报警值为6mm，轨道沉降累计报警值为6mm，轨道轨向累计报警值为6mm。

2）盾构掘进施工技术参数

（1）上部土压力不得低于0.2bar，保持满仓推进；

（2）推进速度不宜过快或过慢，保持在4~5cm/min；

（3）严格控制出土量，不得超挖，每环出土量控制在47~48m³；

（4）严格控制注浆量，保证建筑间隙填充完全，每环注浆量6.5m³，并根据注浆压力适度调整；

（5）严格控制总推力和刀盘扭矩，不宜有过大波动；

（6）成型的隧道要及时开孔检查注浆填充情况，填充不饱满的要及时进行二次注浆，二次注浆压力不得超过3.5bar。

第9章

乌鲁木齐无水砂卵石地层施工监控量测及信息化

9.1 监测区域工程简介及特点

监测区域为宣仁墩—大地窝堡区间,位于城北主干道下方,东西向布设。区间自宣仁墩站出站后,向西穿越和平渠、乌将铁路桥后到达大地窝堡站。区间起止里程为 Y(Z)JDK1+775.075~Y(Z)JDK4+442.307,区间右线全长 2 667.232m,左线全长 2 663.604m(含短链3.628m)。

区间采用盾构法施工,左、右线盾构均自宣仁墩站西端头井始发,掘进至区间风井处盾构过站,继续掘进至大地窝堡站东端头井以后吊出。区间风井预留盾构出土和下料条件,作为盾构施工场地。区间隧道顶部覆土厚度约为 9~22m,采用土压平衡盾构机施工。

根据《城市轨道交通地下工程建设风险管理规范》(GB 50652—2011),盾构区间施工过程中,风险工程的描述、等级划分及其处理措施具体如表 9-1 所示。

风险工程的描述、等级划分及其处理措施　　表 9-1

序号	风险工程名称	风险工程等级	风险工程描述	处理措施
一、环境风险工程				
1	临近管线	三级	DN300 燃气管(钢、中压)、DN500 燃气管(钢、中压),埋深约 2m; DN400、DN500、DN600 雨水管,埋深 0.5~3.5m; DN1 000 污水管,埋深约 6.5m; DN1 200 污水管,埋深约 4.3m; 1 500×1 200 砖石热力管和 1 500×1 600 砖石热力管,埋深 2~2.9m	①控制盾构掘进参数和盾构掘进姿态; ②加强同步注浆与二次注浆; ③加强地下管线、建筑物及和平渠盖板涵结构的监测,根据监测结果,及时优化调整掘进施工参数,做到信息化动态施工管理,必要时进行根据跟踪注浆加固
2	石油地调处片区多栋砖1~砖6多层建筑	三级	区间左右线侧穿多栋砖1~砖6多层建筑,隧道与建筑净距为 4.5~11.4m。建筑物基础形式为片石砌筑条形基础,基础埋深 1.5~3m,基础坐落于卵石层上	
3	和平渠	三级	和平渠桥为混凝土结构盖板涵,涵洞净宽 10m,净高 2.6m,涵洞底部距离隧道顶部约 13m。和平渠担负着城市防洪、输水灌溉、绿化用水等重要任务,按照惯例每年的4月中旬到9月初,和平渠都会放水	

续上表

序号	风险工程名称	风险工程等级	风险工程描述	处理措施
一、环境风险工程				
4	大砂坑回填区	三级	本区间在右线 YJDK2+103～YJDK2+463、YJDK2+803～YJDK3+052,左线 ZJDK2+098～ZJDK2+456 及 ZJDK2+804～ZJDK3+049 段范围内存在砂石料回填层。回填层厚度 5～21m,原为一建筑砂石料场,回填成分主要为建筑弃土、筛砂石废料,以及少量建筑垃圾和生活垃圾,回填无组织性为随意倾倒后进行推展平整。在修建城北主干道时又对地表的部分杂填土进行了换填处理	①控制盾构掘进参数和盾构掘进姿态; ②加强同步注浆与二次注浆; ③加强地下管线、建筑物及和平渠盖板涵结构的监测,根据监测结果,及时优化调整掘进施工参数,做到信息化动态施工管理,必要时进行根据跟踪注浆加固
5	乌将铁路	一级	下穿范围桥梁结构形式为 5 墩 4 跨连续梁,墩台下设矩形承台,尺寸为:11m×11.6m×3m,承台下为 8～9 根直径为 1.5m 的桩基础,桩长为 30m,以摩擦桩为主,承台距离隧道顶部约 5.5m,隧道距离桥桩最近净距约 4.6m	另见《宣仁墩站—大地窝堡站区间特、一级风险工程专项设计》图册相关内容
二、工程自身风险工程				
1	盾构区间	二级	区间位于含大粒径卵石地层	编制"专项施工方案"

9.2 地表沉降变形的演变分析

土压平衡盾构所引起的地表变形特征表现在:盾构掘进机的前方和顶部会产生微量的隆起,盾尾脱离以后,地表开始下沉,并形成一定的宽度和沉降槽地带,下沉的速率随时间而逐渐衰减,且与盾构经过的土质、施工工况和地表荷载、掘进速度等有着密切的关系,并表现出相当大的差异。

土压平衡盾构在推进过程中所引起的地表沉降,根据实测资料,按地表沉降变形曲线的形态,大致分为以下 4 个阶段。

(1)前期沉降阶段

盾构向前推进时,当盾构开挖面尚未到达测点以前的沉降或隆起;它主要是因为刀盘旋转切削开挖面并不断推进而引起。当开挖面土压力偏低时,造成盾构开挖面应力释放,从而引起地表沉降,当开挖面土压力偏高时,使开挖面土体受挤压,从而引起地表隆起。

(2)通过期间沉降阶段

盾构继续向前推进,当盾构切口达到测点起至盾尾离开测点期间发生的地表沉降或隆起,主要原因是土仓内的泥土与开挖面压力不平衡造成。

(3)盾尾间隙沉降阶段

盾构继续推进,盾尾通过测点后产生的地表沉降。由于盾构体的外径大于管片的外径,盾尾通过测量点后,在地层中遗留下来的建筑空隙就需及时壁后注浆充填,以控制地表变形。但是往往因盾尾壁后注浆没有能够及时充填建筑空隙，或是注浆量、注浆压力、注浆部位、浆液配比和材料方面不适当，使建筑空隙中的浆液不能及时形成环箍，盾尾脱出后周边土体在压力作用下很快自行充填入建筑空隙，造成土层应力释放。除此以外，盾构在平面或高程纠偏过程中所引起的单侧土体附加压力在盾尾脱出后亦发生应力释放，于是又增加了盾尾部分的建筑空隙。这些情况终将最后反映到地表变形上来。

（4）后期沉降阶段

盾尾脱出一周后的地表沉降。这部分沉降主要是由土层的固结沉降和地基土的徐变引起。

9.3 施工监测技术方案及仪器设备

9.3.1 监测内容

1）监测项目

监控量测目的：根据盾构施工动态，利用监测结果为设计方案优化和施工参数调整提供参考依据；监测数据经分段处理与必要的设计判断后进行预测和反馈，以便为工程和环境安全提供可靠的信息。

根据本工程的周围环境、盾构施工本身的特点、相关工程的经验及有关文件中对监测工作的具体要求，盾构推进施工的环境监测重点范围为：横向为距两条隧道中心线向外不少于10m 及大于隧道底埋深范围，纵向为盾构机切口前 Lm（L 为一倍覆土埋深）、盾尾后 30m 长度范围，适当考虑盾构机长度。

本工程的监测项目为：

(1) 地面沉降监测（轴线及断面）；

(2) 建（构）筑物沉降/裂缝监测；

(3) 周边地下管线监测；

(4) 管片衬砌变形。

盾构推进期间监测工作将根据盾构施工的区域和影响范围，分区段分步实施。

2）监测要求

(1) 首次观测成果是各周期观测的初始值，要具有比各周期观测成果更准确可靠的观测精度，可采取适当增加测回次数的措施；

(2) 要定期对使用的基准点或工作基点进行稳定性检测，点位稳定后，检测周期可适当延长，当对变形成果发生怀疑时，应随时进行检核和分析；

(3) 观测前，对所有的仪器设备必须按有关规定进行检校，并做好记录，导线测量和水准测量网、站及测回路线等应事先做设计；

(4) 要使用同一仪器和设备，相对固定观测人员和观测时间；

(5) 尽可能按设计要求的监测内容和监测频率进行监测和分析；

(6) 同时，对现场隧道内及周边建筑、道路、市政管线的巡视情况必须按《建筑基坑工程监测技术规范》（GB 50497—2009）中的巡视表格做好详细记录，配合各仪器观测数据做出正确的分析。

9.3.2 监测点的设置

1) 监测点的布设原则

在盾构法隧道施工过程中,盾构衬砌环在周围土体荷载作用下变形,加之因纠偏、超挖及注浆影响,使衬砌环外侧地层损失,致使土体产生变形。因此,盾构法施工的变形包括隧道自身的变形(包括沉降、收敛变形等)及由土体变形引起的周围地表、建筑物及管线等的变形。

(1)布设的监测内容及监测点必须满足设计和有关规范规程的要求,同时必须能客观全面反映工程施工过程中周围环境、隧道自身的变化情况,满足信息化施工的要求。

(2)对盾构法施工的隧道,隧道中心线两侧影响区范围内的建筑物、管线和隧道自身作为监测和保护的对象。

(3)监测过程中,采用的监测仪器及监测频率应符合设计和规范要求,能及时、准确地提供数据,满足信息化施工的要求。采用的监测仪器必须满足精度要求且在有效的检校期限内,采用方法必须准确、监测频率必须适当,符合设计和规范规程的要求,能及时准确提供数据。

(4)监测数据的整理和提交应能满足现场施工及远程监控传输的要求。

2) 地面监测点设置

根据相关要求结合区间隧道周边环境实际控制要求,纵向监测点沿盾构隧道轴线上方地表布设,进出洞100m范围及大砂坑回填区左右线每3环(3.6m)各一个测点,正常掘进段左右线每5环(6m)各一个测点。横向监测断面:进出洞100m范围在距洞口6环、12环、18环、30环、45环、60环、84环处各布置一沉降监测断面,正常掘进段间距为每30环(36m)布置一沉降监测断面,在联络通道及大砂坑回填区等部位设有横向监测断面控制,每个横断面布置16~19个点(具体点位间距见横断面布置图)。进出洞段以梅花状布设深层沉降点,正常掘进段在现场条件允许的情况下酌情布设一部分深层监测点。地面深层沉降监测点布设时将穿透路面结构硬壳层,沉降标杆采用$\phi 25mm$螺纹钢标杆,螺纹杆标杆深入原状土160cm以上,沉降标杆外侧采用内径13cm的金属套管保护,保护套管内的螺纹钢标杆用黄砂回填。

3) 建(构)筑物监测点设置

本工程区间隧道盾构推进邻近多幢建筑物,考虑盾构推进影响范围,拟在距隧道中心一倍覆土埋深范围内的主要建筑物进行垂直位移监测,测点布置在建筑物有代表性的位置,距离施工区域较远的建筑物测点布置适当放宽,距离施工区域较近的建筑物测点布置适当调整加密。

实际布点的情况需结合施工现场的实际情况进行最终完善,并制定详细的布点图。

4) 管线监测点设置

根据区间隧道物探资料及管线单位交底资料,盾构施工影响区域范围内分布有大量的市政管线,拟对其中的污水管线、燃气管线、雨水管线、热力管线、给水管线布设垂直位移监测点,管线测点间距约为10m,平行管线采取交错布设的方式,部分管线测点根据管线单位要求结合现场实际工况条件确定测点的数量和位置。

对于监测的管线不便设置直接点的尽可能以管线敞开井、阀门井、窨井等的井口地面结构直接观测。具体布点时将针对不同管线性质以及与盾构的距离关系,确定不同监测力度,密切观测其变形状况。

5)管片衬砌变形监测点设置

根据设计要求,每一个盾构施工的区间隧道设 2 个主测断面,设在始发段 10m 位置及荷载最大处,包括拱顶下沉、拱顶隆起、断面收敛。

监测点数量统计表如表 9-2 所示。

监测点数量统计表 表 9-2

监测对象	监测点数量	测点编号	备注
地面沉降	2316	DB-01-01～DB-532-02	
和平渠沉降	16	JCJ-01-01～JCJ-01-16	
乌将铁路桥沉降	5	QCJ-01-01～QCJ-01-05	
建筑物沉降	103	JCJ-02-01～JCJ-15-06	
周边管线垂直位移	1 200	GCW-01-01～GCW-15-04 GCJ-01-01～GCJ-07-40 GCY-01-01～GCY-09-02 GCRQ-01-01～GCRQ-12-02 GCRL-01-01～GCRQ-09-06	
拱顶变形	4	GD-01-01～GD-04-01	
净空收敛	4	JK-01-01～JK-04-01	

基准点、监测点埋点做法如图 9-1、图 9-2 所示,一般建筑物、隐蔽式建筑物监测点的埋设形式示意图如图 9-3、图 9-4 所示,裂缝观测板如图 9-5 所示,用胶水或螺丝固定于裂缝两侧。

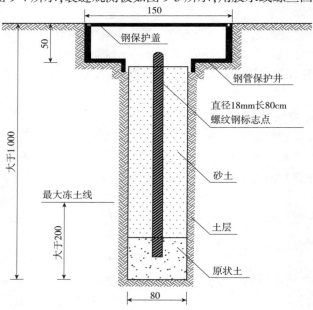

图 9-1 基准点埋点做法图(尺寸单位:mm)

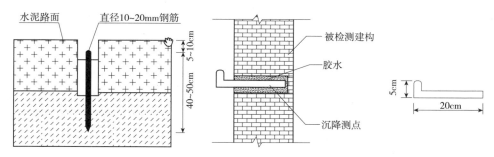

图 9-2　监测点埋点做法图　　　图 9-3　一般建筑物监测点的埋设形式示意图

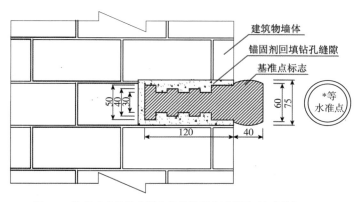

图 9-4　隐蔽式建筑物监测点的埋设形式示意图(尺寸单位:mm)

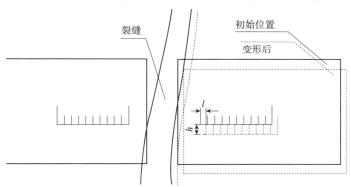

图 9-5　建(构)筑物裂缝观测板示意图

9.3.3　测量高程控制网

1)建立高程控制网

垂直位移监测点的布设分为三级布设,按等级次序分为:由固定基准点(本市有编号的水准点)、工作基准点(或控制点)、工作点(或监测点)组成。监测点直接用于变形观测,工作基准点则作为工作区域内的基准,基准点之间通过每周联测统一平差,检验相互之间的绝对稳定和相对稳定系数。条件允许的情况下优先利用城市永久水准点或施工高程控制点。

2)高程控制网的建立和联测

(1)控制网设 3 个工作点组成环形,按闭合环进行联测。

（2）高程控制网在工程地下基础施工前完成，经联测合格的工作点高程平均值作为该工程工作点的初始值。

（3）每周联测控制网并修正工作点的高程值。

（4）联测方法、技术和精度按国家二等水准和国家二等三角测量的规范要求进行。

表9-3为沉降监测网水准测量技术指标，表9-4为沉降监测网观测主要技术要求。

沉降监测网水准测量技术指标（mm） 表9-3

测站高差中误差	往返较差、附合或环线闭合差	检测已测测段高差之差	观测方法及技术要求
0.5	$1.0\sqrt{n}$	$1.5\sqrt{n}$	执行国家二等水准测量技术要求

注：表中 n 为测站数。

沉降监测网观测主要技术要求 表9-4

视线长度（m）	前后视较差（m）	前后视累计较差（m）	基辅分划读数差（mm）	基辅分划高差之差（mm）	观测方法及技术要求
50	2.0	3.0	0.5	0.7	执行国家二等水准测量技术要求

9.3.4 监测作业方法

1）垂直位移监测

垂直位移采用几何水准测量。

采用独立高程系统，在远离施工区域100m以外的区域设置三组稳固水准点：A、B、C，各点的高程由国家水准点引出，该三点即为本工程变形监测的高程基准点，以后每周复测一次，采用高精度精密水准仪器（水准仪+测微器）配合铟钢尺，按二级监测网施测。投入使用的水准仪及铟钢尺均需按照规定进行检定。观测按国家二等水准测量规范要求进行，往返求出该三点高差，确保沉降观测成果的准确性。

各监测点的高程是通过高程基准点形成的一条Ⅱ等或附合水准线路，由线路中的工作点来测定各监测点高程。各监测点的初始值取两次观测平均值。基准点之间通过每周定期联测统一平差，检验相互之间的绝对稳定和相对稳定系数。条件允许的情况下优先利用城市永久水准点或施工高程控制点。监测期间每月对水准仪 i 角进行检查，当 i 角大于 $15''$（2级）时，则进行校正。

2）净空收敛监测

采用全站仪无定向自由设站收敛测量，示意图如图9-6所示。在 B 和 B' 连线与隧道道床的交叉的大致位置设置测站，架设全站仪，整平仪器，观测弦长端点 B、B' 的水平方向角 α_B、$\alpha_{B'}$（为便于识别和内业数据处理，一般统一将一站的左边或右边端点的水平方位角置零），天顶距 β_B、$\beta_{B'}$ 和斜距 S_B、$S_{B'}$，采用全站仪盘左盘右一测回进行数据采集。每环测量观测 B 点的水平方

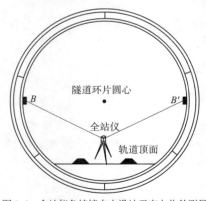

图9-6 全站仪免棱镜自由设站无定向收敛测量

向角 α_B、天顶距 β_B 和斜距 S_B,转动仪器观测 B' 点的水平方向角 $\alpha_{B'}$,天顶距 $\beta_{B'}$ 和斜距 $S_{B'}$。观测结果通过数据线传入计算机,通过 EXCEL 表格的计算功能计算 BB' 长度,即水平直径。

9.3.5 监测频率和报警值的设定

1) 监测工作计划、周期及频率

一般情况下,区间隧道施工监测提前半个月对穿越部位进行测点布设取初始值,盾构穿越重要建(构)筑物处需提前一个月进行测点布设,取初始值后每周进行测点测量,提供将穿越区域原始沉降变化规律,为盾构正式穿越该处施工参数调整提供数据参考。

本工程监测项目在接到甲方开工令后,组成的监测项目组立即投入工作,一周内准备完成该工程监测所需的各种监测仪器设备材料进住现场。监测工作从盾构掘进施工开始,至盾构掘进施工完毕为止。

为顺利地完成监测任务,需要甲方、总包、施工方的密切配合,每项和监测相关的工序开始前,需要施工方提前通知,以便做准备元件,加密测试等相关工作。另外,为更好地完成监测工作,根据现场实际情况,监测工作会作相应调整。

依据施工工况,监测频次按四个阶段分项进行,监测频度设置一览表见表9-5。

监测频率初步计划表　　　　表 9-5

监测对象	掘进面前20m、后30m	掘进面后30~50m	掘进面后50m以上	基本稳定后
地表沉降	1~2 次/d	1 次/2d	1 次/3~5d	1 次/月
建(构)筑物沉降	1~2 次/d	1 次/2d	1 次/3~5d	1 次/月
管线沉降	1~2 次/d	1 次/2d	1 次/3~5d	1 次/月
管线衬砌变形	1~2 次/d	1 次/2d	1 次/3~5d	1 次/月

上表为原则性计划,现场监测时根据施工工况和监测数据变化速率调整监测频率,当变形超过相关标准时则加密或跟踪监测,确保隧道自身和周边环境的安全。

2) 监测报警值

信息化施工监测是确保工程质量、指导施工方法的重要措施,信息化施工监测由实测值及管理标准的比较来判断隧道自身及周边环境的安全,完善施工参数及设计计算。为管理标准确定一个警戒值,更清楚的反映出监测项目的安全程度。

监测报警值由两个指标控制,即允许最大累计变化量和变化速率(允许单位时间最大变化量)两个指标控制。根据设计要求确定下表报警值如表9-6所示。

监测报警值一览表　　　　表 9-6

监测项目	监测报警值
地表沉降	±3.0mm/d 累计+10~-30mm
建(构)筑物沉降	±3.0mm/d 累计±15mm
管线垂直、水平位移	刚性管线±2.0mm/d 累计±15mm 柔性管线±3.0mm/d 累计±25mm
管片衬砌变形	±2‰隧道外径

9.3.6 监测使用的仪器设备

根据工程条件及监测项目要求,选定监测使用仪器设备如表9-7所示。

仪器设备一览表　　　　表9-7

仪器名称	型号	产地	数量	精度
水准仪	徕卡 DNA03	瑞士	1	±0.3mm/km
钢钢条码尺	徕卡 3m	瑞士	1	
全站仪	徕卡 TS15A	瑞士	1	1.0″1mm+2ppm

9.4 监测数据整理及最终报告

9.4.1 监测数据整理

轨道交通工程监测的测点布设多,监测任务重,由监测小组配备计算机进行数据处理。监测数据基本处理程序为:测点布设、初始值的测定、施工时数据采集、数据处理、分析、预测发展趋势、提出处理措施。

(1) 测点布设、初始值的确定

确定测点布设的位置,绘制平面布置图和剖面图。测定初始值,作为测量的基准,在施工前应进行初始观测,初始观测不少于三次。使用轨道交通施工专用监测记录表记录有关数据。

(2) 施工时数据采集

定期对要进行监测的项目进行测量,收集原始数据,这是工作量最大的一部分,原始数据直接影响到对施工安全稳定评估,要求准确有效。记录要清晰,测量完后要立即进行整理。

(3) 数据处理、分析和监测资料提交

每次量测后,将原始数据及时整理成正式记录,对每一个量测项目进行以下资料整理:
①观测点平面布置图;
②观测成果表(控制测量和监测成果表);
③观测分析报告;
④监测对象曲线变化图。

(4) 监测成果报告

监测成果报告分日报和周报、月总结报告。监测成果报告中应包含技术说明、监测时间、使用仪器、依据规范、监测方案及所达到的精度,列出监测值、累计值、变形速率、变形差值、变形曲线,并根据规范及监测情况提出结论性意见。

监测月总结报告必须能以直观的形式(如表格、图形等)表达出获取的与施工过程有关的监测信息(如被测指标的当前值与变化速率等),监测结果一目了然,可读性强。

9.4.2 最终报告内容

每周一提交一次监测周报。汇总各测点一周的变化情况,累计沉降值及变化时变曲线图及前方待监测点的初始值。监测周报、月报的内容包括:

(1) 工程概况

(2) 监测项目和测点布置

(3) 施工进度

(4) 监测值的时程变化曲线

(5) 监测结果分析和预报

(6) 指出达到或超过警戒值的测点位置,初步分析其原因,提出处理建议意见

(7) 提供以下图表:各项监测成果表;典型测点的变化值——时间曲线图;沉降断面图;监测测点布置图;结合工程实际情况提供其他分析图表,如沉降值曲线图、测点的变化值随施工进展(或受力变化)变化曲线等。

报告提交后,以部位(施工单位)为单位,按监测时间顺序或监测部位,将监测原始资料、周报、月报、最终成果报告分电子文件和书面文件存档。电子文件部分,信息管理系统中数据库部分要转换成常见数据库格式,仪器采集部分按最原始的格式保存。书面文件,原始资料与报告分别归存。

9.5 监测管理、反馈体系及信息化

9.5.1 监测人员组织及安全文明作业的保障措施

1) 监测人员组织

(1) 监测人员的构成及分工

为了确保监测工作顺利、有序地进行,现场监测施工人员应配备到位,组建监测项目部与现场监测项目部,成立监测项目管理组,建立健全全项目管理网络与项目管理制度,加强施工与质量管理,履行监测合同和实施方案;安排质量管理人员负责本次监测全过程的质量管理。

(2) 项目管理网络

项目管理网络图如图9-7所示。

(3) 建立良性的信息反馈机制和信息化施工程序

监测小组与驻地监理、设计、甲方及相关各方建立良性的互动关系,积极进行资料的交流和信息的反馈,优化设计,调整方案,保证工程顺利进行。

信息化施工监测流程图如图9-8所示。

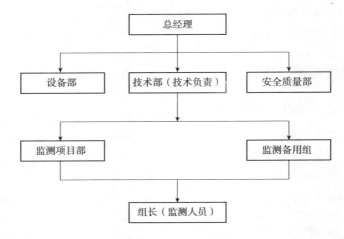

图 9-7 项目管理网络图

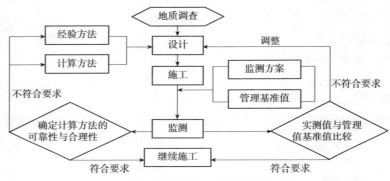

图 9-8 信息化施工监测流程图

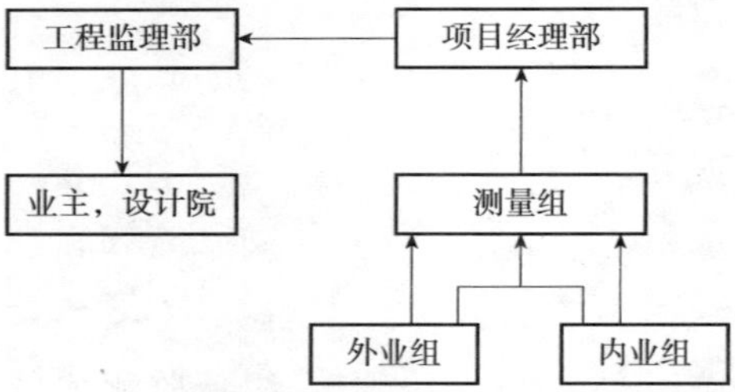

信息化反馈机制如图 9-9 所示。

原始数据经过审核,消除错误和取舍之后,可供计算分析。根据计算结果,绘出各监测项目监测值与盾构掘进的关系曲线。列出的图表力求格式统一,以便装订成册。

监测资料经整理校核后,列出阶段或最终成果表,并绘制有关过程线和关系曲线,在此基础上,对各监测资料进行综合分析。

图 9-9 信息化反馈机制

每次监测工作结束后,均须提供监测资料、简报及处理意见。监测资料整理应及时,以便发现数据有误时,及时改正和补测,当发现测值有明显异常时,应迅速通知建设各方,以便采取相应措施,指导施工,确保盾构施工和盾构穿越段的场地环境安全。

2)安全文明作业的保障措施

监测工作是在施工期间进行的,工区内作业人员、设备众多,必须高度重视安全文明作业:制定有针对性的安全规程并严格遵守;现场作业人员必须熟悉作业现场的基本情况;指定安全负责人负责对安全文明作业进行检查,每周进行安全、文明作业总结。

加强对监测人员的职业道德教育,努力提高思想素质,健全各项管理制度,强化安全施工、文明施工意识,加强法制观念的教育,为该工程树立良好的文明窗口。

9.5.2 监测信息反馈体系及质量保证措施

1) 监测信息反馈体系

若监测项目内容多、持续时间长,则利用现代化的信息技术手段进行管理有助于实现成果的快速反馈,监测数据做到及时、准确和完整,每日提交监测日报表,发现异常现象,加强监测。监测日报表上注明对应的施工工况、各监测点的日变形量、累计变形量等要素及工况平面分布图等施工信息,便于相关各方分析监测结果所反映的情况,监测数据如达到或超过报警值时及时通报有关各方,以尽快采取有效措施,保证本工程进展顺利。

整个监测过程需要提供的过程资料及成果资料由以下内容构成:

(1) 监测实施技术方案;

(2) 监测成果表、曲线图、监测点布置示意图;

(3) 监测阶段分析报告;

(4) 全部监测工作完成后,提交监测工作总结报告。

2) 监测质量保证措施

(1) 精心组织施工

施工前探明施工区域周围的情况,特别是地下管线的准确位置,按照规范进行各类监测点的埋设。监测数据的采集严格按照各种测量规范及仪器操作规程进行,并进行检验或复合。对于水准测量点,需设立相应的参考点。参考点一般设在远离现场的合适位置,保证参考点的稳定性,场内的监测点高程定期与参考点联测,以掌握场内各测点的绝对高程变化量,以便对场地变化心中有数。

(2) 做好监测点的保护工作

监测点是获取第一手资料的载体,监测点的保护是做好监测工作的前提,为确保监测资料的连续性与完整性,保护好各测点及监测设施。为加强监测点的保护,应坚持做好以下几点:

① 争取业主和施工总包方的支持,要求各施工单位和施工人员加强对监测点的保护;

② 与各施工单位协调好关系,争取方方面面的配合;

③ 加强工地巡视,发现问题及时解决。

(3) 实施跟踪监测

跟踪施工过程,实行全过程监测,对重要地段和重要施工阶段以及在特殊的气象环境下根据需要做到昼夜跟踪监测,施工人员随叫随到,不遗漏监测信息。

(4) 认真整理数据

对采集到的各类监测数据及时进行计算机处理,对变化较大的数据要进行复核,即重新采集数据,重新进行计算,保证数据的真实性。

(5) 密切配合工况

根据现场施工过程,随时记录施工工况,根据工况变化调整监测频率,结合工况分析监测数据,增强数据的可靠性。

(6) 严密控制速率

速率变化是环境变化的重要信息,是监测单位提供报警的重要依据。严密控制速率,首先要掌握速率变化的规律和不同施工阶段、施工区域的速率变化安全值。监测单位应将速率变化的情况反馈给施工单位,控制施工节奏。如果发觉速率有超常规现象,就应立即报警,使周边环境的安全和隧道自身质量始终处于可控状态。

(7)信息及时反馈

监测数据做到及时、准确和完整,并在日常监测资料上注明对应的施工工况及点位平面分布图等施工信息,便于相关各方分析监测结果所反映的情况。当数据变化超常规时,进行认真核对和分析,加强监测,并在预感发生异常情况时,及时以电话速报形式通告有关各方,组织专家对监测对象产生变形的原因进行分析,并提出相应改进施工建议以尽快采取有效措施,保证本工程顺利进展。

9.5.3 保证观测精度的几项必要措施

(1)控制点起算误差

为避免起算点的误差积累,无论平面控制还是高程控制,都可采用分区段布设。每个区段布设闭合导线,形成独立的监测控制网。需要时通过联系测量可将各区观测成果统一到同一个坐标系统中。

(2)工作基准点的稳定性检验

由于施工等各种因素的影响,工作基准点有可能发生变化。对工作基准点进行稳定性检验,是保证观测成果可靠性的必要措施。

(3)异常数据复测

测量误差包括:系统误差,偶然误差,粗差(错误)。在实际工作中对异常数据要进行复测,避免错误发生。

(4)器材安装注意事项

监测器材的选型,要考虑最大可能需要的量程并根据隧道工程只在地下施工期内使用的性质,选用满足安全监测要求、合适的仪器。

器材安装埋设前进行检验和率定,绘制监测点安装埋设详图,并按照方案和埋设要求做好埋设准备。

器材埋设时,核定器材的位置是否正确,按监测的位置和方向埋设传感器。

(5)保证仪器观测精度

投产的仪器有产品出厂合格证书和国家、地方专业管理机关授权单位的仪器鉴定书。

(6)施工中视季节变化,定期检查仪器的主要技术指标,并做记录存档。

9.5.4 监测项目管理及工作信息流程

1)监测项目管理

项目实行项目负责管理责任制。安排具有相应资质人员担任本次监测技术负责人,履行监测合同和实施方案;安排质量管理人员负责本次监测全过程的质量管理。

严格执行事先指导、中间检查、成品校审制,做到动态化设计和信息化施工。

事先指导——进场前进行技术交底,明确技术要求。

中间检查——执行各工序质量签收反馈制度,以保证监测数据的真实可靠。

成品校审——测试报表执行校对、审核、复审的三级审校制,确保最终成品优良。
2)工作信息流程

工作信息流程如图 9-10 所示。

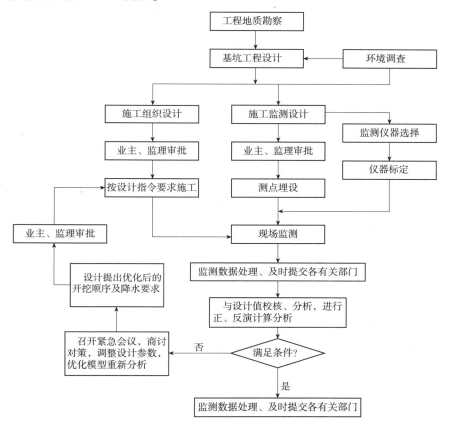

图 9-10　工程信息流程图

9.5.5　信息施工保障

为及时准确的投递和接受监测信息,引导项目顺利施工,在工程开工前,各参建单位共同组建监测信息管理小组,各单位指定监测信息接收人、处置人。接受人负责日常监测数据的接收、管理及向处置人汇报监测数据的总体情况。处置人则在遇到突发情况或监测数据达到报警时,决策下阶段的工作开展。

由于隧道将穿越多条市政管线及构筑物,要求更严格,建立监控+管理+指挥三位一体的新型安全管理模式。当天监测数据采集处理完毕后,立即反馈信息指导下一步施工。监测数据报警后,电脑会自动群发信息到各施工相关单位负责人的手机上,同时通知各家单位的领导立即聚集商谈如何进行下一步工作,做到有报警立即有对策,有危险立即能抢险。另外,现场数据处理人员处理完当天数据后,会立即利用邮件上报数据,上级单位收到数据经分析后提出反馈意见,指导现场监测人员采取合理的监测措施,并向甲方、监理和施工单位提出下一步施工意见,供各方参考,力争把危险因素消灭在萌芽中。

在工程施工过程中,监测信息管理小组应定期召开会议,汇总前阶段监测工作的开展情况、各单位间信息流通情况及工作配合情况,总结、分析监测数据,发现问题当即商讨解决。会上应对下一阶段施工中的危险点、重点、难点做出预测,施工单位应详细通报施工计划,以便对监测工作进行部署。在遇到报警或突发情况时,监测信息管理小组应立即召开碰头会,分析原因并制定处理措施。

9.5.6 应急预案

为更好地应对突发事件,为相关部门及时采取预防灾害事故的应变措施,将突发事件的损失降低到最小程度,故制定应急预案。

1) 应急小组

突发事件应急小组由总经理及各部门(设计、监测、施工、钻探)负责人组成。总经理任组长,成员由总工程师、各部门主任工程师、财务部主任等若干人组成。总经理不在,由副总经理或总工程师负责小组的具体领导工作。应急小组下设4个分组:

(1) 工程、生产应急分组。由总工办、监测项目部派员组成。

(2) 设备应急分组。由仪器设备服务中心、监测项目部派员组成。

(3) 安全事故应急分组。由行政办公室、施工项目部派员组成。

(4) 综合治理应急分组。由行政办公室派员组成。

2) 应急小组责任及工作程序

(1) 突发事件发生即报应急小组,应急小组即启动应急预案。随之应急分组负责及时了解事件背景,研究对策;

(2) 根据不同突发事件性质,应急小组制定成员负责组织应急分组及有关部门和人员在第一时间到达现场进行调查工作,包括现场调查,电话联系有关部门和人员走访;

(3) 在调查弄清事件的真相后,负责对突发事件分析研究并做出事件发展的预测;

(4) 应急小组指示应急分组负责制定突发事件的应急措施和建议。下达指令组织技术、设备、后勤各部门保障支持,并进行实施;

(5) 负责对应急措施、建议的实施情况进行跟踪信息反馈和评估修改,直至突发事件处理完毕;

(6) 应急小组在每个工作程序阶段中应随时向总经理报告事件处理进展情况,接受总经理指示并贯彻执行。

9.6 工程施工监测案例

9.6.1 施工监测测点布置图

1) 大地窝堡车站(图9-11)
2) 宣大区间风井(图9-12)
3) 宣大盾构区间(图9-13)

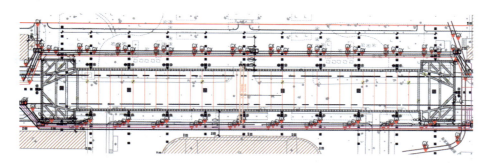

图 9-11 大地窝堡车站施工监测测点布置图

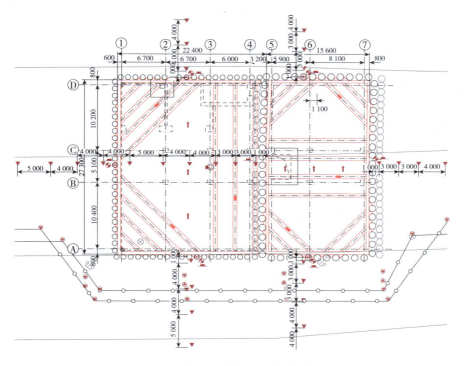

图 9-12 宣大区间风井施工监测测点布置图

9.6.2 施工监测数据汇总成果表

监测成果,见表 9-8~表 9-10。

本日大地窝堡站基坑施工现场监测成果　　　　　表 9-8

监测对象	监测项目	点号	累计最大沉降/位移(mm)	当日变形速率(mm)/d	备注
桩顶水平位移	水平位移	ZQS-08	2	0	安全
地表、管线沉降	沉降	DB-03-02	-3.62	-0.35	安全
桩体深层水平位移	测斜	ZQT-04	4.41	0.05	安全
支撑应力	轴力	ZL-11-01	589(kN)	-7(kN)	安全

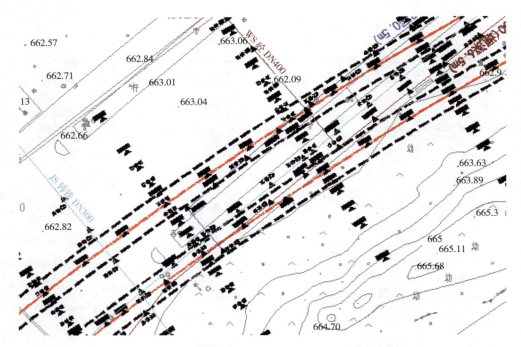

图 9-13 宣大盾构区间施工监测测点布置图

本月宣大区间风井监测成果表　　　　　　　　　　　　表 9-9

监测对象	监测项目	点号	累计最大沉降/位移（mm）	当日变形速率（mm/d）	备注
风井地表	沉降	DB-03-09	−3.55	−0.09	安全
风井燃气管	沉降	GCR-01-05	−1.56	0.21	安全
风井雨水管	沉降	GCY-02-01	−1.60	0.07	安全
风井给水管	沉降				安全
圈梁围护位移	位移	ZQS-03	2	0	安全
支撑轴力	轴力	ZL-02-01	1 101kN	−20kN	安全
深层桩体变形	测斜	ZQT-02	4.91	0.10	安全

本月宣大区间监测成果表　　　　　　　　　　　　表 9-10

监测对象	监测项目	点号	累计最大沉降/位移（mm）	当日变形速率（mm）/d	备注
地表	沉降	DB-58-11	3.00	0.89	安全
地下管线	沉降	GCW-01-20	−2.53	−0.35	安全

9.6.3　监测时程曲线

大地窝堡车站施工监测时程曲线见图 9-14。

大地窝堡站主体基坑开挖引起地表沉降−3.62mm，本月变化−2.40mm，变形速率−0.08mm/d，目前沉降属于安全可控状态。

宣大区间风井施工监测时程曲线见图 9-15。

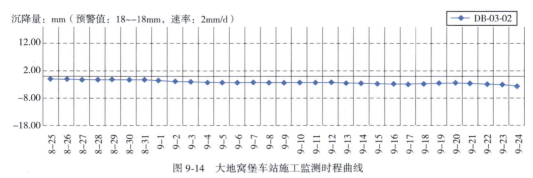

图 9-14 大地窝堡车站施工监测时程曲线

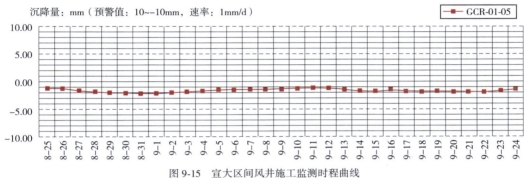

图 9-15 宣大区间风井施工监测时程曲线

宣大区间风井开挖引起周边燃气管测点沉降 -1.56mm,本月变化 -0.07mm,变形速率 -0.002mm/d,目前沉降属于安全可控状态。

宣大盾构区间施工监测时程曲线见图 9-16。

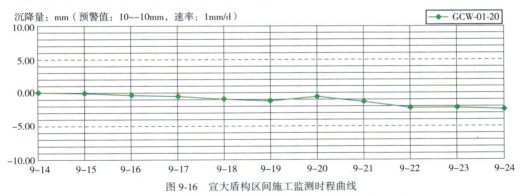

图 9-16 宣大盾构区间施工监测时程曲线

宣大区间盾构掘进引起上方给水管测点沉降 -2.53mm,本月变化 -2.53mm,变形速率 -0.23mm/d,目前沉降属于安全可控状态。

9.7 本章小结

针对监测区域工程地质、水文地质等特征,分析了其监测的难点,提出了相应的应对措施。阐述了地表沉降变形机理和地表沉降变形的演变分析,提出了该监测工程使用的技术方案和仪器设备,并通过监测管理、反馈体系和信息化方式提出了监测施工的信息化流程,同时提出了信息化施工的保障措施和应急预案。

参 考 文 献

[1] 王云江,曾益平.城市轨道交通工程盾构施工与管理[M].北京:化学工业出版社,2013
[2] 乐贵平,贺少辉,罗富荣,等.北京地铁盾构隧道技术[M].北京:人民交通出版社,2012.
[3] 任强.北京地铁盾构施工风险评价与控制技术研究[D].武汉:中国地质大学,2010.
[4] 宋克志,朱建德,王梦恕,等.无水砂卵石地层盾构机的选型[J].铁道标准设计,2004(11):51-53.
[5] 张双亚,陈馈.北京铁路地下直径线盾构选型[J].铁道工程学报,2007,102(3):70-73.
[6] 中华人民共和国住房和城乡建设部.盾构法隧道施工与验收规范[M].北京:中国建筑工业出版社,2008.
[7] 中华人民共和国住房和城乡建设部.建筑砂浆基本性能试验方法[M].北京:中国建筑工业出版社,2009.
[8] 毛文.盾构空推过矿山法隧道同步注浆浆液配合比研究及应用[D].武汉:武汉工程大学,2014.
[9] 赵天石.泥水盾构同步注浆浆液试验及应用技术研究[D].上海:同济大学,2008.
[10] 於昌荣.砂砾地层盾构施工注浆效应及作用机理研究[D].上海:上海交通大学,2011.
[11] 梁小英.富水地层盾构施工同步注浆材料性能及配合比设计研究[D].西安:长安大学,2009.
[12] 任文文.注浆液配合比试验及其在室内模型试验中的应用[D].太原:太原理工大学,2010.
[13] 钟小春,贾彩虹,赵赫.盾构隧道壁后注浆性能及效果监测研究[J].中国科技论文在线,2011,6(5):347-350.
[14] 宋天田,周顺华,徐润泽.盾构隧道盾尾同步注浆机理与注浆参数的确定[J].地下空间与工程学报,2007,4(1):130-133.
[15] 苟长飞,叶飞,张金龙,等.盾构隧道同步注浆充填压力环向分布模型[J].岩土工程学报,2013,35(3):590-598.
[16] 邱明明,杨果林,姜安龙.盾构隧道同步注浆的压力分布及其影响因素[J].深圳大学学报理工版,2015,32(2):162-171.
[17] 杨卓,陈洪光.盾构隧道同步注浆浆液配比分析及优化设计[J].隧道建设,2009,29(增刊2):29-32.
[18] 冯士杰,来永玲.盾构隧道同步注浆浆液压力变化规律研究[J].科学技术与工程,2014,14(33):116-121.
[19] 李志明,廖少明,戴志仁.盾构同步注浆填充机理及压力分布研究[J].岩土工程学报,2010,32(11):1572-1577.
[20] 郭彩霞,孔恒,王梦恕.无水大粒径漂卵砾石地层土压平衡盾构施工渣土改良分析[J].土木工程学报,2015,48(增1):201-205.
[21] 王明胜.复杂地层中盾构法隧道渣土改良技术[J].地下空间与工程学报,2007,3(8):1446-1447.
[22] 富水砂卵石地层盾构施工渣土改良研究[J].隧道建设,2010,30(4):411-415.
[23] 张文萃.土压平衡式盾构穿越含砂土层渣土改良试验研究[D].西安:西安建筑科技大学,2013.
[24] 魏康林.土压平衡盾构施工中泡沫和膨润土改良土体的微观机理分析[J].现代隧道技术,2007,44(1):73-77
[25] 乔国刚.土压平衡盾构用新型发泡剂的开发与泡沫改良土体研究[D].北京:中国矿业大学(北京),2010.
[26] 《工程地质手册》编委会,工程地质手册[M].4版.北京:中国建筑工业出版社,2011.
[27] 王升阳,高俊强,刘伟诚.地铁盾构施工中盾构姿态的控制方法[J].技术研究,2013,38(1):39-42.
[28] 彭涌涛.盾构掘进姿态控制技术研究[J].森林工程,2013,29(6):106-110.

[29] 罗人宾,魏百术. 盾构推进姿态动态管理[J].施工技术,2008,37:261-264.
[30] 尹清锋,油新华,张峰,等. 盾构姿态系统控制技术[J]. 土建技术,2012,25(3):86-90.
[31] 王晖,竺维彬,李大勇. 复合地层中盾构掘进的姿态控制[J]. 施工技术,2011,40(350):67-69.
[32] 邱龑,杨新安,徐前卫,等. 富水砂层盾构隧道开挖面稳定性及其失稳风险的分析[J]. 中国铁道科学,2015,36(5):55-61.
[33] 郭瑞. 天津地铁盾构施工中盾构机的姿态控制[J]. 铁道建筑技术,2011:12-15.
[34] 王林涛. 盾构掘进姿态控制关键技术研究[D]. 杭州:浙江大学,2014.
[35] 李建强. 盾构姿态对管片受力的影响研究[D]. 沈阳:东北大学,2008.
[36] 王岩. 某盾构隧道下穿既有盾构隧道变形超限原因解析及控制研究[D]. 北京:北京交通大学,2015.
[37] 施仲衡.地下铁道设计与施工[M].西安:陕西科学技术出版社,1997.
[38] 张凤祥,朱合华,傅德明. 盾构隧道[M].北京:人民交通出版社,2004.
[39] 苏斌,苏艺,江玉生,等. 北京典型地层盾构适应性对比与施工关键技术[M]. 北京:人民交通出版社,2013.
[40] 张治国,张谢东,王卫. 临近基坑施工对地铁隧道影响的数值模拟分析[J]. 武汉理工大学学报,2007,29(11):93-97.
[41] 周阳宗. 盾构吊装对初期支护条件下矿山法隧道的变形影响分析[J]. 铁道建筑技术,2016,(04):61-63+114.
[42] 卓轶非,郭桢祥,李峰. 地铁隧道盾构掘进机上、下井吊装工艺的研究与探讨[J]. 特种工程,2009,31(3):222-223.
[43] 王飞,刘孟波,陈龙,等. 有限场地条件下盾构机整体吊装技术研究[J]. 深圳大学学报理工版,2016,33(3):317-323.
[44] 李聪,余钦伟,孙丽,等. 履带起重机在盾构吊装施工中的应用[J]. 工程机械与维修,2015,S1:352-356.
[45] 高志宏. 盾构端头井结构设计中的若干问题研究[J]. 四川建筑,2010,30(2):153-155.
[46] 陈浩,肖明,衡为方. 基于 ABAQUS 大型地下洞室群分期开挖动态模拟[J]. 武汉大学学报(工学版),2013,46(3):321-327.
[47] 黄声享,尹晖,蒋征. 变形监测数据处理[M].2 版.武汉:武汉大学出版社,2010.
[48] 李保平,潘国兵. 变形监测[M].成都:西南交通大学出版社,2012.
[49] 岳建平,田林亚. 变形监测技术与应用[M].2 版.北京:国防工业出版社,2014.
[50] 张凤祥,朱合华,傅德明. 盾构隧道[M]. 北京:人民交通出版社,2004.
[51] 吴世明. 大直径盾构隧道技术工程示范[M]. 北京:人民交通出版社,2013.
[52] 王国义. 成都富水砂卵石地层盾构设备配置探讨[J]. 现代隧道计算,2013,50(1):34-38.
[53] 李钟,杨仙,黄常波,等. 砂卵石地层盾构施工地表沉降预测与控制[J]. 建筑技术,2009,40(11):1021-1022.
[54] 中华人民共和国国家标准.GB 50307—2012 城市轨道交通岩土工程勘察规范[S].北京:中国建筑工业出版社,2012.
[55] 中华人民共和国国家标准.GB 50308—2008 城市轨道交通工程测量规范[S].北京:中国建筑工业出版社,2008.
[56] 北京市建设委员会,北京市质量技术监督局.DB11 490—2007 地铁工程监控量测技术规程[S].2007.
[57] 管会生. 盾构选型中大漂石的影响及处理[J]. 建筑机械化,2008,4:57-59.
[58] 陈馈. 客运专线狮子洋隧道盾构设计与施工[J]. 建筑机械化,2007,1:43-46.
[59] 张凤祥,傅德明,杨国祥,等. 盾构隧道施工手册[M]. 北京:人民交通出版社,2005.